2023
OITAVA EDIÇÃO

WANDER **GARCIA**
ARIANE **WADY**
RODRIGO **BORDALO**

APRENDA COM OS AUTORES MAIS EXPERIENTES EM OAB

OAB
SEGUNDA FASE

PRÁTICA ADMINISTRATIVA

COMO PASSAR

COMPLETO PARA OAB 2ª FASE

WANDER GARCIA
COORDENADOR DA COLEÇÃO

ANA PAULA DOMPIERI
COCOORDENADORA DA COLEÇÃO

EDITORA FOCO

Dados Internacionais de Catalogação na Publicação (CIP) de acordo com ISBD

W125c Wady, Ariane

    Como passar na OAB 2ª fase: prática administrativa / Ariane Wady, Rodrigo Bordalo, Wander Garcia ; coordenado por Wander Garcia, Ana Paula Dompieri. - 8. ed. - Indaiatuba, SP : Editora Foco, 2023.

    240 p. ; 16cm x 23cm.

    Inclui bibliografia e índice.

    ISBN: 978-65-5515-695-9

    1. Direito. 2. Direito administrativo. 3. Prática administrativo. I. Bordalo, Rodrigo. II. Garcia, Wander. III. Dompieri, Ana Paula. IV. Título.

2022-3923   CDD 341.3   CDU 342.9

Elaborado por Vagner Rodolfo da Silva - CRB-8/9410

Índices para Catálogo Sistemático:

1. Direito administrativo 341.3   2. Direito administrativo 342.9

OITAVA EDIÇÃO

WANDER **GARCIA**
ARIANE **WADY**
RODRIGO **BORDALO**

APRENDA COM OS AUTORES MAIS EXPERIENTES EM OAB

OAB
SEGUNDA FASE

PRÁTICA ADMINISTRATIVA

COMO PASSAR

COMPLETO PARA OAB 2ª FASE

WANDER GARCIA
COORDENADOR DA COLEÇÃO

ANA PAULA DOMPIERI
COCOORDENADORA DA COLEÇÃO

2023 © Editora Foco

Coordenador: Wander Garcia
Cocordenadora: Ana Paula Dompieri
Autores: Wander Garcia, Ariane Wady e Rodrigo Bordalo
Editor: Roberta Densa
Diretor Acadêmico: Leonardo Pereira
Assistente editorial: Paula Morishita
Revisora Sênior: Georgia Dias
Diagramação: Ladislau Lima
Capa: Leonardo Hermano
Impressão e acabamento: FORMA CERTA

DIREITOS AUTORAIS: É proibida a reprodução parcial ou total desta publicação, por qualquer forma ou meio, sem a prévia autorização da Editora Foco, com exceção do teor das questões de concursos públicos que, por serem atos oficiais, não são protegidas como Direitos Autorais, na forma do Artigo 8º, IV, da Lei 9.610/1998. Referida vedação se estende às características gráficas da obra e sua editoração. A punição para a violação dos Direitos Autorais é crime previsto no Artigo 184 do Código Penal e as sanções civis às violações dos Direitos Autorais estão previstas nos Artigos 101 a 110 da Lei 9.610/1998.

NOTAS DA EDITORA:

Atualizações do Conteúdo: A presente obra é vendida como está, atualizada até a data do seu fechamento, informação que consta na página II do livro. Havendo a publicação de legislação de suma relevância, a editora, de forma discricionária, se empenhará em disponibilizar atualização futura. Os comentários das questões são de responsabilidade dos autores.

Bônus ou *Capítulo On-line*: Excepcionalmente, algumas obras da editora trazem conteúdo extra no *on-line*, que é parte integrante do livro, cujo acesso será disponibilizado durante a vigência da edição da obra.

Erratas: A Editora se compromete a disponibilizar no site www.editorafoco.com.br, na seção Atualizações, eventuais erratas por razões de erros técnicos ou de conteúdo. Solicitamos, outrossim, que o leitor faça a gentileza de colaborar com a perfeição da obra, comunicando eventual erro encontrado por meio de mensagem para contato@editorafoco.com.br. O acesso será disponibilizado durante a vigência da edição da obra.

Impresso no Brasil (04.2023)   Data de Fechamento (28.02.2023)

2023
Todos os direitos reservados à
Editora Foco Jurídico Ltda.
Rua Antonio Brunetti, 593 – Jd. Morada do Sol
CEP 13348-533 – Indaiatuba – SP
E-mail: contato@editorafoco.com.br
www.editorafoco.com.br

APRESENTAÇÃO

Caro leitor,

Com intuito de atualização e treinamento do bacharel em direito para a realização da prova de segunda fase da OAB, a Editora Foco, por meio de seus autores, preparou essa nova edição da obra Como passar na OAB 2ª fase: **PRÁTICA ADMINISTRATIVA**, trazendo algumas importantes novidades.

O manual contém tanto as peças práticas, como as questões cobradas nas provas de segunda fase, nas áreas de Direito Administrativo. Além disso, todo o conteúdo se encontra em consonância com as mais recentes legislações em vigor, em especial a nova Lei de Licitações e o novo regime da Improbidade Administrativa, proporcionando segurança ao candidato quanto à sua preparação em relação ao ordenamento jurídico ora vigente.

É com grande satisfação, que lhes apresentamos essa importante obra, fundamental para aprovação na segunda fase do Exame de Ordem, na área de Direito Administrativo. Sucesso!

Wander Garcia, Ariane Wady e Rodrigo Bordalo

Acesse JÁ os conteúdos ON-LINE

 ATUALIZAÇÃO em PDF
para complementar seus estudos*

Acesse o link:
www.editorafoco.com.br/atualizacao

www. CAPÍTULOS ON-LINE

Acesse o link:
www.editorafoco.com.br/atualizacao

* As atualizações em PDF e Vídeo serão disponibilizadas sempre que houver necessidade, em caso de nova lei ou decisão jurisprudencial relevante, durante o ano da edição do livro.
* Acesso disponível durante a vigência desta edição.

SUMÁRIO

COMENTÁRIOS GERAIS SOBRE O EDITAL DIREITO ADMINISTRATRATIVO... XIII

ORIENTAÇÕES AO EXAMINANDO XV

1. PROVIMENTOS CFOAB 144/2011, 150/2013, 156/2013, 167/2015, 172/2016, 174/2016 E 212/2022: O NOVO EXAME DE ORDEM XV
2. PONTOS A SEREM DESTACADOS NO EDITAL DO EXAME XIX
   - 2.1. Materiais/procedimentos permitidos e proibidos XIX
   - 2.2. Legislação nova e legislação revogada XX
   - 2.3. Critérios de correção XX
3. DICAS DE COMO ESTUDAR XXII
   - 3.1. Tenha calma XXII
   - 3.2. Tenha em mãos todos os instrumentos de estudo e treinamento XXIII
   - 3.3. 1º Passo – Leitura dos enunciados das provas anteriores XXIII
   - 3.4. 2º Passo – Reconhecimento das leis XXIII
   - 3.5. 3º Passo – Estudo holístico dos exercícios práticos (questões discursivas) XXIV
   - 3.6. 4º Passo – Estudo holístico das peças práticas (peças prático-profissionais) XXIV
   - 3.7. 5º Passo – Verificar o que faltou XXV
   - 3.8. Dicas finais para resolver os problemas XXV
   - 3.9. Dicas finais para o dia da prova XXVI

EXERCÍCIOS PRÁTICOS 1

1. PRINCÍPIOS E ATOS ADMINISTRATIVOS 1
2. ESTRUTURA DA ADMINISTRAÇÃO E ENTES DE COOPERAÇÃO 7
3. AGENTES PÚBLICOS 12
4. IMPROBIDADE ADMINISTRATIVA 21
5. BENS PÚBLICOS 28
6. RESPONSABILIDADE DO ESTADO 29
7. INTERVENÇÃO NA PROPRIEDADE 33
8. LICITAÇÃO E CONTRATO 37
9. SERVIÇOS PÚBLICOS E CONCESSÕES 53
10. PARCERIA PÚBLICO-PRIVADA 57
11. PODER DE POLÍCIA 59
12. CONTROLE DA ADMINISTRAÇÃO 60
13. LEI ANTICORRUPÇÃO 65

PEÇAS PRÁTICO-PROFISSIONAIS 69

MODELOS DE PEÇAS E ESTRUTURA BÁSICA 115

1. PETIÇÃO INICIAL 115
   1.1. ESTRUTURA BÁSICA 115
   1.2. MODELO – PETIÇÃO INICIAL 117
2. CONTESTAÇÃO 118
   2.1. ESTRUTURA BÁSICA 118
   2.2. MODELO – CONTESTAÇÃO 119
3. RECURSOS 121
   3.1. AGRAVO DE INSTRUMENTO 121
   3.2. APELAÇÃO 124
   3.3. RECURSOS EXTRAORDINÁRIO E ESPECIAL 126
   3.4. RECURSO ORDINÁRIO CONSTITUCIONAL 131
4. AÇÃO RESCISÓRIA 133
   4.1. ESTRUTURA BÁSICA 133
   4.2. MODELO – PETIÇÃO INICIAL DE AÇÃO RESCISÓRIA 134
5. AÇÕES ESPECÍFICAS 135
   5.1. DESAPROPRIAÇÃO 135
   5.2. MODELO – PETIÇÃO INICIAL DE AÇÃO DE DESAPROPRIAÇÃO 136
   5.3. ESTRUTURA BÁSICA – CONTESTAÇÃO EM AÇÃO DE DESAPROPRIAÇÃO 138
   5.4. MODELO – CONTESTAÇÃO EM AÇÃO DE DESAPROPRIAÇÃO 139
   5.5. ESTRUTURA BÁSICA – PETIÇÃO INICIAL DE AÇÃO DE INDENIZAÇÃO POR DESAPROPRIAÇÃO INDIRETA 142
   5.6. MODELO – PETIÇÃO INICIAL DE AÇÃO DE INDENIZAÇÃO POR DESAPROPRIAÇÃO INDIRETA 142
6. AÇÃO DE COBRANÇA 146
   6.1. ESTRUTURA BÁSICA 146
   6.2. MODELO – PETIÇÃO INICIAL DE AÇÃO DE COBRANÇA 147
7. AÇÃO DE RESPONSABILIDADE EXTRACONTRATUAL 150
   7.1. ESTRUTURA BÁSICA 150
   7.2. MODELO – PETIÇÃO INICIAL DE AÇÃO INDENIZATÓRIA – RESPONSABILIDADE CIVIL EXTRACONTRATUAL 151
8. MANDADO DE SEGURANÇA 155
   8.1. MANDADO DE SEGURANÇA – INDIVIDUAL 155
   8.2. MANDADO DE SEGURANÇA – COLETIVO 159

9. AÇÃO POPULAR 162
   9.1. ESTRUTURA BÁSICA 162
   9.2. MODELO – PETIÇÃO INICIAL DE AÇÃO POPULAR 163
10. *HABEAS DATA* 166
    10.1. ESTRUTURA BÁSICA 166
    10.2. MODELO – PETIÇÃO INICIAL DE *HABEAS DATA* 167
11. AÇÃO CIVIL PÚBLICA 170
    11.1. ESTRUTURA BÁSICA 170
    11.2. MODELO – PETIÇÃO INICIAL DE AÇÃO CIVIL PÚBLICA 170
12. AÇÃO DE IMPROBIDADE 172
    12.1. ESTRUTURA BÁSICA – PETIÇÃO INICIAL EM AÇÃO DE IMPROBIDADE 172
    12.2. MODELO – PETIÇÃO INICIAL DE AÇÃO DE IMPROBIDADE 173
    12.3. ESTRUTURA BÁSICA – CONTESTAÇÃO EM AÇÃO DE IMPROBIDADE 175
    12.4. MODELO – CONTESTAÇÃO EM AÇÃO DE IMPROBIDADE 176
13. PROCESSOS ADMINISTRATIVOS 178
    13.1. MODELO – RECURSO EM PROCESSO LICITATÓRIO 178
    13.2. MODELO – IMPUGNAÇÃO EM PROCESSO LICITATÓRIO 179
14. PARECER 180
    14.1. ESTRUTURA BÁSICA 180
    14.2. MODELO – PARECER 180
15. DEFESA DA ADMINISTRAÇÃO 181
    15.1. MODELO – INFORMAÇÕES EM MANDADO DE SEGURANÇA 181
    15.2. MODELO – PEDIDO DE SUSPENSÃO DE LIMINAR OU DE SEGURANÇA 183

PEÇAS PROCESSUAIS – MODELOS COMPLEMENTARES 184

1. EXCEÇÃO DE IMPEDIMENTO 184
   1.1. Estrutura Básica 184
   1.2. Modelo – Exceção de Impedimento 184
2. EXCEÇÃO DE SUSPEIÇÃO 185
   2.1. Estrutura Básica 185
   2.2. Modelo – Exceção de Suspeição 186
3. RECONVENÇÃO 186
   3.1. Estrutura Básica 186
   3.2. Modelo – Reconvenção 187
4. IMPUGNAÇÃO AO CUMPRIMENTO DE SENTENÇA 189
   4.1. Estrutura Básica 189
   4.2. Modelo – Impugnação ao Cumprimento de Sentença 189

5. PETIÇÃO INICIAL DE EXECUÇÃO CONTRA A FAZENDA PÚBLICA 190
   5.1. Estrutura Básica 190
   5.2. Modelo – Petição Inicial de Execução contra a Fazenda Pública.............................191

BREVES COMENTÁRIOS SOBRE A LEI 14.133/2021 (NOVA LEI DE LICITAÇÕES E CONTRATOS ADMINISTRATIVOS) 192

    I. APLICABILIDADE DA NOVA LEI 192
    II. ASPECTOS GERAIS 192
    III. CONTRATAÇÃO DIRETA 193
    IV. MODALIDADES LICITATÓRIAS 193
    V. FASES 194
    VI. INSTRUMENTOS AUXILIARES 195
    VII. CONTRATOS ADMINISTRATIVOS 196
    VIII. REGIME SANCIONATÓRIO 197
    IX. OUTROS ASPECTOS DA LEI 14.133/2021 197

BREVES COMENTÁRIOS SOBRE O NOVO REGIME DA IMPROBIDADE ADMINISTRATIVA (CF. MODIFICAÇÕES DECORRENTES DA LEI 14.230/2021) ..199

    I. O regime jurídico da improbidade administrativa 199
    II. Modalidades de improbidade administrativa. Aspectos gerais 199
    III. Modalidades de improbidade administrativa. Tipologia 200
    IV Sanções ou penas pela prática de improbidade administrativa 204
    V. Sujeitos do ato de improbidade administrativa 206
    VI. Processo 207
    VII. Prescrição (art. 23) 209
    VIII. Lei 14.230/2021 e direito intertemporal. Posição do STF 210

SUMÁRIO *ON-LINE*

EXERCÍCIOS PRÁTICOS *ON-LINE* 1

1. PRINCÍPIOS E ATOS ADMINISTRATIVOS 1
2. ESTRUTURA DA ADMINISTRAÇÃO E ENTES DE COOPERAÇÃO 10
3. AGENTES PÚBLICOS 14
4. IMPROBIDADE ADMINISTRATIVA 21

5. BENS PÚBLICOS 23
6. RESPONSABILIDADE DO ESTADO 28
7. INTERVENÇÃO NA PROPRIEDADE 36
8. LICITAÇÃO E CONTRATO 44
9. SERVIÇOS PÚBLICOS E CONCESSÕES 56
10. PARCERIA PÚBLICO-PRIVADA 60
11. PODER DE POLÍCIA 61
12. CONTROLE DA ADMINISTRAÇÃO 63

PEÇAS PRÁTICO-PROFISSIONAIS *ON-LINE* 69

    MODELO: MANDADO DE SEGURANÇA 70
    MANDADO DE SEGURANÇA COM PEDIDO DE LIMINAR 71
    MODELO: PETIÇÃO INICIAL DE AÇÃO INDENIZATÓRIA POR RESPONSABILIDADE EXTRACONTRATUAL DO ESTADO 77
    AÇÃO INDENIZATÓRIA 77
    MODELO: CONTESTAÇÃO 83

COMENTÁRIOS GERAIS SOBRE O EDITAL DIREITO ADMINISTRATRATIVO

No que diz respeito à matéria Direito Administrativo, houve alguns acréscimos e alterações em relação aos editais dos exames anteriores.

Passam a ser cobrados os dispositivos da Lei de Introdução às Normas do Direito Brasileiro (LINDB) inseridos pela Lei 13.655/2018 (artigos 20 a 30). São normas que versam sobre segurança jurídica e eficiência na criação e na aplicação do direito público.

Passam a constar expressamente tanto a Lei de Acesso à Informação (Lei 12.527/2011) quanto a Lei Geral de Proteção de Dados-LGPD (Lei 13.709/2018).

No que se refere ao tema de licitações e contratos, vale apontar relevante inovação no ordenamento jurídico. Em 1º de abril de 2021 foi editada a Lei 14.133. Relevante esclarecer que a Lei 8.666/93 não foi imediatamente revogada pelo novo regime e vigorará por 2 anos, com revogação prevista para abril de 2023. Até esta data, convivem os regimes tanto da Lei 14.133/21 quanto da Lei 8.666/93, de modo que a Administração pode optar por licitar ou contratar diretamente de acordo um desses regimes. O mesmo raciocínio se aplica para as Leis 10.520/02 (Pregão) e 12.462/11 (Regime Diferenciado de Contratações Públicas), as quais igualmente irão vigorar até abril de 2023.

Também merece referência as importantes alterações na Lei de Improbidade Administrativa (Lei 8.429/1992) promovida pela Lei 14.230/2021.

No que tange ao tema do abuso de autoridade, relevante atentar que há uma nova lei a respeito (Lei 13.869/2019).

Devemos estar preparados para questões que utilizem o entendimento jurisprudencial, pois consta expressamente no edital a exigência de que a resposta reflita a jurisprudência pacificada dos Tribunais Superiores.

Sucesso!

ORIENTAÇÕES AO EXAMINANDO

1. Provimentos CFOAB 144/2011, 150/2013, 156/2013, 167/2015, 172/2016, 174/2016 e 212/2022: o Novo Exame de Ordem

O Conselho Federal da Ordem dos Advogados do Brasil (OAB) publicou em novembro de 2013 o Provimento 156/2013, que alterou o Provimento 144/2011, estabelecendo as normas e diretrizes do Exame de Ordem. Confira o texto integral do provimento, com as alterações promovidas pelos provimentos 167/2015, 172/2016, 174/2016 e 212/2022:

O CONSELHO FEDERAL DA ORDEM DOS ADVOGADOS DO BRASIL, no uso das atribuições que lhe são conferidas pelos arts. 8º, § 1º, e 54, V, da Lei n. 8.906, de 4 de julho de 1994 – Estatuto da Advocacia e da OAB, tendo em vista o decidido nos autos da Proposição n. 2011.19.02371-02,

RESOLVE:

CAPÍTULO I

DO EXAME DE ORDEM

Art. 1º O Exame de Ordem é preparado e realizado pelo Conselho Federal da Ordem dos Advogados do Brasil – CFOAB, mediante delegação dos Conselhos Seccionais.

§ 1º A preparação e a realização do Exame de Ordem poderão ser total ou parcialmente terceirizadas, ficando a cargo do CFOAB sua coordenação e fiscalização.

§ 2º Serão realizados 03 (três) Exames de Ordem por ano.

CAPÍTULO II

DA COORDENAÇÃO NACIONAL DE EXAME DE ORDEM

Art. 2º É criada a Coordenação Nacional de Exame de Ordem, competindo-lhe organizar o Exame de Ordem, elaborar-lhe o edital e zelar por sua boa aplicação, acompanhando e supervisionando todas as etapas de sua preparação e realização. (NR. Ver Provimento n. 156/2013)

Art. 2º-A. A Coordenação Nacional de Exame de Ordem será designada pela Diretoria do Conselho Federal e será composta por: (NR. Ver Provimento n. 150/2013)

I – 03 (três) Conselheiros Federais da OAB;

II – 03 (três) Presidentes de Conselhos Seccionais da OAB;

III – 01 (um) membro da Escola Nacional da Advocacia;

IV – 01 (um) membro da Comissão Nacional de Exame de Ordem;

V – 01 (um) membro da Comissão Nacional de Educação Jurídica;

VI – 02 (dois) Presidentes de Comissão de Estágio e Exame de Ordem de Conselhos Seccionais da OAB.

Parágrafo único. A Coordenação Nacional de Exame de Ordem contará com ao menos 02 (dois) membros por região do País e será presidida por um dos seus membros, por designação da Diretoria do Conselho Federal. (NR. Ver Provimento n. 150/2013)

CAPÍTULO III

DA COMISSÃO NACIONAL DE EXAME DE ORDEM, DA COMISSÃO NACIONAL DE EDUCAÇÃO JURÍDICA, DO COLÉGIO DE PRESIDENTES DE COMISSÕES DE ESTÁGIO E EXAME DE ORDEM E DAS COMISSÕES DE ESTÁGIO E EXAME DE ORDEM

Art. 3º À Comissão Nacional de Exame de Ordem e à Comissão Nacional de Educação Jurídica compete atuar como órgãos consultivos e de assessoramento da Diretoria do CFOAB.

Art. 4º Ao Colégio de Presidentes de Comissões de Estágio e Exame de Ordem compete atuar como órgão consultivo e de assessoramento da Coordenação Nacional de Exame de Ordem.

Art. 5º Às Comissões de Estágio e Exame de Ordem dos Conselhos Seccionais compete fiscalizar a aplicação da prova e verificar o preenchimento dos requisitos exigidos dos examinandos quando dos pedidos de inscrição, assim como difundir as diretrizes e defender a necessidade do Exame de Ordem.

CAPÍTULO IV

DOS EXAMINANDOS

Art. 6º A aprovação no Exame de Ordem é requisito necessário para a inscrição nos quadros da OAB como advogado, nos termos do art. 8º, IV, da Lei n.º 8.906/1994.

§ 1º Ficam dispensados do Exame de Ordem os postulantes oriundos da Magistratura e do Ministério Público e os bacharéis alcançados pelo art. 7º da Resolução n. 02/1994, da Diretoria do CFOAB. (NR. Ver Provimento n. 167/2015)

§ 2º Ficam dispensados do Exame de Ordem, igualmente, os advogados públicos aprovados em concurso público de provas e títulos realizado com a efetiva participação da OAB até a data da publicação do Provimento n. 174/2016-CFOAB. (NR. Ver Provimento n. 174/2016)

§ 3º Os advogados enquadrados no § 2º do presente artigo terão o prazo de 06 (seis) meses, contados a partir da data da publicação do Provimento n. 174/2016-CFOAB, para regularização de suas inscrições perante a Ordem dos Advogados do Brasil. (NR. Ver Provimento n. 174/2016)

Art. 7º O Exame de Ordem é prestado por bacharel em Direito, ainda que pendente sua colação de grau, formado em instituição regularmente credenciada.

§ 1º É facultado ao bacharel em Direito que detenha cargo ou exerça função incompatível com a advocacia prestar o Exame de Ordem, ainda que vedada a sua inscrição na OAB.

§ 2º Poderá prestar o Exame de Ordem o portador de diploma estrangeiro que tenha sido revalidado na forma prevista no art. 48, § 2º, da Lei n. 9.394, de 20 de dezembro de 1996.

§ 3º Poderão prestar o Exame de Ordem os estudantes de Direito dos últimos dois semestres ou do último ano do curso. (NR. Ver Provimento n. 156/2013)

CAPÍTULO V
DA BANCA EXAMINADORA E DA BANCA RECURSAL

Art. 8º A Banca Examinadora da OAB será designada pelo Coordenador Nacional do Exame de Ordem. (NR. Ver Provimento n. 156/2013)

Parágrafo único. Compete à Banca Examinadora elaborar o Exame de Ordem ou atuar em conjunto com a pessoa jurídica contratada para a preparação, realização e correção das provas, bem como homologar os respectivos gabaritos. (NR. Ver Provimento n. 156/2013)

Art. 9º À Banca Recursal da OAB, designada pelo Coordenador Nacional do Exame de Ordem, compete decidir a respeito de recursos acerca de nulidade de questões, impugnação de gabaritos e pedidos de revisão de notas, em decisões de caráter irrecorrível, na forma do disposto em edital. (NR. Ver Provimento n. 156/2013)

§ 1º É vedada, no mesmo certame, a participação de membro da Banca Examinadora na Banca Recursal.

§ 2º Aos Conselhos Seccionais da OAB são vedadas a correção e a revisão das provas.

§ 3º Apenas o interessado inscrito no certame ou seu advogado regularmente constituído poderá apresentar impugnações e recursos sobre o Exame de Ordem.(NR. Ver Provimento n. 156/2013)

Art. 10. Serão publicados os nomes e nomes sociais daqueles que integram as Bancas Examinadora e Recursal designadas, bem como os dos coordenadores da pessoa jurídica contratada, mediante forma de divulgação definida pela Coordenação Nacional do Exame de Ordem. (NR. Ver Provimento n. 172/2016)

§ 1º A publicação dos nomes referidos neste artigo ocorrerá até 05 (cinco) dias antes da efetiva aplicação das provas da primeira e da segunda fases. (NR. Ver Provimento n. 156/2013)

§ 2º É vedada a participação de professores de cursos preparatórios para Exame de Ordem, bem como de parentes de examinandos, até o quarto grau, na Coordenação Nacional, na Banca Examinadora e na Banca Recursal. (NR. Ver Provimento n. 156/2013)

CAPÍTULO VI
DAS PROVAS

Art. 11. O Exame de Ordem, conforme estabelecido no edital do certame, será composto de 02 (duas) provas:

I – prova objetiva, sem consulta, de caráter eliminatório;

II – prova prático-profissional, permitida, exclusivamente, a consulta a legislação, súmulas, enunciados, orientações jurisprudenciais e precedentes normativos sem qualquer anotação ou comentário, na área de opção do examinando, composta de 02 (duas) partes distintas:

a) redação de peça profissional;

b) questões práticas, sob a forma de situações-problema.

§ 1º A prova objetiva conterá no máximo 80 (oitenta) questões de múltipla escolha, sendo exigido o mínimo de 50% (cinquenta por cento) de acertos para habilitação à prova prático-profissional, vedado o aproveitamento do resultado nos exames seguintes.

§ 2º Será considerado aprovado o examinando que obtiver, na prova prático-profissional, nota igual ou superior a 06 (seis) inteiros, vedado o arredondamento.

§ 3º Ao examinando que não lograr aprovação na prova prático-profissional será facultado computar o resultado obtido na prova objetiva apenas quando se submeter ao Exame de Ordem imediatamente subsequente. O valor da taxa devida, em tal hipótese, será definido em edital, atendendo a essa peculiaridade. (NR. Ver Provimento n. 156/2013)

§ 4º O conteúdo das provas do Exame de Ordem contemplará as disciplinas do Eixo de Formação Profissional, de Direitos Humanos, do Estatuto da Advocacia e da OAB e seu Regulamento Geral e do Código de Ética e Disciplina, podendo contemplar disciplinas do Eixo de Formação Fundamental. (NR. Ver Provimento n. 156/2013)

§ 5º A prova objetiva conterá, no mínimo, 15% (quinze por cento) de questões versando sobre Estatuto da Advocacia e seu Regulamento Geral, Código de Ética e Disciplina, Filosofia do Direito e Direitos Humanos. (NR. Ver Provimento n. 156/2013)

CAPÍTULO VII
DAS DISPOSIÇÕES FINAIS

Art. 12. O examinando prestará o Exame de Ordem perante o Conselho Seccional de sua livre escolha. (NR Ver Provimento 212/2022).

§ 1º Realizada a inscrição no Exame de Ordem, o candidato fará a prova perante o Conselho Seccional escolhido, permanecendo vinculado ao local onde realizada a inscrição para todas as fases do certame. (NR Ver Provimento 212/2022)

§ 2º Mediante requerimento fundamentado e comprovado dirigido à Coordenação Nacional do Exame de Ordem, pode o examinando, em hipóteses excepcionais e caso acolhido o pedido, realizar a segunda fase em localidade distinta daquela onde realizada a primeira. (NR Ver Provimento 212/2022)

Art. 13. A aprovação no Exame de Ordem será declarada pelo CFOAB, cabendo aos Conselhos Seccionais a expedição dos respectivos certificados.

§ 1º O certificado de aprovação possui eficácia por tempo indeterminado e validade em todo o território nacional.

§ 2º O examinando aprovado somente poderá receber seu certificado de aprovação no Conselho Seccional onde prestou o Exame de Ordem, pessoalmente ou por procuração.

§ 3º É vedada a divulgação de nomes e notas de examinados não aprovados.

Art. 14. Fica revogado o Provimento n. 136, de 19 de outubro de 2009, do Conselho Federal da Ordem dos Advogados do Brasil.

Art. 15. Este Provimento entra em vigor na data de sua publicação, revogadas as disposições em contrário.

Ophir Cavalcante Junior, Presidente

Marcus Vinicius Furtado Coêlho, Conselheiro Federal – Relator

2. Pontos a serem destacados no edital do exame

2.1. Materiais/procedimentos permitidos e proibidos

O Edital do Exame Unificado da OAB vem adotando as seguintes regras em relação aos materiais:

Materiais/Procedimentos permitidos

- Legislação não comentada, não anotada e não comparada.
- Códigos, inclusive os organizados que não possuam índices temáticos estruturando roteiros de peças processuais, remissão doutrinária, jurisprudência, informativos dos tribunais ou quaisquer comentários, anotações ou comparações.
- Leis de Introdução dos Códigos.
- Instruções Normativas.
- Índice remissivo.
- Exposição de Motivos.
- Súmulas.
- Enunciados.
- Orientações Jurisprudenciais.
- Regimento Interno.
- Resoluções dos Tribunais.
- Simples utilização de marca-texto, traço ou simples remissão a artigos ou a lei.
- Separação de códigos por clipes e/ou por cores, providenciada pelo próprio examinando, sem nenhum tipo de anotação manuscrita ou impressa nos recursos utilizados para fazer a separação.
- Utilização de separadores de códigos fabricados por editoras ou outras instituições ligadas ao mercado gráfico, desde que com impressão que contenha simples remissão a ramos do Direito ou a leis.

Observação: As remissões a artigo ou lei são permitidas apenas para referenciar assuntos isolados. Quando for verificado pelo fiscal advogado que o examinando se utilizou de tal expediente com o intuito de burlar as regras de consulta previstas neste edital, articulando a estrutura de uma peça jurídica, o material será recolhido, sem prejuízo das demais sanções cabíveis ao examinando.

Materiais/Procedimentos **proibidos**

- Códigos comentados, anotados, comparados ou com organização de índices temáticos estruturando roteiros de peças processuais.
- Jurisprudências.
- Anotações pessoais ou transcrições.
- Cópias reprográficas (xerox).
- Utilização de marca texto, traços, símbolos, post-its ou remissões a artigos ou a lei de forma a estruturar roteiros de peças processuais e/ou anotações pessoais.
- Utilização de notas adesivas manuscritas, em branco ou impressas pelo próprio examinando.
- Utilização de separadores de códigos fabricados por editoras ou outras instituições ligadas ao mercado gráfico em branco.
- Impressos da internet.
- Informativos de Tribunais.
- Livros de Doutrina, revistas, apostilas, calendários e anotações.
- Dicionários ou qualquer outro material de consulta.
- Legislação comentada, anotada ou comparada.
- Súmulas, Enunciados e Orientações Jurisprudenciais comentadas, anotadas ou comparadas.

Os examinandos deverão comparecer no dia de realização da prova prático-profissional já com os textos de consulta com as partes não permitidas devidamente isoladas por grampo ou fita adesiva de modo a impedir sua utilização, sob pena de não poder consultá-los.

O examinando que descumprir as regras quanto à utilização de material proibido terá suas provas anuladas e será automaticamente eliminado do Exame.

Por fim, é importante que o examinando leia sempre o edital publicado, pois tais regras podem sofrer algumas alterações a cada exame.

2.2. Legislação nova e legislação revogada

Segundo o edital do exame, "legislação com entrada em vigor após a data de publicação deste edital, bem como alterações em dispositivos legais e normativos a ele posteriores não serão objeto de avaliação nas provas do Exame de Ordem".

Repare que há dois marcos: a) data da entrada em vigor da lei (não é a data da publicação da lei, mas a data em que esta entra em vigor); b) data da publicação do edital.

Portanto, atente para esse fato quando for estudar.

2.3. Critérios de correção

Quando você estiver redigindo qualquer questão, seja um exercício prático (questão discursiva), seja uma peça prático-profissional (peça), lembre-se de que serão levados em conta, para os dois casos, os seguintes critérios previstos no Edital:

a) adequação das respostas ao problema apresentado;
   - peça inadequada (inepta, procedimento errado): nota zero;
   - resposta incoerente ou ausência de texto: nota zero;
     Obs.: A indicação correta da peça prática é verificada no nomem iuris da peça concomitantemente com o correto e completo fundamento legal usado para justificar tecnicamente a escolha feita.
b) vedação de identificação do candidato;
   - o caderno de textos definitivos não poderá ser assinado, rubricado ou conter qualquer palavra ou marca que o identifique em outro local que não o apropriado (capa do caderno), sob pena de ser anulado;
c) a prova deve ser manuscrita, em letra legível, com caneta esferográfica de tinta azul ou preta;
   - letra ilegível: nota zero;
d) respeito à extensão máxima;
   - na peça profissional, o examinando deverá formular texto com a extensão máxima definida na capa do caderno de textos definitivos / 30 linhas em cada questão;
   - fragmento de texto fora do limite: será desconsiderado;
e) respeito à ordem de transcrição das respostas;
f) caso a prova exija assinatura, deve-se usar:
   ADVOGADO...
   - Penas para o desrespeito aos itens "e" e "f": nota zero;
g) nas peças/questões, o examinando deve incluir todos dados necessários, sem identificação e com o nome do dado seguido de reticências:
   - Ex: Município..., Data..., OAB...;
   - Omissão de dados: descontos na pontuação;

Por outro lado, apesar de não previstos textualmente no edital, temos percebido que a examinadora vem adotando, também, os seguintes critérios:

a) objetividade;
   - as respostas devem ser claras, com frases e parágrafos curtos, e sempre na ordem direta;
b) organização;
   - as respostas devem ter começo, meio e fim; um tema por parágrafo; e divisão em tópicos (na peça processual);
c) coesão textual;
   - um parágrafo deve ter ligação com o outro; assim, há de se usar os conectivos (dessa forma, entretanto, assim, todavia...);
     Obs.: porém, quanto às questões da prova prático-profissional que estiverem subdivididas em itens, cada item deverá ser respondido separadamente.
d) correção gramatical;
   - troque palavras que você não conheça, por palavras que você conheça;

- leia o texto que você escreveu;
e) quantidade de fundamentos;
- Cite a premissa maior (lei), a premissa menor (fato concreto) e chegue a uma conclusão (subsunção do caso à norma e sua aplicação);
- Traga o maior número de fundamentos pertinentes; há questões que valem 1,25 pontos, sendo 0,25 para cada fundamento trazido; o examinando que fundamenta sua resposta num ponto só acaba por tirar nota 0,25 numa questão desse tipo;
- Tempestade de ideias; criatividade; qualidade + quantidade;
f) indicação do nome do instituto jurídico aplicável e/ou do princípio aplicável;
g) indicação do dispositivo legal aplicável;
- Ex.: para cada fundamento usado pelo examinando, é NECESSÁRIO citar o dispositivo legal em que se encontra esse fundamento, sob pena de perder até 0,5 ponto, a depender do caso;
h) indicação do entendimento doutrinário aplicável;
i) indicação do entendimento jurisprudencial aplicável;
j) indicação das técnicas interpretativas;
- Ex.: interpretação sistemática, teleológica etc.

3. Dicas de como estudar

3.1. Tenha calma

Em primeiro lugar, é preciso ter bastante calma. Quem está para fazer a 2ª fase do Exame de Ordem já está, literalmente, com meio caminho andado.

A diferença é que, agora, você não terá mais que saber uma série de informações sobre as mais de quinze principais disciplinas do Direito cobradas na 1ª fase. Agora você fará uma prova delimitada, na qual aparecem questões sobre um universo muito menor que o da 1ª fase.

Além disso, há a possibilidade de consultar a legislação no momento da prova. Ah, mas antes era possível consultar qualquer livro, você diria. Pois é. Mas isso deixava muitos examinandos perdidos. Primeiro porque não sabiam o que comprar, o que levar e isso gerava estresse, além de um estrago orçamentário. Segundo porque, na hora da prova, eram tantos livros, tantas informações, que não se sabia o que fazer, por onde atacar, o que levava a uma enorme perda de tempo, comprometendo o bom desempenho no exame. E mais, o examinando deixava de fazer o mais importante, que é conhecer e usar a lei. Vi muitas provas em que o examinando só fazia citações doutrinárias, provas essas que, se tivessem feito menção às palavras-chave (aos institutos jurídicos pertinentes) e aos dispositivos legais mencionados no Padrão de Resposta da examinadora, fariam com que o examinando fosse aprovado. Mas a preocupação em arrumar a melhor citação era tão grande que se deixava de lado o mais importante, que é a lei e os consequentes fundamentos jurídicos.

Então, fica a lembrança de que você fará um exame com temas delimitados e com a possibilidade, ainda, de contar com o apoio da lei na formulação de suas respostas, e esses são fatores muito positivos, que devem te dar tranquilidade. Aliás, você já é uma pessoa de valor, um vencedor, pois não anda fácil ser aprovado na 1ª, e você conseguiu isso.

3.2. Tenha em mãos todos os instrumentos de estudo e treinamento

Uma vez acalmado o ânimo, é hora de separar os materiais de estudo e de treinamento.

Você vai precisar dos seguintes materiais:

a) todos os exercícios práticos de provas anteriores do Exame Unificado da OAB (**contidos neste livro**);

b) todas as peças práticas de provas anteriores do Exame Unificado da OAB (**contidas neste livro**);

c) resolução teórica e prática de todos os exercícios e peças mencionadas (**contida neste livro**);

d) explicação teórica e modelo das principais peças processuais (**contidos neste livro**);

e) doutrina de qualidade sobre direito constitucional; nesse sentido recomendamos o livro "Super-Revisão OAB: Doutrina Completa", da Editora Foco (www.editorafoco.com.br); você também pode usar outros livros de apoio, podendo ser um livro que você já tenha da sua área.

f) Vade Mecum de legislação + Informativos recentes com os principais julgamentos dos Tribunais Superiores (contidos no Vade Mecum de Legislação FOCO, que é o Vade Mecum com o melhor conteúdo selecionado impresso do mercado – confira em www.editorafoco.com.br).

3.3. 1º Passo – Leitura dos enunciados das provas anteriores

A primeira providência que deve tomar é ler todos os exercícios e todas as peças já cobradas pelo Exame Unificado da OAB. Nesse primeiro momento não leia as resoluções teóricas dessas questões.

Repito: leia apenas os **enunciados** dos exercícios e das peças práticas. A ideia é que você tenha um "choque de realidade", usando uma linguagem mais forte. Numa linguagem mais adequada, eu diria que você, ao ler os enunciados das questões da 2ª fase, ficará **ambientado com o tipo de prova** e também ficará com as **"antenas" ligadas sobre o tipo de estudo** que fará das peças, da jurisprudência e da doutrina.

3.4. 2º Passo – Reconhecimento das leis

Logo após a leitura dos enunciados das questões das provas anteriores, **separe** o livro de legislação que vai usar e todas as leis que serão necessárias para levar no exame e **faça um bom reconhecimento** desse material.

Quando chegar o dia da prova, você deverá estar bem íntimo desse material. A ideia, aqui, não é ler cada artigo da lei, mas, sim, conhecer as leis materiais e processuais pertinentes, atentando-se para seus capítulos e suas temáticas. Leia o sumário dos códigos. Leia o nome dos capítulos e seções das leis que não estão dentro de um código. Procure saber como é dividida cada lei. Coloque marcações nas principais leis. Dê uma olhada no índice remissivo dos códigos e procure se ambientar com ele.

Os dois primeiros passos devem durar, no máximo, um dia estudo.

3.5. 3º Passo – Estudo holístico dos exercícios práticos (questões discursivas)

Você deve ter reparado que as questões discursivas presentes neste livro estão classificadas por temas de direito material e de direito processual.

E você deve lembrar que é fundamental ter à sua disposição, além das questões que estão neste livro, a jurisprudência aplicável, um bom livro de doutrina e um *Vade Mecum* de legislação, como o indicado por nós.

Muito bem. Agora sua tarefa é fazer cada questão discursiva (não é a *peça prática*; trata-se do *exercício prático*), uma a uma.

Primeiro leia o enunciado da questão e tente fazê-lo sozinho, como se estivesse no dia da prova. Use apenas a legislação. E não se esqueça de utilizar os **índices**!!!

Antes de fazer cada questão, é muito importante coletar todas as informações que você tem sobre o tema e que conseguiu extrair da lei.

Num primeiro momento, seu trabalho vai ser de "tempestade de ideias". Anote no rascunho tudo que for útil para desenvolver a questão, tais como dispositivos legais, princípios, entendimentos doutrinários que conhecer, entendimentos jurisprudenciais, técnicas interpretativas que pode citar etc.

Depois da tempestade de ideias, agrupe os pontos que levantou, para que sejam tratados de forma ordenada, e crie um esqueleto de resposta. Não é para fazer um rascunho da resposta e depois copiá-lo. A ideia é que faça apenas um esqueleto, um esquema para que, quando estiver escrevendo a resposta, você o faça de modo bem organizado e não esqueça ponto algum.

Quando terminar de escrever uma resposta (e somente depois disso), leia a resolução da questão que está no livro e anote no papel onde escreveu sua resposta **o que faltou nela**. Anote os fundamentos que faltaram e também a eventual falta de organização de ideias e eventuais outras falhas que identificar. Nesse momento, tenha autocrítica. A ideia é você cometer cada vez menos erros a cada exercício. Depois de ler a resolução da questão presente neste livro, deverá buscar na legislação cada lei citada em nosso comentário. Leia os dispositivos citados por nós e aproveite também para conferir os dispositivos legais que têm conexão com o assunto.

Em seguida, pegue seu livro de doutrina de referência e leia o capítulo referente àquela temática.

Por fim, você deve ler todas as súmulas e precedentes jurisprudenciais referentes àquela temática.

Faça isso com todas as questões discursivas (*exercícios práticos*). E anote nos livros (neste livro e no livro de doutrina de referência) tudo o que você já tiver lido. Com essa providência você já estará se preparando tanto para os *exercícios práticos* como para a *peça prática*, só não estará estudando os modelos de peça.

Ao final desse terceiro passo seu *raciocínio jurídico* estará bastante apurado, com um bom *treinamento da escrita* e também com um bom conhecimento da *lei*, da *doutrina* e da *jurisprudência*.

3.6. 4º Passo – Estudo holístico das peças práticas (peças prático-profissionais)

Sua tarefa, agora, é resolver todas as peças práticas que já apareceram no Exame Unificado da OAB.

Primeiro leia o enunciado do problema que pede a realização da peça prática e tente fazê-la sozinho, como se estivesse fazendo a prova. Mais uma vez use apenas a legislação. Não se esqueça de fazer a "tempestade de ideias" e o esqueleto.

Terminado o exercício, você vai ler a resolução da questão e o modelo da peça trazido no livro e anotará no papel onde escreveu sua resposta o que faltou nela. Anote os fundamentos que faltaram, a eventual falta de organização de ideias, dentre outras falhas que perceber. Lembre-se da importância da autocrítica.

Agora você deve buscar na legislação cada lei citada no comentário trazido neste livro. Leia os dispositivos citados e aproveite, mais uma vez, para ler os dispositivos legais que têm conexão com o assunto.

Em seguida, leia a jurisprudência pertinente e o livro de doutrina de sua confiança, com o objetivo de rememorar os temas que apareceram naquela peça prática, tanto na parte de direito material, como na parte de direito processual.

Faça isso com todas as peças práticas. E continue anotando nos livros tudo o que já tiver lido.

Ao final desse terceiro passo você sairá com o *raciocínio jurídico* ainda mais apurado, com uma melhora substancial na *sua escrita* e também com ótimo conhecimento da *lei*, da *doutrina* e da *jurisprudência*.

3.7. 5º Passo – Verificar o que faltou

Sua tarefa, agora, é verificar o que faltou. Leia os temas doutrinários que ainda não foram lidos, por não terem relação alguma com as questões resolvidas neste livro. Confira também as súmulas e os informativos de jurisprudência que restaram. Se você fizer a marcação do que foi e do que não foi lido, não haverá problema em identificar o que está faltando. Faça a marcação com um lápis. Poder ser um "x" ao lado de cada precedente jurisprudencial lido e, quanto ao livro de doutrina, faça um "x" nos temas que estão no índice do livro. Nos temas mais importantes pode fazer um "x" e um círculo. Isso permitirá que você faça uma leitura dinâmica mais perto da prova, apenas para relembrar esses pontos.

Leia também as demais peças processuais que se encontram no livro e reserve o tempo restante para pesquisa de jurisprudência de anos anteriores e treinamento, muito treinamento. Para isso, reescreva as peças que já fez até chegar ao ponto em que sentir que pegou o jeito.

3.8. Dicas finais para resolver os problemas

Em resumo, recomendamos que você resolva as questões e as peças no dia da prova usando as seguintes técnicas:

a) leia o enunciado pelo menos duas vezes, a primeira para ter ideia do todo e a segunda para anotar os detalhes;

b) anote as informações, perguntas e solicitações feitas no enunciado da questão;

– Ex.: qual é o vício? / fundamento / indique o dispositivo legal;

c) busque a resposta nas leis relacionadas;

d) promova uma tempestade de ideias e ANOTE TUDO o que for relacionado;

– Ex.: leis, princípios, doutrina, jurisprudência, fundamentos, exemplos etc.;

e) agrupe as ideias e crie um esqueleto de resposta, respondendo às perguntas e solicitações feitas;

f) redija;

g) revise o texto, buscando erros gramaticais.

3.9. Dicas finais para o dia da prova

Por fim, lembre-se de que você está na reta final para a sua prova. Falta pouco. Avise aos familiares e amigos que neste último mês de preparação você estará um pouco mais ausente. Peça ajuda nesse sentido. E lembre-se também de que seu esforço será recompensado.

No dia da prova, tome os seguintes cuidados:

a) chegue com muita antecedência;
- o Edital costuma determinar o comparecimento com antecedência mínima de 1 hora e 30 minutos do horário de início;

b) leve mais de uma caneta permitida;
- a caneta deve ser azul ou preta, fabricada em material transparente;
- não será permitido o uso de borracha e corretivo;

c) leve comprovante de inscrição + documento original de identidade, com foto;

d) leve água e chocolate;

e) se ficar nervoso: se você for religioso, faça uma oração antes de iniciar a prova; outra providência muito boa, havendo ou não religiosidade, é você fazer várias respirações profundas, de olhos fechados. Trata-se de uma técnica milenar para acalmar e concentrar. Além disso, antes de ir para a prova, escute suas músicas preferidas, pois isso acalma a dá um ânimo bom.

No mais, tenha bastante foco, disciplina, perseverança e fé!

Tenho certeza de que tudo dará certo.

Wander Garcia
Coordenador da Coleção

EXERCÍCIOS PRÁTICOS

1. PRINCÍPIOS E ATOS ADMINISTRATIVOS

(OAB/2ª FASE – XXXIV) A lei orgânica do Município Delta estabelece a competência não exclusiva do prefeito municipal para nomear servidores ocupantes de cargo em comissão. João, prefeito recém empossado, vem promovendo diversas mudanças na administração municipal e editou decreto municipal delegando ao secretário municipal da Casa Civil competência para nomear e exonerar os titulares de cargos em comissão, exceto os cargos de secretários municipais, procurador-geral e presidentes das entidades integrantes da Administração Indireta municipal. Registra-se que a legislação municipal, no que tange à delegação de competência, repete os mesmos termos da lei federal que regula o processo administrativo no âmbito da Administração Pública Federal.

Jorge, secretário municipal da Casa Civil, praticou ato administrativo exonerando Maria de cargo em comissão, com formal, extensa e circunstanciada motivação no sentido de que a exoneração era imprescindível para cortes de despesas, diante da crise financeira por que passa o Município que agravou o déficit orçamentário.

No dia seguinte à sua exoneração, Maria verificou que foi publicada no Diário Oficial a nomeação de outra pessoa (sem qualquer relacionamento com agentes públicos) para o mesmo cargo em comissão que ocupara, inclusive sendo lotada no mesmo setor, com igual remuneração e para exercício de idênticas funções de assessoramento que outrora exercia.

Mesmo sabedora de que era ocupante de cargo exclusivamente em comissão, de livre nomeação e exoneração, Maria não se conformou com o ocorrido e procurou você como advogado(a). Em pesquisa ao site da transparência do Município, você verificou a plena saúde financeira do Município, já que o orçamento municipal do exercício em vigor é o maior de sua história e superou a arrecadação esperada, em razão do recebimento de recursos oriundos dos *royalties* do petróleo.

Diante dos fatos narrados, responda, de forma fundamentada, às questões a seguir.

A) A delegação de competência feita pelo prefeito João ao secretário municipal da Casa Civil é lícita? (Valor: 0,60)

B) Qual argumento deve ser utilizado judicialmente pelo advogado(a) visando à declaração de nulidade do ato de exoneração de Maria? (Valor: 0,65)

Obs.: o(a) examinando(a) deve fundamentar suas respostas. A mera citação do dispositivo legal não confere pontuação.

GABARITO COMENTADO

A) A delegação de competência para a prática de atos de nomeação e exoneração de ocupantes de cargos em comissão feita pelo prefeito João ao secretário municipal da Casa Civil é lícita, porque não se trata de competência exclusiva, conforme dispõe o Art. 13, inciso III, da Lei nº 9.784/99.

B) Apesar de o ato de exoneração de Maria ser um ato administrativo discricionário, na medida em que o agente público Jorge resolve motivá-lo, fica vinculado à realidade fática exposta. Ocorre que, no caso concreto, a nomeação de outra pessoa, no dia seguinte à exoneração de Maria, para ocupar o mesmo cargo e auferir a mesma remuneração, aliado ao fato de que o orçamento municipal recebeu incremento pelos royalties do petróleo, revelam que não foi a crise financeira que motivou a exoneração de Maria. Dessa forma, aplicando-se a teoria dos motivos determinantes, verifica-se que o elemento do ato administrativo motivo está viciado, razão pela qual o ato de exoneração de Maria é nulo.

(OAB/Exame Unificado – 2019.2- 2ª fase) Diante de rebelião instaurada em unidade prisional federal, que contou com a conivência de servidores públicos, a autoridade competente, ao final de apuração em processo administrativo disciplinar, aplicou a disponibilidade como sanção aos agentes penitenciários envolvidos no evento, dentre os quais estava André.

Em razão disso, André procura você para, na qualidade de advogado(a), esclarecer, fundamentadamente, os questionamentos a seguir.

A) A autoridade competente poderia ter aplicado a disponibilidade como sanção a André? **(Valor: 0,60)**

B) Existe desvio de finalidade na aplicação da sanção descrita? **(Valor: 0,65)**

Obs.: o(a) examinando(a) deve fundamentar suas respostas. A mera citação do dispositivo legal não confere pontuação.

GABARITO COMENTADO

A) Não. A disponibilidade não tem a natureza de sanção, somente se aplicando nas hipóteses de extinção do cargo ou declaração da sua desnecessidade, na forma do Art. 41, § 3º, da CRFB/88, **OU** a disponibilidade não consta dentre as penalidades disciplinares previstas no Art. 127 da Lei nº 8.112/90.

B) Sim. Há desvio de finalidade na situação descrita, dado que a disponibilidade foi utilizada para alcançar fim diverso daquele previsto na lei, consoante define o Art. 2º da Lei nº 4.717/65.

Distribuição dos pontos

ITEM	PONTUAÇÃO
A. Não. A disponibilidade somente se aplica nas hipóteses de extinção do cargo ou declaração da sua desnecessidade (0,50), segundo o Art. 41, § 3º, da CRFB/88 (0,10) **OU** Não. A disponibilidade não consta dentre as penalidades disciplinares (0,50), segundo o Art. 127 da Lei nº 8.112/90 (0,10).	0,00/0,50/0,60

B. Sim. Há desvio de finalidade, dado que a disponibilidade foi utilizada para alcançar fim diverso daquele previsto na lei (0,55), consoante define o Art. 2º da Lei 4.717/65 OU Art. 2º, *caput*, da Lei 9.784/99 (0,10).	0,00/0,55/0,65

(OAB/Exame Unificado – 2018.3- 2ª fase) Determinada organização não governamental, destinada à fiscalização das contas públicas, solicitou informações de certa empresa pública federal, que desenvolve atividades bancárias e de operações financeiras, no sentido de obter cópias de todos os processos administrativos envolvendo os investimentos internacionais a serem realizados no ano corrente.

A entidade administrativa em questão deferiu parcialmente o pedido.

Por meio de documento escrito, a empresa pública esclareceu o lugar e a forma pelos quais as cópias das informações disponíveis poderiam ser obtidas, mediante pagamento dos custos para a reprodução dos documentos. Registrou, ainda, que não poderia autorizar o acesso a certos dados, sob o fundamento de que estão submetidos a sigilo, na medida em que colocam em risco a condução de negociações ou as relações internacionais do Brasil. Indicou, enfim, a possibilidade de recurso administrativo, bem como prazo e condições para a sua interposição.

Diante dessa situação hipotética, na qualidade de advogado(a), responda, fundamentadamente, aos questionamentos a seguir.

A) Existe amparo legal para a cobrança pela reprodução dos documentos solicitados? (**Valor: 0,55**)

B) É juridicamente cabível o argumento invocado pela empresa pública federal para qualificar parte das informações como sigilosa? Exemplifique. (**Valor: 0,70**)

Obs.: o(a) examinando(a) deve fundamentar as respostas. A mera citação do dispositivo legal não confere pontuação.

GABARITO COMENTADO

A) A resposta é afirmativa. O ordenamento jurídico faculta a cobrança pela reprodução de documentos pela entidade consultada, para o ressarcimento dos custos e materiais utilizados, na forma do Art. 12 da Lei nº 12.527/11.

B) A resposta é afirmativa. São passíveis de sigilo algumas informações imprescindíveis para a segurança da sociedade e do Estado, na forma do Art. 5º, inciso XXXIII, da CRFB/88, dentre as quais, aquelas que põem em risco a condução de negociações ou as relações internacionais do país, consoante o Art. 23, inciso II, da Lei nº 12.527/11.

Distribuição dos pontos

ITEM	PONTUAÇÃO
A. Sim. O ordenamento jurídico **faculta** a cobrança pela reprodução de documentos pela entidade consultada, para o **ressarcimento dos custos e materiais** utilizados (0,45), na forma do Art. 12, da Lei nº 12.527/11 (0,10).	0,00/0,45/0,55

B. Sim. As informações solicitadas pela organização não governamental podem ser consideradas **imprescindíveis para a segurança da sociedade e do Estado** e, portanto, **passíveis de classificação quanto ao sigilo**, porque põem em risco a condução de negociações ou as relações internacionais do país (0,60), na forma do Art. 23 da Lei nº 12.527/11 **OU** Art. 5º, inciso XXXIII, da CRFB/88 (0,10).	0,00/0,60/0,70

(**OAB/Exame Unificado – 2018.2- 2ª fase**) Ricardo, prefeito do município Delta, decide reformar a sede da prefeitura. Para tanto, pretende, dentre outras coisas, pintar a fachada do prédio com as cores do partido ao qual é filiado. Questionado, Ricardo confirma que a intenção é homenagear seu partido, que neste ano completa 40 anos de existência.

A Secretaria municipal de Obras elaborou o projeto básico e orçou as despesas em R$ 500.000,00 (quinhentos mil reais). O prefeito, então, publica edital de licitação, na modalidade concorrência, para a contratação de empresa responsável pelas reformas na sede da prefeitura.

Sobre a hipótese apresentada, responda aos itens a seguir.

A) É lícita a decisão de pintar a fachada do prédio da prefeitura com as cores do partido do prefeito? (**Valor: 0,65**)

B) A licitação pode ser realizada na modalidade concorrência? (**Valor: 0,60**)

Obs.: o(a) examinando(a) deve fundamentar as respostas. A mera citação do dispositivo legal não confere pontuação.

GABARITO COMENTADO

A) A resposta é negativa. Não é lícita a decisão de pintar a fachada do prédio da prefeitura com as cores do partido do prefeito. A utilização das cores de partido político nos prédios públicos faz com que a reforma esteja associada à gestão do prefeito, ferindo assim o princípio da impessoalidade previsto no Art. 37 da CRFB/88.

Obs.: também será aceita a fundamentação no princípio da moralidade.

B) A resposta é positiva. Nos casos em que couber tomada de preços (o orçamento da licitação é inferior ao limite previsto no Art. 23, inciso I, alínea *b*, da Lei nº 8.666/93), a Administração poderá utilizar a modalidade concorrência, por se tratar de uma modalidade de maior complexidade, nos termos do Art. 23, § 4º, da Lei nº 8.666/93.

Distribuição dos pontos

ITEM	PONTUAÇÃO
A. Não é lícita a decisão de pintar a fachada do prédio da prefeitura com as cores do partido do Prefeito. A utilização das cores de partido político nos prédios públicos faz com que a reforma esteja associada à gestão do prefeito, ferindo assim o princípio da impessoalidade **OU** da moralidade (0,55), previsto no Art. 37 da CRFB/88 (0,10).	0,00/0,55/0,65

| B. Sim. Para contratar as reformas na prefeitura, a Administração poderá utilizar a modalidade concorrência, independentemente do valor (0,50), segundo o Art. 23, § 4º, da Lei nº 8.666/93 (0,10). | 0,00/0,50/0,60 |

(OAB/ Exame Unificado - 2017.2- 2ª Fase) No regular exercício do poder de polícia e após o devido processo administrativo, certo órgão competente da Administração Publica Federal aplicou à sociedade empresária Beleza Ltda. multa de R$ 10.000,00 (dez mil reais) pelo descumprimento de normas administrativas que lhe são aplicáveis.

Inconformada, a apenada apresentou o recurso administrativo cabível, no qual foi verificado que o valor da multa aplicada estava muito aquém dos limites estabelecidos pela lei. Após ciência e manifestação da pessoa jurídica em questão, a multa foi majorada para R$ 50.000,00 (cinquenta mil reais), sendo certo que tal valor foi mantido na terceira instância administrativa após novo recurso da sociedade.

Diante dessa situação hipotética, considerando que existe autoridade superior à que manteve a majoração da multa aplicada à sociedade empresária Beleza Ltda. e que não há legislação específica acerca de recursos no mencionado processo administrativo, responda aos itens a seguir.

A) Analise a viabilidade de a pessoa jurídica prejudicada recorrer administrativamente dessa última decisão. (Valor: 0,50)

B) É cabível a majoração da multa efetuada pela autoridade administrativa? (Valor: 0,75)

Obs.: o(a) examinando(a) deve fundamentar as respostas. A mera citação do dispositivo legal não confere pontuação.

GABARITO COMENTADO

A) Não é viável recorrer administrativamente, na hipótese. A norma geral do processo administrativo determina o cabimento de recurso por ate três esferas administrativas, que já se consumaram na hipótese, tal como se depreende do Art. 57 da Lei 9.784/99.

B) Sim. A Administração está autorizada a majorar a penalidade aplicada ao particular que se mostre contraria à lei, em decorrência do princípio da autotutela OU do poder-dever de zelar pela legalidade dos atos administrativos, na forma do Art. 64 da Lei 9.784/99.

Distribuição dos pontos

ITEM	PONTUAÇÃO
A. Não. A norma geral do processo administrativo determina o cabimento de recurso por até três esferas administrativas, que já se consumaram na hipótese (0,40), na forma do Art. 57 da Lei 9.784/99 (0,10).	0,00/0,40/0,50
B. Sim. A Administração está autorizada a majorar a penalidade aplicada ao particular que se mostre contrária à lei (0,35), em decorrência do princípio da autotutela OU do poder- dever de zelar pela legalidade dos atos administrativos (0,30), na forma do Art. 64 da Lei 9.784/99 OU Súmula no 473 do STF (0,10).	0,00/0,30/0,35/0,40/ 0,45/0,65/0,75

(OAB/Exame Unificado 2017.2- 2ª fase) O Congresso Nacional aprovou recentemente a Lei 20.100/17, que reestruturou diversas carreiras do funcionalismo público federal e concedeu a elas reajuste remuneratório. Especificamente em relação aos analistas administrativos de determinada agência reguladora, foi instituída gratificação de desempenho.

Ao proceder aos cálculos, a Administração interpreta equivocadamente a lei e calcula a maior o acréscimo salarial, erro que só e percebido alguns anos depois de iniciado o pagamento.

Sobre a hipótese apresentada, responda aos itens a seguir.

A) Não havendo má-fé dos servidores, a Administração pode rever a qualquer tempo os cálculos e exigir a devolução da quantia paga indevidamente? (Valor: 0,75)

B) O ato da Administração que resultar na revisão do cálculo da gratificação precisa, obrigatoriamente, ser motivado? (Valor: 0,50)

Obs.: o (a) examinando(a) deve fundamentar as respostas. A mera citação do dispositivo legal não confere pontuação.

GABARITO COMENTADO

A) A administração possui o prazo de cinco anos para anular os atos administrativos de que decorram efeitos favoráveis para os destinatários, conforme disposto no Art. 54 da Lei 9.784/99. Quanto à restituição da quantia paga a maior, por não terem os servidores dado causa ao equivoco e estarem de boa-fé, bem como diante do caráter alimentar e do princípio da confiança legitima, não será cabível.

B) Sim, a administração deve obrigatoriamente motivar o ato, conforme disposto no Art. 50, inciso I, da Lei 9.784/99 OU no Art. 50, incisos VI ou VIII, da Lei 9.784/99.

Distribuição dos pontos

ITEM	PONTUAÇÃO
A1. Não, pois o direito da Administração de anular os atos administrativos de que decorram efeitos favoráveis para os destinatários decai em cinco anos (0,35), conforme disposto no Art. 54 da Lei 9.784/99 (0,10).	0,00/0,35/0,45 0,00/0,30
A2. Quanto à restituição da quantia paga a maior, por não terem os servidores dado causa ao equívoco e estarem de boa-fé, não será cabível (0,30).	
B. Sim, a Administração deve obrigatoriamente motivar o ato na forma do artigo 2º da Lei 9784/99 OU no princípio da motivação (0,40), conforme disposto no Art. 50, inciso I, da Lei 9.784/99 OU no Art. 50, incisos VI ou VIII, da Lei 9.784/99 (0,10).	0,00/0,40/0,50

(OAB/ Exame Unificado – 2016.3 – 2º fase) José Maria, aprovado em concurso público para o cargo de Auditor Fiscal do Ministério da Fazenda, foi convocado a apresentar toda a sua documentação e os exames médicos necessários até o dia 13 de julho. Após a entrega dos documentos, José Maria foi colocado em treinamento, e, passadas duas semanas, iniciou o exercício de suas atividades funcionais, que consistiam no processamento de pedidos de parcelamento de débitos tributários. Ocorre que, meses depois, a Administração percebeu que José Maria não havia, formalmente, sido nomeado e nem assinado o termo de posse.

Responda, fundamentadamente, aos itens a seguir.

A) Os atos praticados por José Maria podem gerar efeitos em relação a terceiros? (Valor: 0,75)

B) A Administração pode exigir de José Maria a devolução dos valores por ele percebidos ao longo do tempo em que não esteve regularmente investido? (Valor: 0,50)

Obs.: *o examinando deve fundamentar suas respostas. A mera citação do dispositivo legal não confere pontuação.*

GABARITO COMENTADO

A) A resposta é positiva. A situação descrita configura exemplo de atuação de um agente de fato, isto é, aquele que desempenha atividade pública com base na presunção de legitimidade de sua situação funcional. Os atos praticados por agentes de fato podem ser convalidados, a fim de se evitarem prejuízos para a Administração ou a terceiros de boa-fé.

B) A resposta é negativa. Ainda que ilegítima a investidura, o agente de fato tem direito à percepção de sua remuneração porque agiu de boa-fé e as verbas recebidas tinham caráter alimentar, sob pena de enriquecimento sem causa da Administração Pública.

2. ESTRUTURA DA ADMINISTRAÇÃO E ENTES DE COOPERAÇÃO

(OAB/Exame Unificado – 2020.1- 2ª fase) Eustáquio, prefeito eleito do Município Alfa, pretende implementar, ao longo de sua administração, projetos que atendam ao interesse público. A gestão desses projetos seria realizada em associação a outros entes da Administração e em parceria com a sociedade civil.

Após a posse, Eustáquio realizou numerosas consultas e audiências públicas, e, com base nos estudos elaborados, concluiu que seria pertinente a formalização de um convênio com os Municípios Beta e Gama para promover o turismo na região, bem como estabelecer um acordo de cooperação com entidades da sociedade civil voltadas para a área de saúde.

Diante dessa situação hipotética, responda, fundamentadamente, aos questionamentos a seguir.

A) A formalização de convênio entre os mencionados Municípios deve ser precedida de chamamento público, na forma exigida para os regimes de parceria? (Valor: 0,60)

B) O Município Alfa, para formalizar a parceria por meio do acordo de cooperação, pode transferir recursos financeiros do erário para uma organização da sociedade civil que venha a ser selecionada mediante a realização de chamamento público? (Valor: 0,65)

Obs.: *o(a) examinando(a) deve fundamentar suas respostas. A mera citação do dispositivo legal não confere pontuação.*

GABARITO COMENTADO

A) Não. Os convênios entre entes federados não se submetem ao regime da Lei nº 13.019/14 **ou** estão submetidos ao Art. 116 da Lei nº 8.666/93, consoante se depreende do Art. 84, parágrafo único, inciso I, da Lei nº 13.019/14.

B) Não. Os acordos de cooperação não admitem a transferência de recursos financeiros, na forma do Art. 2º, inciso VIII-A, da Lei nº 13.019/14.

Distribuição dos pontos

ITEM	PONTUAÇÃO
A. Não. Os convênios entre entes federados não se submetem ao regime da Lei nº 13.019/14 **ou** estão submetidos ao Art. 116 da Lei nº 8.666/93 (0,50), consoante se depreende do Art. 84, parágrafo único, inciso I, da Lei nº 13.019/14 (0,10).	0,00/0,50/0,60
B. Não. Os acordos de cooperação não admitem a transferência de recursos financeiros (0,55), na forma do Art. 2º, inciso VIII-A, da Lei nº 13.019/14 (0,10).	0,00/0,55/0,65

(**OAB/Exame Unificado – 2019.3- 2ª fase**) O governo de certo estado da Federação está realizando, no ano corrente, estudos para criar uma agência reguladora para os serviços de transporte intermunicipal, a ser denominada *Transportare*.

Concluiu-se pela necessidade de lei para criar a mencionada entidade autárquica, com a delimitação das respectivas competências relacionadas à atividade regulatória, a abranger a edição de atos normativos técnicos para os serviços públicos em questão, segundo os parâmetros estabelecidos pela lei (as funções de fiscalização, incentivo e planejamento).

Apontou-se, ainda, que o quadro de pessoal de tal entidade deveria adotar o regime de emprego público, submetido à Consolidação das Leis do Trabalho, sob o fundamento de ser mais condizente com o princípio da eficiência.

Diante dessa situação hipotética, responda, fundamentadamente, aos questionamentos a seguir.

A) Existe respaldo constitucional para a competência regulatória a ser atribuída à agência Transportare? **(Valor: 0,60)**

B) É possível adotar o regime de pessoal sugerido? (Valor: 0,65)

Obs.: o(a) examinando(a) deve fundamentar suas respostas. A mera citação do dispositivo legal não confere pontuação.

GABARITO COMENTADO

A) Sim. A competência regulatória, que seja abrangente das funções de normatização técnica, segundo os parâmetros estabelecidos pela lei (as funções de fiscalização, incentivo e planejamento), tem respaldo constitucional, nos termos do Art. 174 da CRFB/88.

B) Não. A lei pretende criar uma agência reguladora, entidade autárquica em regime especial, que se submete ao Regime Jurídico Único **ou** ao Regime Jurídico Administrativo dos Servidores Públicos, na forma do Art. 39, *caput*, da CRFB/88.

Distribuição dos pontos

ITEM	PONTUAÇÃO
A. Sim. A competência regulatória, que seja abrangente das funções de normatização técnica, segundo os parâmetros estabelecidos pela lei (as funções de fiscalização, incentivo e planejamento), tem respaldo constitucional (0,50), nos termos do Art. 174 da CRFB/88 (0,10).	0,00/0,50/0,60

B. Não. A lei pretende criar uma agência reguladora, entidade autárquica em regime especial, que se submete ao Regime Jurídico Único **ou** ao Regime Jurídico Administrativo dos Servidores Públicos (0,55), na forma do Art. 39, *caput*, da CRFB/88 (0,10).	0,0/0,55/0,65

(OAB/Exame Unificado – 2019.2- 2ª fase) O Estado Alfa, para prestar os serviços de captação e tratamento de água, uniu-se aos municípios localizados em seu território, formando um consórcio público de direito público.

Devido ao aumento da população, foi necessário buscar novos mananciais, o que acarretou a necessidade de construção de novas adutoras. Por consequência, a nova tubulação precisará passar por áreas particulares, prevendo-se, com isso, a instituição de novas servidões.

Na qualidade de advogado(a) consultado(a), esclareça os itens a seguir.

A) Os entes da federação consorciados podem ceder servidores para o consórcio público? (**Valor: 0,65**)

B) O consórcio público em questão pode instituir servidão? (**Valor: 0,60**)

Obs.: o(a) examinando(a) deve fundamentar suas respostas. A mera citação do dispositivo legal não confere pontuação.

GABARITO COMENTADO

A) Sim. Os entes consorciados podem ceder servidores para o consórcio público na forma e condições de cada ente consorciado, nos termos do Art. 4º, § 4º, da Lei nº 11.107/05 **OU** do Art. 241 da CRFB/88.

B) Sim. Por ser pessoa jurídica de direito público, o consórcio pode instituir servidão, nos termos do contrato de consórcio, conforme o Art. 2º, § 1º, inciso II, da Lei nº 11.107/05.

Distribuição dos pontos

ITEM	PONTUAÇÃO
A. Sim. Os entes consorciados podem ceder servidores para o consórcio público na forma e condições de cada ente consorciado (0,55), nos termos do Art. 4º, § 4º, da Lei 11.107/05 **OU** do Art. 241 da CRFB/88 (0,10).	0,00/0,55/0,65
B. Sim. Por ser pessoa jurídica de direito público, nos termos do contrato de consórcio (0,50), conforme o Art. 2º, § 1º, inciso II, da Lei 11.107/05 (0,10).	0,00/0,50/0,60

(OAB/Exame Unificado – 2018.2- 2ª fase) O Governador do estado Ômega decidiu nomear Alberto, engenheiro civil formado há dois anos, para o cargo de diretor da companhia estadual de água e esgoto, empresa pública que presta serviços em todo o estado e que tem um faturamento médio mensal em torno de R$ 1 bilhão. Assim que assumiu o cargo, seu primeiro emprego, Alberto ordenou a realização de licitação para ser construída uma nova estação de tratamento de esgoto.

Publicado o edital, seis empresas apresentaram propostas comerciais, sendo que o menor preço foi ofertado pela sociedade empresária Faz de Tudo. Ao analisar a documentação entregue pela referida empresa para fins de habilitação, a comissão de licitação apontou que o sócio-administrador da Faz de Tudo também é sócio-administrador de uma segunda empresa (Construtora Mercadão Ltda.), esta última declarada inidônea para participar de licitação na Administração Pública estadual.

Sobre a hipótese apresentada, responda aos itens a seguir.

A) É válida a nomeação de Alberto? **(Valor: 0,65)**

B) A sociedade empresária Faz de Tudo pode ser habilitada no certame? **(Valor: 0,60)**

Obs.: o(a) examinando(a) deve fundamentar as respostas. A mera citação do dispositivo legal não confere pontuação.

GABARITO COMENTADO

A) A resposta é negativa. Como Alberto se formou há apenas dois anos e esse era seu primeiro emprego, ele não possui experiência profissional para ocupar o cargo de diretor da companhia estadual de água e esgoto. O examinando deve indicar as alíneas constantes no Art. 17, inciso I, da Lei nº 13.303/16.

B) A resposta é negativa. A Lei de Responsabilidade das Estatais não permite a contratação de sociedades empresárias constituídas por sócio de outra empresa declarada inidônea. O examinando deve indicar o Art. 38, inciso IV, da Lei nº 13.303/16.

Distribuição dos pontos

ITEM	PONTUAÇÃO
A. Não. Como Alberto se formou há apenas dois anos e esse era seu primeiro emprego, ele não possui experiência profissional para ocupar o cargo de diretor da companhia estadual de água e esgoto (0,55), nos termos do Art. 17, inciso I, da Lei nº 13.303/16 (0,10).	0,00/0,55/0,65
B. Não. A Lei de Responsabilidade das Estatais não permite a contratação de sociedades empresárias constituídas por sócio de outra empresa declarada inidônea (0,50), nos termos do Art. 38, inciso IV, da Lei nº 13.303/16 (0,10).	0,00/0,50/0,60

(OAB/Exame Unificado – 2018.2- 2ª fase) Os Municípios Alfa, Beta e Gama decidiram criar um consórcio público para a execução de serviços de saneamento básico. Como não iriam outorgar o exercício de potestades públicas à entidade administrativa, os entes federativos em questão formalizaram o respectivo protocolo de intenções, no qual previram a criação de uma pessoa jurídica de direito privado, a ser denominada *"Saneare"*, pelo prazo de vinte anos, constituída na forma da lei. Contudo, logo no início das atividades da *"Saneare"*, o Município Alfa descumpriu com as obrigações regularmente assumidas no contrato de rateio.

Na qualidade de advogado(a) consultado(a), esclareça os questionamentos a seguir.

A) *"Saneare"* é uma associação pública? **(Valor: 0,60)**

B) O Município Gama tem legitimidade para, isoladamente, exigir do Município Alfa o cumprimento das obrigações constantes do contrato de rateio? **(Valor: 0,65)**

Obs.: o(a) examinando(a) deve fundamentar as respostas. A mera citação do dispositivo legal não confere pontuação.

GABARITO COMENTADO

A) A resposta é negativa. *"Saneare"* é pessoa jurídica de direito privado, razão pela qual não pode ser considerada uma associação pública, que é pessoa jurídica de direito público, na forma do Art. 6º da Lei nº 11.107/05.

B) A resposta é positiva. O Município Gama é legitimado para exigir o cumprimento das obrigações constantes do contrato de rateio, isoladamente ou em conjunto com os demais entes consorciados, nos termos do Art. 8º, § 3º, da Lei nº 11.107/05.

Distribuição dos pontos

ITEM	PONTUAÇÃO
A. Não. *"Saneare"* é pessoa jurídica de direito privado, razão pela qual não pode constituir uma associação pública, que é pessoa jurídica de direito público (0,50), na forma do Art. 4º, IV, **OU** Art. 6º, da Lei nº 11.107/05 (0,10).	0,00/0,50/0,60
B. Sim. O Município Gama é legitimado para exigir o cumprimento das obrigações constantes do contrato de rateio, isoladamente ou em conjunto com os demais entes consorciados (0,55), nos termos do Art. 8º, § 3º, da Lei nº 11.107/05 (0,10).	0,00/0,55/0,65

(OAB/Exame Unificado-2015.2- 2ªfase) O Estado X e os Municípios A, B, C e D constituíram consórcio público, com personalidade jurídica de direito público, para a prestação de serviços conjuntos de abastecimento de água e esgotamento sanitário. Com base na situação apresentada, responda aos itens a seguir.

A) É possível a fixação de prazo de duração para o consórcio ou, ao contrário, a constituição de um consórcio público para prestação de serviços conjuntos pressupõe prazo indeterminado? (Valor: 0,40)

B) É possível ao Município C retirar-se do consórcio público? Nesse caso, os bens que transferiu ao consórcio retornam ao seu patrimônio? (Valor: 0,85)

O examinando deve fundamentar suas respostas. A mera citação do dispositivo legal não será pontuada.

GABARITO COMENTADO

Em relação ao item A, a resposta é dada pelo Art. 4º, inciso I, da Lei nº 11.107/2005: são cláusulas essenciais do protocolo de intenções, dentre outras, as que estabeleçam o prazo de duração do consórcio. Dessa forma, a resposta à indagação formulada é no sentido de que é necessária a fixação de prazo.

Em relação ao item B, é possível a qualquer dos entes consorciados se retirar do consórcio, na forma do Art. 11 da Lei nº 11.107/2005. Nesse caso, os bens transferidos ao consórcio somente retornam ao patrimônio do Município caso haja expressa previsão no contrato de consórcio público ou no instrumento de transferência ou de alienação, conforme consta do Art. 11, § 1º, da Lei nº 11.107/2005. Do contrário, os bens permanecem com o consórcio.

Distribuição dos pontos

ITEM	PONTUAÇÃO
A. Sim, é necessária a fixação de prazo de duração (0,30), tal como exigido pelo Art. 4º, inciso I, da Lei nº 11.107/2005 (0,10). *Obs.: a simples menção ou transcrição do artigo não será pontuada.*	0,00/0,30/0,40
B1. Sim, o Município pode se retirar do consórcio (0,30), na forma do Art. 11 da Lei nº 11.107/2005 (0,10). *Obs.: a simples menção ou transcrição do artigo não será pontuada.*	0,00/0,30/0,40
B2. Os bens transferidos ao consórcio somente retornam ao patrimônio do Município caso haja expressa previsão no contrato de consórcio público ou no instrumento de transferência ou de alienação (0,35), conforme consta do Art. 11, § 1º, da Lei nº 11.107/2005 (0,10). *Obs.: a simples menção ou transcrição do artigo não será pontuada.*	0,00/0,35/0,45

3. AGENTES PÚBLICOS

(OAB/2ª FASE – XXXV) José é servidor público federal estável e, no exercício de suas atribuições, retirou documentos da repartição sem prévia anuência da autoridade competente, motivo pelo qual, após sindicância, garantidos o contraditório e a ampla defesa, foi advertido por escrito. Posteriormente, José reincidiu na aludida conduta, de modo que, após nova sindicância, foi a ele aplicada a pena de suspensão pelo prazo de 30 dias.

Inconformado, José ajuizou ação para anular as referidas penalidades ou, eventualmente, substituir a pena de suspensão por multa.

Diante da situação descrita, na qualidade de advogado de José, responda aos questionamentos a seguir.

A) A sindicância é cabível para as penalidades aplicadas a José? Justifique. (Valor: 0,60)

B) José tem direito subjetivo de substituir a penalidade de suspensão pela de multa? Justifique. (Valor: 0,65)

Obs.: o(a) examinando(a) deve fundamentar suas respostas. A mera citação do dispositivo legal não confere pontuação.

GABARITO COMENTADO

A) Sim. A sindicância é cabível para a aplicação das penalidades de advertência e suspensão de até trinta dias, nos termos do Art. 145, inciso II, da Lei nº 8.112/90.

B) Não. A substituição da penalidade de suspensão por multa submete-se à conveniência do serviço, caracterizando, assim, ato discricionário, em relação ao qual não há direito subjetivo de José, consoante o Art. 130, § 2º, da Lei nº 8.112/90.

Distribuição dos Pontos

ITEM	PONTUAÇÃO
A. Sim. A sindicância é cabível para aplicação das penalidades de advertência e suspensão de até trinta dias (0,50), nos termos do Art. 145, inciso II, da Lei nº 8.112/90 (0,10).	0,00/0,50/0,60
B. Não. A substituição da penalidade de suspensão por multa submete-se à conveniência do serviço (ato discricionário), em relação à qual não há direito subjetivo de José (0,55), consoante o Art. 130, § 2º, da Lei nº 8.112/90 (0,10).	0,00/0,55/0,65

(OAB/2ª FASE – XXXIV) João e Maria são servidores públicos federais estáveis, ocupantes de cargo efetivo, e estão lotados no mesmo órgão, sediado em Município do interior do Estado Alfa. Ambos os servidores requereram à Administração Pública federal suas remoções a pedido, para outra localidade, independentemente do interesse da Administração, pelos fundamentos a seguir.

   I. João pretende se remover no âmbito do mesmo quadro, com mudança de sede para a capital do Estado Alfa, para acompanhar sua cônjuge Joana, que é servidora pública civil do Estado Alfa, que acabou de ser removida, a pedido, para órgão sediado na capital do citado Estado.

   II. Maria pretende se remover no âmbito do mesmo quadro, com mudança de sede para a capital do Estado Alfa, por motivo de saúde, haja vista que acabou de ser diagnosticada com câncer e o tratamento de quimioterapia indicado pelos seus médicos assistentes somente está disponível em unidade de saúde situada na capital do citado Estado.

A Administração Pública federal indeferiu ambos os requerimentos de remoção, para não desfalcar os recursos humanos do órgão de origem.

Os servidores João e Maria procuraram você, como advogado(a), para defender seus interesses. Levando em consideração os fatos narrados, de acordo com a legislação de regência, responda aos itens a seguir.

A) João possui direito subjetivo à remoção pretendida? (Valor: 0,60)

B) Maria tem direito subjetivo à remoção pleiteada? A decisão da Administração Pública federal acerca do requerimento de Maria constitui ato administrativo discricionário? (Valor: 0,65)

Obs.: *o(a) examinando(a) deve fundamentar suas respostas. A mera citação do dispositivo legal não confere pontuação.*

GABARITO COMENTADO

A) João não possui direito subjetivo à remoção a pedido pretendida, pois tal tipo de remoção para acompanhar o cônjuge exige que este tenha sido deslocado no interesse da Administração Pública, e não a seu pedido, como o fez Joana (vide Art. 36, parágrafo único, inciso III, alínea a, da Lei nº 8.112/90).

B) Maria tem direito subjetivo à remoção pleiteada, condicionada à comprovação de sua situação de saúde por junta médica oficial, conforme dispõe o Art. 36, parágrafo único, inciso III, alínea b, da Lei nº 8.112/90.

O indeferimento do pleito de Maria é ilegal, sob o argumento de que a Administração não deve desfalcar seus recursos humanos lotados no órgão de origem, pois não se trata de ato administrativo discricionário e sim vinculado, já que, preenchidos os requisitos legais, a Administração Pública federal não pode decidir com critérios de oportunidade e conveniência, devendo deferir o pleito.

Distribuição dos Pontos

ITEM	PONTUAÇÃO
A. Não, pois a remoção para acompanhar o cônjuge exige que este tenha sido deslocado no interesse da Administração Pública e não a seu pedido, como o fez Joana (0,50), conforme Art. 36, parágrafo único, inciso III, alínea *a*, da Lei nº 8.112/90 (0,10).	0,00/0,50/0,60
B1. Sim, desde que comprovada a sua situação de saúde por junta médica oficial (0,25), conforme dispõe o Art. 36, parágrafo único, inciso III, alínea *b*, da Lei nº 8.112/90 (0,10).	0,00/0,25/0,35
B2. Não. Trata-se de ato administrativo vinculado já que, preenchidos os requisitos legais, a Administração Pública Federal não pode decidir com critérios de oportunidade e conveniência (0,30).	0,00/0,30

(OAB/2ª FASE – XXXIII) Ana foi aprovada em concurso público para o provimento do cargo administrativo de técnico de ensino médio, em âmbito federal, no qual veio a adquirir estabilidade em 2012.

Ocorre que Ana decidiu investir em outra área de formação e, após obter o diploma de economia, prestou concurso público para o cargo de analista em outra carreira federal, que tinha o grau de instrução de ensino superior, como requisito. Foi aprovada e convocada no ano corrente (2021), sendo certo que este segundo cargo não é acumulável com aquele que a servidora ocupava anteriormente.

Ana, como é recém-formada em economia, receia vir a ser inabilitada no estágio probatório para o novo cargo, razão pela qual consulta você para, na qualidade de advogado, responder, fundamentadamente, aos questionamentos a seguir.

A) Caso o receio de Ana venha a concretizar-se, qual é a providência que deve ser adotada, com o fim de resguardar a possibilidade de eventual retorno ao cargo anterior? Sendo tal possível, qual será o provimento adequado para tanto? Justifique. (Valor: 0,65)

B) A investidura por concurso e o efetivo exercício do estágio probatório por três anos bastam para que Ana adquira estabilidade no cargo de analista? Justifique. (Valor: 0,60)

Obs.: o(a) examinando(a) deve fundamentar suas respostas. A mera citação do dispositivo legal não confere pontuação.

GABARITO COMENTADO

A) Ana deveria pleitear a declaração de vacância no cargo federal de nível médio em que é estável, para resguardar eventual possibilidade de retorno, na forma do Art. 33, inciso VIII, da Lei nº 8.112/90, sendo certo que a forma de provimento do cargo público adequada é a *recondução*, consoante disposto no Art. 29, inciso I, da Lei nº 8.112/90.

B) Não. A investidura por concurso e o efetivo exercício, pelo prazo de três anos, do estágio probatório não são suficientes, porque a avaliação especial de desempenho, por comissão instituída para essa finalidade, é condição para a aquisição da estabilidade, nos termos do Art. 41, § 4º, da CRFB/88.

Distribuição dos Pontos

ITEM	PONTUAÇÃO
A1. Ana deve pleitear a declaração de vacância no cargo federal de nível médio, em que é estável, para resguardar eventual possibilidade de retorno (0,20), na forma do Art. 33, inciso VIII, da Lei nº 8.112/90 (0,10).	0,00/0,20/0,30
A2. A forma de provimento adequada é a recondução (0,25), consoante disposto no Art. 29, inciso I, da Lei nº 8.112/90 (0,10).	0,00/0,25/0,35
B. Não. A investidura por concurso e o efetivo exercício, pelo prazo de três anos, do estágio probatório não são suficientes, porque a avaliação especial de desempenho, por comissão instituída para essa finalidade, é condição para a aquisição da estabilidade (0,50), nos termos do Art. 41, § 4º, da CRFB/88 (0,10).	0,00/0,50/0,60

(OAB/Exame Unificado – 2020.2- 2ª fase) Roberto é servidor do Poder Executivo Federal há dezessete anos. Infelizmente envolveu-se em um acidente automobilístico que o deixou com severas limitações cognitivas e motoras. Em razão disso, foi aposentado por invalidez. Dois anos depois, após um intenso trabalho de reabilitação, Roberto recuperou seus movimentos e também a consciência. Na qualidade de advogado(a) consultado(a), responda aos itens a seguir.

A) Supondo que Roberto tivesse direito ao auxílio-alimentação enquanto estava na ativa, ao ingressar na inatividade, ele mantém esse direito? (Valor: 0,65)

B) Ao recuperar os movimentos e a capacidade cognitiva, é cabível, segundo a legislação federal, o retorno de Roberto à atividade antes desempenhada? (Valor: 0,60)

Obs.: o(a) examinando(a) deve fundamentar suas respostas. A mera citação do dispositivo legal não confere pontuação.

GABARITO COMENTADO

A) Não. O direito ao auxílio alimentação é exclusivo dos servidores ativos, de forma que, ao passar para a inatividade, ele perde tal direito, em conformidade com a Súmula Vinculante 55 do STF.

B) Sim. Trata-se do instituto da reversão. Se uma junta médica oficial declarar insubsistentes os motivos da aposentadoria, Roberto retornará à atividade no mesmo cargo, segundo o Art. 25, inciso I, da Lei nº 8.112/90.

(OAB/Exame Unificado – 2020.1- 2ª fase) Por meio de carta apócrifa, a autoridade competente tomou conhecimento de que Lucíola, servidora pública federal estável, praticou conduta gravíssima no exercício da função pública.

Ato contínuo, procedeu-se à sindicância que efetivamente apurou indícios da prática de tais atos e conduziu à instauração motivada do respectivo processo administrativo disciplinar, cujo curso respeitou a ampla defesa e o contraditório, culminando na demissão de Lucíola.

Ocorre que o julgamento do processo administrativo disciplinar se deu fora do prazo legal, pois alcançou o total de duzentos dias, considerando que o inquérito administrativo foi concluído em cento e setenta dias e a decisão pela autoridade competente levou trinta dias, sem prejuízo para a defesa.

Na qualidade de advogado(a) de Lucíola, responda, fundamentadamente, aos itens a seguir.

A) A instauração do processo administrativo disciplinar contra Lucíola poderia decorrer de carta apócrifa? (Valor: 0,65)

B) É cabível a anulação da penalidade aplicada a Lucíola em decorrência do excesso de prazo? (Valor: 0,60)

Obs.: *o(a) examinando(a) deve fundamentar suas respostas. A mera citação do dispositivo legal não confere pontuação.*

GABARITO COMENTADO

A) Sim. É possível a instauração de processo administrativo disciplinar com base em denúncia anônima, devidamente motivada e com amparo em investigação ou sindicância, diante do poder-dever de autotutela imposto à Administração, consoante Súmula 611 do STJ.

B) Não. O descumprimento dos prazos legais para julgamento no processo administrativo disciplinar não importa nulidade do processo, se não houver prejuízo para a defesa, consoante disposto no Art. 169, § 1º, da Lei nº 8.112/90 **OU** na Súmula 592 do STJ.

Distribuição dos pontos

ITEM	PONTUAÇÃO
A. Sim. É possível a instauração de processo administrativo disciplinar com base em denúncia anônima, devidamente motivada e com amparo em investigação ou sindicância, diante do poder-dever de autotutela imposto à Administração (0,55), consoante Súmula 611 do STJ (0,10).	0,00/0,55/0,65
B. Não. O descumprimento dos prazos legais para o julgamento não importa nulidade do processo, se não houver prejuízo para a defesa (0,50), consoante o disposto no Art. 169, § 1º, da Lei nº 8.112/90 **OU** na Súmula 592 do STJ (0,10).	0,00/0,50/0,60

(OAB/Exame Unificado – 2019.1- 2ª fase) Márcio, estudante de engenharia civil, em razão dos elevados índices de desemprego e da dificuldade de conseguir um estágio, resolveu iniciar os estudos para ingressar no serviço público. Faltando exatamente seis meses para concluir a faculdade, o Tribunal Regional Federal da 1ª Região publica edital de concurso para provimento do cargo efetivo de engenheiro civil. O estudante inscreve-se no certame e é aprovado. Dois meses depois da colação de grau, Márcio é surpreendido com sua nomeação.

Na qualidade de advogado(a) consultado(a), responda aos itens a seguir.

A) O fato de Márcio ter feito a inscrição no concurso quando ainda não preenchia os requisitos do cargo torna sem efeito sua posterior nomeação? **(Valor: 0,65)**

B) Márcio, seis meses depois da posse, recebe uma proposta para trabalhar em uma grande construtora brasileira. Para não se desvincular do serviço público, ele pode obter licença para tratar de interesses particulares pelo prazo de dois anos? **(Valor: 0,60)**

Obs.: o(a) examinando(a) deve fundamentar as respostas. A mera citação do dispositivo legal não confere pontuação.

GABARITO COMENTADO

A) A resposta é negativa. O diploma necessário para o exercício do cargo deve ser exigido na posse e não na inscrição para o concurso público, conforme dispõe a Súmula 266 do STJ. Logo, o fato de Márcio ter feito a inscrição no concurso quando ainda não preenchia os requisitos do cargo não torna sem efeito sua posterior nomeação. Observe-se, ainda, que não é dito que o Edital previa o preenchimento dos requisitos em momento à nomeação.

B) A resposta é negativa. Não é juridicamente possível a obtenção da referida licença, pois tal licença só pode ser concedida ao servidor que não esteja em estágio probatório, conforme disposto no Art. 91 da Lei nº 8.112/90.

Distribuição dos pontos

ITEM	PONTUAÇÃO
A. Não. As condições para o exercício do cargo devem ser exigidas na posse e não na inscrição para o concurso público (0,55), conforme dispõe a Súmula 266 do STJ (0,10).	0,00/0,55/0,65
B. Não, pois tal licença só pode ser concedida ao servidor que não esteja em estágio probatório (0,50), conforme disposto no Art. 91 da Lei nº 8.112/90 (0,10).	0,00/0,50/0,60

(OAB/Exame Unificado – 2017.3 - 2ª fase) Maria da Silva, médica, inscreveu-se no concurso de perito do Instituto Nacional do Seguro Social (INSS) e foi aprovada. Após ser nomeada, tomou posse e, logo em seguida, entrou em exercício. Quatro anos depois, Maria foi diagnosticada com glaucoma e, em decorrência disso, infelizmente, perdeu a visão de um dos olhos.

Passados alguns anos, o Tribunal Regional do Trabalho (TRT) abriu concurso para o cargo de médico. Maria solicitou inscrição para as vagas reservadas a candidatos com deficiência. Para comprovar sua condição, enviou à comissão do concurso laudo médico. A solicitação foi indeferida, sob a justificativa de que o portador de visão monocular não tem direito de concorrer às vagas reservadas aos deficientes.

Na qualidade de advogado(a) consultado(a), responda aos itens a seguir.

A) Maria pode acumular o cargo de perito do INSS com o de médico do TRT? **(Valor: 0,65)**

B) A decisão que indeferiu o pedido de Maria para concorrer às vagas reservadas a candidatos com deficiência é lícita? **(Valor: 0,60)**

Obs.: o(a) examinando(a) deve fundamentar as respostas. A mera citação do dispositivo legal não confere pontuação.

GABARITO COMENTADO

A) Sim. Por se tratar de profissionais da área da saúde, a acumulação de cargos é lícita, desde que haja compatibilidade de horários, conforme previsão constante do Art. 37, inciso XVI, alínea *c*, da CRFB/88.

B) Não. O portador de visão monocular tem direito de concorrer, em concurso público, às vagas reservadas aos deficientes, conforme Súmula 377 do Superior Tribunal de Justiça.

Distribuição dos pontos

ITEM	PONTUAÇÃO
A. Sim. Por se tratar de profissionais da área da saúde, a acumulação de cargos é lícita, desde que haja compatibilidade de horários (0,55), conforme previsão constante do Art. 37, inciso XVI, alínea *c*, da CRFB/88 (0,10)	0,00/0,55/0,65
B. Não. O portador de visão monocular tem direito de concorrer, em concurso público, às vagas reservadas aos deficientes (0,50), conforme Súmula 377/STJ (0,10).	0,00/0,50/0,60

(OAB/Exame Unificado – 2017.3- 2ª fase) João, servidor público federal estável, teve instaurado contra si processo administrativo disciplinar, acusado de cobrar valores para deixar de praticar ato de sua competência, em violação de dever passível de demissão.

A respectiva Comissão Processante elaborou relatório, no qual entendeu que a prova dos autos não era muito robusta, mas que o testemunho de Ana, por si só, revelava-se suficiente para a aplicação da pena de demissão, o que foi acatado pela autoridade julgadora competente, a qual se utilizou do próprio relatório como motivação para o ato demissional.

Diante da gravidade da conduta imputada a João, foi igualmente instaurado processo criminal, que resultou na sua absolvição por ausência de provas, sendo certo que o Magistrado, diante dos desencontros do testemunho de Ana na ação penal, determinou a extração de cópias e remessa para o Ministério Público, a fim de que tomasse as providências que entendesse cabíveis.

O *Parquet*, por sua vez, denunciou Ana pelo crime de falso testemunho pelos exatos fatos que levaram à demissão de João no mencionado processo administrativo disciplinar, e, após o devido processo legal, ela foi condenada pelo delito, por meio de decisão transitada em julgado.

Na qualidade de advogado(a) consultado(a), responda aos itens a seguir.

A) Em sede de processo administrativo federal, poderia a autoridade competente para o julgamento ter se utilizado do relatório da comissão processante para motivar o ato demissório de João? **(Valor: 0,60)**

B) A condenação penal de Ana poderia ensejar a revisão do processo administrativo disciplinar que levou à demissão de João? **(Valor: 0,65)**

Obs.: o(a) examinando(a) deve fundamentar as respostas. A mera citação do dispositivo legal não confere pontuação.

GABARITO COMENTADO

A) A resposta é positiva. Em sede de processo administrativo federal, o relatório pode ser utilizado como motivação, na forma do Art. 50, § 1º, da Lei nº 9784/99 **OU** do Art. 168 da Lei nº 8.112/90.

B) A resposta é positiva. O testemunho de Ana foi determinante, por si só, para a demissão de João e a posterior condenação dela pelo crime de falso testemunho, em razão das mesmas circunstâncias, se apresenta como fato novo suscetível de justificar a inocência do servidor e promover a revisão do processo administrativo disciplinar, com fulcro no Art. 174, da Lei nº 8112/90.

Distribuição dos pontos

ITEM	PONTUAÇÃO
A. Sim. Em sede de processo administrativo federal, o relatório pode ser utilizado como motivação (0,50), na forma do Art. 50, § 1º, da Lei nº 9.784/99 **OU** do Art. 168 da Lei nº 8.112/90 (0,10).	0,00/0,50/0,60
B. Sim. A condenação criminal de Ana é fato novo ou circunstância suscetível de justificar a inocência do servidor e promover a revisão do processo administrativo disciplinar (0,55), com fulcro no Art. 174, da Lei nº 8.112/90 **OU** no Art. 65 da Lei nº 9.784/99 (0,10).	0,00/0,55/0,65

(**OAB/ Exame Unificado 2016.3 – 2ª fase**) José Maria, aprovado em concurso público para o cargo de Auditor Fiscal do Ministério da Fazenda, foi convocado a apresentar toda a sua documentação e os exames médicos necessários até o dia 13 de julho. Após a entrega dos documentos, José Maria foi colocado em treinamento, e, passadas duas semanas, iniciou o exercício de suas atividades funcionais, que consistiam no processamento de pedidos de parcelamento de débitos tributários. Ocorre que, meses depois, a Administração percebeu que José Maria não havia, formalmente, sido nomeado e nem assinado o termo de posse.

Responda, fundamentadamente, aos itens a seguir.

A) Os atos praticados por José Maria podem gerar efeitos em relação a terceiros? (**Valor: 0,75**)

B) A Administração pode exigir de José Maria a devolução dos valores por ele percebidos ao longo do tempo em que não esteve regularmente investido? (**Valor: 0,50**)

Obs.: o examinando deve fundamentar suas respostas. A mera citação do dispositivo legal não confere pontuação.

GABARITO COMENTADO

A) A resposta é positiva. A situação descrita configura exemplo de atuação de um agente de fato, isto é, aquele que desempenha atividade pública com base na presunção de legitimidade de sua situação funcional. Os atos praticados por agentes de fato podem ser convalidados, a fim de se evitarem prejuízos para a Administração ou a terceiros de boa-fé.

B) A resposta é negativa. Ainda que ilegítima a investidura, o agente de fato tem direito à percepção de sua remuneração porque agiu de boa-fé e as verbas recebidas tinham caráter alimentar, sob pena de enriquecimento sem causa da Administração Pública.

(OAB/Exame Unificado 2016.1- 2ª fase) Tício é servidor público federal há 6 (seis) anos, e, durante todo esse tempo, sempre teve comportamento exemplar. Um dia, ao ser comunicado, pelo seu chefe imediato, que não poderia gozar férias no mês de dezembro, uma vez que dois colegas já estariam de férias no mesmo período, Tício exigiu que fosse aberta uma exceção, por ele ser o servidor mais antigo. Como a resposta foi negativa, Tício tornou-se agressivo, e, gritando palavrões, passou a ofender seu chefe até, finalmente, agredir com um soco um dos colegas servidores que presenciava a cena. Com base no caso narrado, responda, fundamentadamente, aos itens a seguir.

A) Considerando que Tício não apresentou anteriormente qualquer problema, é possível a aplicação da penalidade de demissão pelo caso relatado? (Valor: 0,65)

B) Considerando que o ato foi presenciado por diversas testemunhas e pelo próprio chefe imediato de Tício, é possível dispensar a instauração de processo administrativo disciplinar, instaurando-se apenas a sindicância? (Valor: 0,60)

Obs.: o examinando deve fundamentar suas respostas. A mera citação do dispositivo legal não confere pontuação.

GABARITO COMENTADO

A) A resposta é positiva. Nos termos do Art. 132, incisos VI e VII, da Lei nº 8.112/1990, será aplicada a penalidade de demissão ao servidor, nos casos de insubordinação grave e de ofensa física em serviço. Não há necessidade de aplicação de outras penalidades antes da aplicação da demissão. Os artigos 129 e 130 da Lei nº 8.112/1990, determinam, respectivamente, os casos de aplicação das penalidades de advertência e de suspensão, excluindo, expressamente, os casos que tipifiquem infração sujeita à penalidade de demissão.

B) A resposta é negativa. Nos termos do Art. 146 da Lei nº 8.112/1990, *"sempre que o ilícito praticado pelo servidor ensejar a imposição de penalidade de suspensão por mais de 30 (trinta) dias, de demissão, de cassação de aposentadoria ou disponibilidade, ou destituição de cargo em comissão, será obrigatória a instauração de processo disciplinar".*

Distribuição dos pontos

ITEM	PONTUAÇÃO
A. Sim. É possível aplicar ao servidor a penalidade de demissão, nos casos de insubordinação grave e de ofensa física em serviço, (0,55) nos termos do Art. 132, incisos VI ou VII, da Lei nº 8.112/1990 **OU** art. 5, parágrafo único, incisos II ou III da Lei 8.027/90 (0,10) OBS.: A simples menção ou transcrição do dispositivo legal não pontua.	0,00 / 0,55 / 0,65

B. Não, porque nos casos de aplicação da penalidade de demissão, será obrigatória a instauração de processo disciplinar (0,50), nos termos do Art. 146 da Lei nº 8.112/1990 (0,10). OBS.: A simples menção ou transcrição do dispositivo legal não pontua.	0,00 / 0,50 / 0,60

4. IMPROBIDADE ADMINISTRATIVA

> **ATENÇÃO!**
> **O NOVO REGRAMENTO DA IMPROBIDADE ADMINISTRATIVA ***
>
> Em 25 de outubro de 2021 foi editada a Lei 14.230, que alterou substancialmente o regime da improbidade administrativa incorporado na Lei 8.429/1992.
>
> Diversos aspectos do regramento anterior foram alterados, como elemento subjetivo, modalidades de improbidade, regime sancionatório, processo judicial, prescrição etc.

* Breves comentários sobre o novo regime da improbidade administrativa (*vide* página 199).

(OAB/2ª FASE – XXXV) Renato e Jorge são servidores públicos federais estáveis e ambos se recusaram a apresentar a declaração anual de imposto sobre a renda solicitada pela autoridade administrativa competente, a que estão submetidos, no prazo determinado, no ano corrente.

A conduta de Renato decorreu de receio concernente a vultoso incremento patrimonial em virtude do recebimento de uma inesperada herança de um parente distante. Já a recusa de Jorge decorreu de seu patrimônio ter triplicado a descoberto de um ano para o outro, de modo que ele não conseguiria demonstrar a origem lícita de tal acréscimo desproporcional em seus bens.

Diante dessa situação hipotética, responda aos itens a seguir.

A) Renato e Jorge podem ser demitidos administrativamente em razão da recusa em prestar a declaração anual de imposto sobre a renda no prazo determinado pela autoridade competente? Justifique. (Valor: 0,65)

B) O incremento do patrimônio de Jorge pode caracterizar ato de improbidade administrativa? A quem compete demonstrar a licitude da origem da evolução patrimonial? Justifique. (Valor: 0,60)

Obs.: o(a) examinando(a) deve fundamentar suas respostas. A mera citação do dispositivo legal não confere pontuação.

GABARITO COMENTADO

A) Sim. A recusa a apresentar a declaração de imposto sobre a renda no prazo determinado pela autoridade competente está sujeita à penalidade de demissão, na forma do Art. 13, § 3º, da Lei nº 8.429/92.

B) Sim. A evolução desproporcional do patrimônio a descoberto pode caracterizar ato de improbidade administrativa que importa em enriquecimento ilícito, competindo ao agente a demonstração da origem da evolução patrimonial, consoante o Art. 9º, inciso VII, da Lei nº 8.429/92 (com a redação conferida pela Lei nº 14.230/21).

Distribuição dos Pontos

ITEM	PONTUAÇÃO
A. Sim. A recusa a apresentar a declaração de imposto sobre a renda no prazo determinado pela autoridade competente está sujeita à penalidade de demissão (0,55), na forma do Art. 13, § 3º, da Lei nº 8.429/92 (0,10).	0,00/0,55/0,65
B. Sim. A evolução desproporcional do patrimônio a descoberto pode caracterizar ato de improbidade administrativa que importa em enriquecimento ilícito (0,15), competindo a demonstração da origem da evolução patrimonial ao agente (0,35), consoante o Art. 9º, inciso VII, da Lei nº 8.429/92 (com a redação conferida pela Lei nº 14.230/21) (0,10).	0,00/0,15/0,25/0,35 0,45/0,50/0,60

(**OAB/Exame Unificado – 2020.1- 2ª fase**) A Associação *Verdinha* dedica-se à proteção do meio ambiente e, recentemente, foi qualificada como Organização da Sociedade Civil de Interesse Público, mas não recebeu qualquer dinheiro do erário, pois não chegou a formalizar termo de parceria ou qualquer outro convênio para o desenvolvimento de suas atividades.

Certas condutas de José dos Santos, como dirigente da mencionada associação, beneficiaram os negócios de seus parentes e foram objeto de fiscalização pelo Ministério Público. A fiscalização do MP culminou no ajuizamento de ação civil pública por improbidade administrativa em desfavor de José, sob o fundamento de violação dos princípios da Administração Pública.

Diante dessa situação hipotética, responda, como advogado(a), fundamentadamente, aos questionamentos a seguir.

A) José dos Santos pode ser sujeito ativo da conduta ímproba a ele imputada? (Valor: 0,65)

B) O ato de improbidade apontado pelo Ministério Público – violação dos princípios da Administração Pública – admite a modalidade culposa? (Valor: 0,60)

Obs.: o(a) examinando(a) deve fundamentar suas respostas. A mera citação do dispositivo legal não confere pontuação.

GABARITO COMENTADO

A) Não. A Associação *Verdinha*, apesar de qualificada como Organização da Sociedade Civil de Interesse Público, não recebeu qualquer verba do erário, de modo que José dos Santos não poderia ser sujeito ativo da conduta ímproba a ele imputada, tal como se depreende do Art. 1º da Lei nº 8.429/92 **ou** os agentes particulares não podem estar no polo passivo de ação civil pública de improbidade sem a presença de agente público induzido, concorrente ou beneficiado pelo ato de improbidade, nos termos do Art. 3º da Lei nº 8.429/92.

B) Não. O ato de improbidade imputado a José dos Santos foi o de violar os princípios da Administração Pública, que conhece apenas a modalidade dolosa **ou** não admite a modalidade culposa, na forma do Art. 11 da Lei nº 8.429/92.

Distribuição dos pontos

ITEM	PONTUAÇÃO
A. Não. A Associação Verdinha, apesar de qualificada como Organização da Sociedade Civil de Interesse Público, não recebeu qualquer verba do erário, de modo que José dos Santos não poderia ser sujeito ativo da conduta ímproba a ele imputada (0,55), tal como se depreende do Art. 1º da Lei nº 8.429/92 (0,10). **OU** Os agentes particulares não podem estar no polo passivo de ação civil pública de improbidade sem a presença de agente público induzido, concorrente ou beneficiado pelo ato de improbidade (0,55), nos termos do Art. 3º da Lei nº 8.429/92 (0,10).	0,00/0,55/0,65
B. Não. O ato de improbidade imputado a José dos Santos foi o de violar os princípios da Administração Pública, que conhece apenas a modalidade dolosa **ou** não admite a modalidade culposa (0,50), na forma do Art. 11 da Lei nº 8.429/92 (0,10).	0,00/0,50/0,60

Observação dos autores

Não há alteração substancial do gabarito dessa questão em virtude das alterações promovidas na Lei 8.429/1992 pela Lei 14.230/2021. Ressalte-se, apenas, que o fundamento para a resposta do item A pode ser extraída do art. 1º, § 6º, da Lei 8.429/1992 (cf. inclusão promovida pela Lei 14.230/2021). Ademais, no que concerne ao item B, vale a pena apontar que não mais se admite modalidade culposa de improbidade administrativa, de acordo com o atual regime.

(OAB/Exame Unificado – 2019.2- 2ª fase) Determinado município brasileiro publicou, em agosto de 2011, edital de concurso público destinado ao preenchimento de sete vagas do cargo efetivo de analista de controle interno. Márcia, filha do prefeito Emanuel, foi aprovada, ficando classificada em sétimo lugar. Ela tomou posse no dia 02 de agosto de 2012. Após o encerramento do mandato de Emanuel, que ocorreu em dezembro de 2012, a Polícia Civil descobriu, em maio de 2013, que, dias antes da aplicação das provas, o ex-prefeito teve acesso ao conteúdo das questões e o repassou à sua filha.

O Ministério Público teve conhecimento dos fatos em setembro de 2017. Ato contínuo, ajuizou ação de improbidade administrativa em desfavor de Emanuel, em novembro de 2017, por ofensa aos princípios da Administração Pública, requerendo, na oportunidade, dentre outras coisas, a suspensão dos seus direitos políticos pelo prazo de oito anos. Na resposta preliminar, Emanuel alega, basicamente, a prescrição da ação de improbidade.

Sobre a hipótese apresentada, responda aos itens a seguir.

A) É possível o acolhimento do pleito de suspensão dos direitos políticos pelo prazo de oito anos? **(Valor: 0,65)**

B) A ação de improbidade administrativa está prescrita? **(Valor: 0,60)**

Obs.: o(a) examinando(a) deve fundamentar suas respostas. A mera citação do dispositivo legal não confere pontuação.

GABARITO COMENTADO

A) Não. Por se tratar de ato de improbidade que atenta contra os princípios da Administração Pública, sobretudo (frustração da licitude do concurso público e desrespeito ao princípio da moralidade), não é possível o acolhimento do pleito de suspensão dos direitos políticos pelo prazo de oito anos, pois a Lei de Improbidade limita o prazo em até cinco anos, nos termos do Art. 12, inciso III, da Lei n° 8.429/92.

B) Não. Emanuel era detentor de cargo eletivo. Assim, nos termos do Art. 23, inciso I, da Lei n° 8.429/92, o prazo prescricional de cinco anos tem como termo inicial o término do mandato de prefeito, que ocorreu em dezembro de 2012. Como a ação de improbidade foi proposta em novembro de 2017, não houve a prescrição.

Distribuição dos Pontos

ITEM	PONTUAÇÃO
A. Não. Por se tratar de ato de improbidade que atenta contra os princípios da Administração Pública, a suspensão dos direitos políticos não pode exceder o prazo de cinco anos (0,55), nos termos do Art. 12, inciso III, da Lei n° 8.429/92 (0,10).	0,00/0,55/0,65
B. Não. Por se tratar de mandato eletivo, o prazo prescricional de cinco anos tem como termo inicial o término do mandato de prefeito (0,50), conforme o Art. 23, inciso I, da Lei n° 8.429/92 (0,10).	0,00/0,50/0,60

Observação dos autores

Atenção! O gabarito da questão deve ser compreendido à luz do novo regime da improbidade administrativa, decorrente das alterações promovidas na Lei 8.429/1992 pela Lei 14.230/2021. No que tange ao ato de improbidade que atenta contra os princípios da Administração Pública, não mais incide a pena de suspensão dos direitos políticos (art. 12, III, da LIA). Já no que concerne ao prazo prescricional, o novo regramento estabeleceu um prazo unificado de prescrição: 8 anos, contados a partir da ocorrência do fato ou, no caso de infrações permanentes, do dia em que cessou a permanência (art. 23, "caput", da LIA). Houve, portanto, significativa mudança em relação ao regime original, baseado na diferenciação da prescrição conforme a condição do agente público envolvido (se titular de mandato, se servidor efetivo etc.).

(OAB- Exame Unificado - 2017.2 - 2ª fase) Odorico foi prefeito do Município Beta entre 01/01/2009 e 31/12/2012, tendo sido apurada pelo Ministério Público a prática de atos de improbidade que causaram lesão ao erário pelo então chefe do Poder Executivo, no período entre janeiro e julho de 2010. Em razão disso, em 10/11/2016, foi ajuizada a respectiva ação civil pública, com fulcro no Art. 10 da Lei 8.429/92, sendo certo que Odorico veio a falecer em 10/01/2017.

Diante dessa situação hipotética, responda, fundamentadamente, aos questionamentos a seguir.

A) Operou-se a prescrição de pretensão punitiva para a ação de improbidade? (Valor: 0,65)

B) O Juízo deve extinguir o feito em decorrência do falecimento de Odorico? (Valor: 0,60)

Obs.: o(a) examinando(a) deve fundamentar as respostas. A mera citação do dispositivo legal não confere pontuação.

GABARITO COMENTADO

A) A resposta é negativa. Na mencionada ação de improbidade, o marco inicial para a contagem do prazo de prescrição da pretensão punitiva e o término do mandato do prefeito, segundo o Art. 23, inciso I, da Lei 8.429/92.

B) A resposta é negativa. Os sucessores de Odorico respondem pela prática de atos que tenham causado prejuízos ao erário, até o limite do valor da herança, na forma do Art. 8º da Lei 8.429/92.

Distribuição dos pontos

DESCRIÇÃO	PONTUAÇÃO
A. Não. A prescrição da pretensão punitiva na mencionada ação de improbidade e regida pelo Art. 23, inciso I, da Lei 8.429/92 (0,10), que determina que o marco inicial da contagem do prazo e o término do mandato do prefeito (0,55).	0,00/0,55/0,65
B. Não. Os sucessores de Odorico respondem pela prática de atos que tenham causado prejuízos ao erário, até o limite do valor da herança (0,50), na forma do Art. 8º da Lei 8.429/92 (0,10).	0,00/0,50/0,60

Observação dos autores

Atenção! O gabarito da questão deve ser compreendido à luz do novo regime da improbidade administrativa, decorrente das alterações promovidas na Lei 8.429/1992 pela Lei 14.230/2021. No que concerne ao prazo prescricional (item A da questão), o novo regramento estabeleceu um prazo unificado de prescrição: 8 anos, contados a partir da ocorrência do fato ou, no caso de infrações permanentes, do dia em que cessou a permanência (art. 23, "caput", da LIA). Houve, portanto, significativa mudança em relação ao regime original, baseado na diferenciação da prescrição conforme a condição do agente público envolvido (se titular de mandato, se servidor efetivo etc.). Já no que se refere ao item B da questão, não houve alteração substancial do regramento (art. 8º da LIA: "O sucessor ou o herdeiro daquele que causar dano ao erário ou que se enriquecer ilicitamente estão sujeitos apenas à obrigação de repará-lo até o limite do valor da herança ou do patrimônio transferido.").

(OAB/ Exame Unificado- 2017.2 – 2ª fase) Mário, servidor público não estável, foi designado, sem auferir remuneração específica, para integrar comissão de licitação destinada a escolher a melhor proposta dentre as que as empresas especializadas viessem a apresentar para a execução de serviço de engenharia, consistente em assentar uma ciclovia. Encerrada a licitação, um terceiro representou à autoridade administrativa competente, denunciando que a comissão praticara ato de improbidade administrativa porque seus membros teriam induzido a contratação por preço superior ao de mercado, o que causa lesão ao erário.

Como assessor(a) jurídico(a) da autoridade, responda aos itens a seguir.

A) Mário pode ser considerado sujeito ativo de ato de improbidade administrativa? (Valor: 0,45)

B) Pela prática de ato de improbidade administrativa que causa prejuízo ao erário, ao juiz da ação de improbidade é dado, segundo a lei de regência, cumular as sanções de multa e de perda da função pública, afastando as demais aplicáveis à espécie? (Valor: 0,80)

Obs.: o(a) examinando(a) deve fundamentar as respostas. A mera citação do dispositivo legal não confere pontuação.

GABARITO COMENTADO

A) A resposta é afirmativa. Mário é servidor público que pode ser considerado sujeito ativo por ato de improbidade, independentemente de ainda não gozar de estabilidade ou de não auferir remuneração específica para a realização da atribuição em comento, considerando que a lei de improbidade adotou conceito amplo de agente público, tal como se depreende do Art. 2º da Lei nº 8.429/92.

B) O magistrado não está obrigado a aplicar cumulativamente todas as sanções previstas no Art. 12, inciso II, da Lei nº 8.429/92, podendo, mediante adequada fundamentação, fixá-las e dosá-las segundo a natureza, a gravidade e as consequências da infração. Mas, uma vez comprovado o prejuízo ao erário, o ressarcimento, em correspondência aos danos efetivamente causados ao poder público, constitui consequência necessária do ato de improbidade, por aplicação do disposto no Art. 5º da Lei nº 8.429/92.

Distribuição dos pontos

ITEM	PONTUAÇÃO
A. Sim. Mário é servidor público que pode ser considerado sujeito ativo por ato de improbidade, independente de ainda não gozar de estabilidade ou de não auferir remuneração específica para a realização da atribuição em comento, considerando que a lei de improbidade adotou conceito amplo de agente público (0,35), tal como se depreende do Art. 2º da Lei nº 8.429/92 (0,10).	0,00/0,35/0,45
B1. O magistrado não está obrigado a aplicar cumulativamente todas as sanções, podendo, mediante adequada fundamentação, fixá-las e dosá-las segundo a natureza, a gravidade e as consequências da infração (0,35), nos termos do Art. 12, inciso II, da Lei nº 8.429/92 (0,10).	0,00/0,35/0,45
B2. Mas, tratando-se de improbidade que causa prejuízo ao erário, não é possível ao Magistrado afastar o integral ressarcimento do dano (0,25), por aplicação do disposto no Art. 5º da Lei nº 8.429/92 (0,10).	0,00/0,25/0,35

Observação dos autores

Não há alteração substancial do gabarito dessa questão em virtude das alterações promovidas na Lei 8.429/1992 pela Lei 14.230/2021. Ressalte-se, apenas, que o fundamento para a resposta do item B não pode mais ser extraído do art. 5º da Lei 8.429/1992, o qual foi revogado pela Lei 14.230/2021. Apesar disso, a solução está mantida: tratando-se de improbidade que causa prejuízo ao erário, não é possível ao Magistrado afastar o integral ressarcimento do dano, por aplicação do disposto no art. 12, "caput", da LIA.

(OAB/ Exame Unificado – 2016.1- 2ª fase) José da Silva, presidente de autarquia federal, admitiu servidores públicos sem o devido concurso público. O Ministério Público Federal ajuizou ação de improbidade em face de José da Silva, sob o fundamento de prática de ato de improbidade administrativa que atenta contra princípios da Administração Pública. Devidamente citado, José da Silva, por meio de seu advogado, apresentou contestação em que sustentou, em primeiro lugar, que houve mera irregularidade administrativa, sem configuração de ato de improbidade administrativa, ante a inexistência de dano ao erário ou de enriquecimento ilícito. Alegou, ainda, que os atos de improbidade estariam taxativamente discriminados na lei e não há nenhum dispositivo que expressamente afirme que a não realização de concurso público é ato de improbidade administrativa.

Levando em consideração a hipótese apresentada, responda, de forma justificada, aos itens a seguir.

A) É procedente a alegação de que houve mera irregularidade administrativa e não ato de improbidade administrativa? (Valor: 0,65)

B) É procedente a alegação de que a Lei de Improbidade Administrativa elenca taxativamente os atos de improbidade administrativa? (Valor: 0,60)

Obs.: o examinando deve fundamentar suas respostas. A mera citação do dispositivo legal não confere pontuação.

GABARITO COMENTADO

O objetivo da questão é avaliar o conhecimento do examinando quanto aos atos de improbidade administrativa.

A) A resposta deve ser negativa. O enquadramento dos atos de improbidade como violadores dos princípios da Administração Pública prescinde da ocorrência de lesão ao erário e/ou enriquecimento ilícito do agente, nos termos das hipóteses previstas pelo Art. 11 da Lei nº 8.429/1992.

B) A resposta deve ser negativa. O examinando deve identificar que as condutas específicas elencadas nos incisos dos artigos 9º a 11 da Lei nº 8.429/1992, são situações meramente exemplificativas, podendo existir outras condutas que, inserindo-se no *caput* dos mencionados dispositivos, importem ato de improbidade administrativa por causarem lesão ao erário, enriquecimento ilícito ou violação a princípio da Administração Pública. Tanto é assim que os artigos 9º, 10 e 11 utilizam-se da palavra *"notadamente"*, a indicar que há outras hipóteses que configuram atos de improbidade além daquelas elencadas nos seus incisos.

Distribuição dos pontos

ITEM	PONTUAÇÃO
A. Não. O enquadramento dos atos de improbidade como violadores dos princípios da Administração Pública prescinde da ocorrência de lesão ao erário e/ou enriquecimento ilícito do agente (0,55), nos termos das hipóteses previstas pelo Art. 11 da Lei nº 8.429/1992. (0,10)	0,00 / 0,55 / 0,65
OBS.: A simples menção ou transcrição do dispositivo legal não pontua.	
B. Não. As condutas específicas elencadas nos incisos dos artigos 9º a 11 da Lei nº 8.429/1992 são situações meramente exemplificativas, podendo existir outras condutas que, inserindo-se no *caput* dos mencionados dispositivos, importem ato de improbidade administrativa por causarem lesão ao erário, enriquecimento ilícito ou violação a princípio da Administração Pública (0,60).	0,00 / 0,60

Observação dos autores

Atenção! O gabarito da questão deve ser compreendido à luz do novo regime da improbidade administrativa, decorrente das alterações promovidas na Lei 8.429/1992 pela Lei 14.230/2021. No que tange ao item A, não houve alteração substancial do regramento. Vale a pena mencionar o art. 11, § 4º (incluído pela Lei 14.230/2021), segundo o qual os atos de improbidade que atentam contra os princípios da Administração exigem lesividade relevante ao bem jurídico tutelado para serem passíveis de sancionamento e independem do reconhecimento da produção de danos ao erário e de enriquecimento ilícito dos agentes públicos. Já no que concerne ao item B, relevante apontar que a atual redação do art. 11 elenca hipóteses *taxativas* de improbidade que atentam contra os princípios da Administração. As demais modalidades (arts. 9º e 10) continuam sendo exemplificativas.

5. BENS PÚBLICOS

(**OAB/Exame Unificado – 2018.1 - 2ª fase**) Luiz encontrou um ônibus pertencente a uma autarquia federal abandonado em um terreno baldio e passou a utilizá-lo para promover festas itinerantes patrocinadas por sua empresa. O uso e a posse desse ônibus, com *animus domini*, vêm perdurando por longo período, de modo que já estariam presentes os requisitos para a usucapião do mencionado bem móvel.

Em razão disso, Luiz procura você para, na qualidade de advogado(a), orientá-lo na regularização e integração do ônibus ao patrimônio da empresa promotora de festas, formulando as indagações a seguir.

A) O ônibus em questão é um bem público? (**Valor: 0,65**)

B) É possível a usucapião de tal ônibus? (**Valor: 0,60**)

Obs.: o(a) examinando(a) deve fundamentar as respostas. A mera citação do dispositivo legal não confere pontuação.

GABARITO COMENTADO

A) A resposta é afirmativa. O bem em questão pertence a uma pessoa jurídica de direito público, e a situação fática de abandono não desnatura sua natureza jurídica. O citado veículo é um bem público, consoante define o Art. 98 do CC.

B) A resposta é negativa. Os bens públicos gozam da característica da imprescritibilidade, ou seja, não poderão ser usucapidos, segundo estabelece o Art. 102 do CC.

Distribuição dos pontos

ITEM	PONTUAÇÃO
A. Sim. O ônibus em questão pertence a uma pessoa jurídica de direito público, de modo que é um bem público (0,55), nos termos do Art. 98 do CC (0,10).	0,00/0,55/0,65
B. Não. Os bens públicos são imprescritíveis, ou seja, não poderão ser usucapidos (0,50), segundo o disposto no Art. 102 do CC (0,10).	0,00/0,50/0,60

6. RESPONSABILIDADE DO ESTADO

(OAB/2ª FASE – XXXV) A sociedade empresária *Águas Claras* é concessionária prestadora do serviço público de abastecimento de água no Município *Beta* e, no último ano, teve recorde em seus lucros. Alberto, empregado da sociedade empresária *Águas Claras*, após reclamação de Maria, usuária do serviço, realizava reparo na rede de abastecimento de água potável em via pública em frente à casa da usuária, quando manuseou com muita força seu instrumento de trabalho, causando a ruptura total da tubulação.

A conduta de Alberto fez com que, imediatamente, jorrasse água com muita pressão no veículo do turista João (não usuário do serviço público), que passava pelo local naquele momento, causando-lhe danos materiais pela quebra dos vidros de seu carro. Ademais, os jatos de água também quebraram o portão elétrico de entrada da casa de Maria.

Na qualidade de advogado(a) contratado(a) por João e Maria para ajuizar ação indenizatória pelos danos materiais sofridos, responda às perguntas a seguir levando em conta a estratégia jurídica que demande menor ônus probatório para seus clientes.

A) Em face de quem deverão ser manejadas as ações judiciais a serem propostas? Justifique. (Valor: 0,65)

B) Qual tipo de responsabilidade civil deve embasar as ações indenizatórias a serem ajuizadas por Maria (usuária do serviço público) e por João (terceiro, não usuário do serviço público)? Justifique. (Valor: 0,60)

Obs.: o(a) examinando(a) deve fundamentar suas respostas. A mera citação do dispositivo legal não confere pontuação.

GABARITO COMENTADO

A) As ações indenizatórias a serem ajuizadas por João e Maria devem ser propostas em face da sociedade empresária Águas Claras, eis que se trata de prestadora de serviço público que deve responder pelos danos causados por seu funcionário Alberto, conforme dispõe o Art. 37, § 6º, da CRFB/88.

B) Com base no mesmo Art. 37, § 6º, da CRFB/88, incide a responsabilidade civil objetiva (na qual não há necessidade de comprovação do elemento subjetivo – dolo ou culpa – do agente Alberto) tanto para Maria (usuária do serviço público) quanto para João (não usuário do serviço público), eis que a citada norma constitucional que rege a matéria não fez qualquer distinção entre o usuário e o não usuário do serviço.

Distribuição dos Pontos

ITEM	PONTUAÇÃO
A. As ações indenizatórias devem ser propostas em face da sociedade empresária *Águas Claras* (0,55), eis que se trata de prestadora de serviço público que deve responder pelos danos causados por seu funcionário Alberto, conforme dispõe o Art. 37, § 6º, da CRFB/88 **ou** Art. 25 da Lei nº 8987/95 **ou** Art. 14, *caput*, da Lei nº 8078/90 (0,10).	0,00/0,55/0,65

B. Incide a responsabilidade civil objetiva, na qual não há necessidade de comprovação do elemento subjetivo – dolo ou culpa (0,20), tanto para Maria (usuária do serviço público) (0,15), quanto para João (não usuário do serviço público) (0,15), conforme o Art. 37, § 6º, da CRFB/88 **ou** Art. 14, *caput*, c/c. Art. 17 da Lei nº 8.078/90 (0,10).	0,00/0,20/0,30/0,35 0,45/0,50/0,60

(OAB/Exame Unificado – 2017.3- 2ª fase) João e Roberto foram condenados a dezesseis anos de prisão, em regime fechado, pela morte de Flávio. Em razão disso, foram recolhidos a uma penitenciária conhecida por suas instalações precárias. As celas estão superlotadas: atualmente, o estabelecimento possui quatro vezes mais detentos que a capacidade recomendada. As condições de vida são insalubres. A alimentação, além de ter baixo valor nutricional, é servida em vasilhas sujas. Recentemente, houve uma rebelião que, em razão da demora na intervenção por parte do poder público, resultou na morte de João.

Na qualidade de advogado(a) consultado(a), responda aos itens a seguir:

A) O Estado pode ser responsabilizado objetivamente pela morte de João? **(Valor: 0,65)**

B) Roberto faz jus a uma indenização por danos morais em razão das péssimas condições em que é mantido? **(Valor: 0,60)**

Obs.: *o(a) examinando(a) deve fundamentar as respostas. A mera citação do dispositivo legal não confere pontuação.*

GABARITO COMENTADO

A) Sim. Cabe a responsabilização objetiva porque caracterizada a inobservância do dever de proteção ou custódia pelo Estado e o nexo de causalidade com a morte de João, em conformidade com o disposto no Art. 37, § 6º, da CRFB/88 OU com a tese de repercussão geral reconhecida pelo STF.

B) Sim. A situação descrita (falta de condições mínimas de habitação nos estabelecimentos penais) revela grave violação à integridade física e moral de Roberto, do que resulta o dever de indenização por danos, inclusive morais, conforme o Art. 5º, XLIX, da CRFB/88 OU tese de repercussão geral reconhecida pelo STF OU Art. 186 do Código Civil.

Distribuição dos pontos

ITEM	PONTUAÇÃO
A. Sim. Cabe a responsabilização objetiva porque caracterizada a inobservância do dever de proteção ou custódia pelo Estado (0,25) e o nexo de causalidade com a morte de João (0,30), em conformidade com o disposto no Art. 37, § 6º, da CRFB/88 **OU** com a tese de repercussão geral reconhecida pelo STF (0,10).	0,00/0,25/0,30/0,35/ 0,40/0,55/0,65
B. Sim. A situação descrita (falta de condições mínimas de habitação nos estabelecimentos penais) revela grave violação à integridade física e moral de Roberto, do que resulta o dever de indenização por danos, inclusive morais (0,50), conforme o Art. 5º, XLIX, da CRFB/88 **OU** tese de repercussão geral reconhecida pelo STF **OU** Art. 186 do Código Civil (0,10).	0,00/0,50/0,60

(OAB/ Exame Unificado- 2016.2 – 2ª fase) Na estrutura administrativa do Estado do Maranhão, a autarquia Ômega é responsável pelo desempenho das funções estatais na proteção e defesa dos consumidores. Em operação de fiscalização realizada pela autarquia, constatou-se que uma fornecedora de bebidas realizou *"maquiagem"* em seus produtos, ou seja, alterou o tamanho e a forma das garrafas das bebidas que comercializava, para que os consumidores não percebessem que passaria a haver 5% menos bebida em cada garrafa. Após processo administrativo em que foi conferida ampla defesa à empresa, a autarquia lhe aplicou multa, por violação ao dever de informar os consumidores acerca da alteração de quantidade dos produtos.

Na semana seguinte, a infração praticada pela empresa foi noticiada pelos meios de comunicação tradicionais, o que acarretou considerável diminuição nas suas vendas, levando-a a ajuizar ação indenizatória em face da autarquia. A empresa alega que a repercussão social dos fatos acabou gerando danos excessivos à sua imagem.

Diante das circunstâncias narradas, responda aos itens a seguir.

A) A autarquia Ômega, no exercício de suas atividades de proteção e defesa dos consumidores, possui o poder de aplicar multa à empresa de bebidas? (Valor: 0,60)

B) A autarquia deve reparar os danos sofridos pela redução de vendas dos produtos da empresa fiscalizada? (Valor: 0,65)

Obs.: o examinando deve fundamentar suas respostas. A mera citação do dispositivo legal não confere pontuação.

GABARITO COMENTADO

A) A resposta deve ser positiva. A autarquia possui natureza jurídica de direito público, de modo que, no exercício de seu poder de polícia, pode exercer fiscalização e, caso encontre irregularidades, pode aplicar sanções (Art. 78 do CTN e artigos 55 e 56, inciso I, do CDC).

B) A resposta deve ser negativa. A responsabilidade civil pressupõe uma conduta do agente, um resultado danoso, e um nexo de causalidade entre a conduta e o resultado. Ainda que, em casos excepcionais, seja possível a responsabilização do Estado por condutas lícitas, a autarquia agiu, no caso narrado, em estrito cumprimento de seu dever legal, rompendo o nexo de causalidade que é pressuposto da responsabilidade civil. Além disso, a notícia acerca da infração ganhou notoriedade em virtude de haver sido publicada pelos meios de comunicação tradicionais, sem nenhum fato que pudesse indicar uma atuação específica, deliberada e desproporcional da autarquia em prejudicar a imagem da empresa. Por fim, deve-se ressaltar que seria um contrassenso não divulgar a notícia acerca da infração, a qual consistia exatamente no não cumprimento do dever de informar a alteração irregular dos produtos aos consumidores.

Distribuição dos pontos

ITEM	PONTUAÇÃO
A) Sim. A autarquia, pessoa jurídica de direito público (0,20), pode exercer fiscalização e aplicar sanções no desempenho de seu poder de polícia (0,30), com base no Art. 78 do CTN OU nos artigos 55 e 56, I, do Código de Defesa do Consumidor (0,10).	0,00/0,20/0,30/0,40/0,50/0,60

B) Não. Embora o Estado possa vir a ser responsabilizado pela pratica de atos lícitos (0,20), não há que se falar em reparação de danos no presente caso uma vez que a autarquia agiu em estrito cumprimento de seu dever legal (0,45).	0,00/0,20/0,45/0,65

(OAB/Exame Unificado 2016.1 – 2ª fase) O Estado X está realizando obras de duplicação de uma estrada. Para tanto, foi necessária a interdição de uma das faixas da pista, deixando apenas uma faixa livre para o trânsito de veículos. Apesar das placas sinalizando a interdição e dos letreiros luminosos instalados, Fulano de Tal, dirigindo em velocidade superior à permitida, distraiu-se em uma curva e colidiu com algumas máquinas instaladas na faixa interditada, causando danos ao seu veículo. A partir do caso proposto, responda, fundamentadamente, aos itens a seguir.

A) Em nosso ordenamento, é admissível a responsabilidade civil do Estado por ato lícito? (Valor: 0,60)

B) Considerando o caso acima descrito, está configurada a responsabilidade objetiva do Estado X? (Valor: 0,65)

Obs.: o examinando deve fundamentar suas respostas. A mera citação do dispositivo legal não confere pontuação.

GABARITO COMENTADO

A) A resposta é positiva. A responsabilidade do Estado pela prática de ato lícito assenta no princípio da isonomia, ou seja, na igualdade entre os cidadãos na repartição de encargos impostos em razão do interesse público. Assim, quando for necessário o sacrifício de um direito em prol do interesse da coletividade, tal sacrifício não pode ser suportado por um único sujeito, devendo ser repartido entre toda a coletividade.

B) A resposta é negativa. A configuração da responsabilidade objetiva requer a presença de um ato (lícito ou ilícito), do dano e do nexo de causalidade entre o ato e o dano. A culpa exclusiva da vítima é causa de exclusão da responsabilidade objetiva, uma vez que rompe o nexo de causalidade: o dano é ocasionado por conduta da própria vítima. No caso proposto, Fulano de Tal conduzia seu veículo em velocidade superior à permitida, distraiu- se em uma curva e deixou de observar as placas e o letreiro luminoso que indicavam a interdição da pista.

Distribuição dos pontos

ITEM	PONTUAÇÃO
A. Sim. A responsabilidade do Estado pela prática de ato lícito assenta no princípio da isonomia, ou seja, na igualdade entre os cidadãos na repartição de encargos impostos em razão do interesse público e da solidariedade social (0,50), nos termos do Art. 37, § 6°, da CRFB/88. (0,10) OBS.: A simples menção ou transcrição do dispositivo legal não pontua.	0,00 / 0,50/ 0,60
B. Não, pois conduzir seu veículo em velocidade superior à permitida, sem observar a sinalização existente, configura culpa exclusiva da vítima (0,35), que é causa de exclusão da responsabilidade objetiva, uma vez que rompe o nexo de causalidade (0,30).	0,00 / 0,30 / 0,35/ 0,65

7. INTERVENÇÃO NA PROPRIEDADE

(OAB/Exame Unificado – 2020.2- 2ª fase) A sociedade empresária Alfa, concessionária estadual de serviço público de administração e conservação da rodovia estadual XXX, com escopo de melhorar a qualidade do serviço prestado aos usuários, pretende realizar abertura, conservação e melhoramento em determinado trecho da via pública. Para viabilizar seu intento, estudos técnicos preliminares concluíram ser imprescindível a desapropriação de um imóvel.

Nesse contexto, responda aos questionamentos a seguir.

A) Quais são os pressupostos legais para a desapropriação pretendida pela concessionária? Justifique. (Valor: 0,70)

B) Quais são as fases do procedimento expropriatório para a hipótese narrada? A sociedade empresária Alfa tem competência para atuar nessas fases? Justifique. (Valor: 0,55)

Obs.: o(a) examinando(a) deve fundamentar suas respostas. A mera citação do dispositivo legal não confere pontuação.

GABARITO COMENTADO

A) Os pressupostos que a autorizariam são: interesse público (na modalidade utilidade pública, conforme previsto no Art. 5º, alínea *i*, do Decreto-lei nº 3.365/41) e pagamento de indenização prévia, justa e em dinheiro (Art. 5º, inciso XXIV, da CRFB/88).

B) As fases do procedimento expropriatório na desapropriação comum são: (i) fase declaratória: os entes federativos (Art. 6º do Decreto-lei nº 3.365/41) declaram o interesse público na desapropriação. A concessionária não tem competência para declarar a utilidade pública da desapropriação; (ii) fase executória: declarado o interesse na desapropriação (conforme fase anterior), na fase executória o Estado deverá adotar as providências necessárias à sua efetivação, com a transferência do bem após pagamento do valor justo (indenização mais imissão da posse). A concessionária não tem competência para declarar o interesse público (fase declaratória), mas o ordenamento jurídico lhe confere competência para promover a fase executória, mediante autorização expressa, constante de lei ou contrato, conforme se vê do Art. 3º do Decreto-lei nº 3.365/41).

(OAB/Exame Unificado – 2019.3- 2ª fase) Maurício Silva, prefeito do Município Alfa, que conta com cerca de cem mil habitantes, determinou a elaboração de projeto destinado a promover a urbanização da localidade, cuja operacionalização se deu por equipe qualificada, mediante a realização de audiências públicas.

Após aprofundada e debatida análise, um grupo multidisciplinar de pesquisa sugeriu que o prefeito promovesse a desapropriação urbanística sancionatória, com pagamento em títulos da dívida pública, dos solos urbanos não edificados ou subutilizados, na forma da lei específica para área incluída no plano diretor, devidamente discriminados nos estudos, dentre os quais, uma área de propriedade de João dos Santos, sob o fundamento de estar violando a função social da propriedade urbana.

João, que há anos não consegue colocar em prática seu projeto de utilização do imóvel em questão, procura você para, na qualidade de advogado(a), responder aos seguintes questionamentos.

A) Existem sanções a serem aplicadas pelo Poder Público do Município Alfa antes de promover a desapropriação sugerida? (Valor: 0,70)

B) Caso levada a efeito a desapropriação sugerida, o valor da indenização a ser paga a João dos Santos deveria incluir expectativas de lucros cessantes? (Valor: 0,55)

Obs.: *o(a) examinando(a) deve fundamentar suas respostas. A mera citação do dispositivo legal não confere pontuação.*

GABARITO COMENTADO

A) Sim. A desapropriação com pagamento em títulos da dívida pública é a terceira das sanções aplicáveis pelo descumprimento da função social da propriedade urbana, mediante a não edificação ou subutilização do solo urbano, na forma da lei específica para área incluída no plano diretor. Ela deve ser necessariamente precedida do parcelamento e de edificação compulsórios e pela instituição do Imposto sobre s Propriedade Predial e Territorial Urbana (IPTU) progressivo no tempo, na forma do Art. 182, § 4º, da CRFB/88.

B) Não. O valor real da indenização na desapropriação com pagamento em títulos da dívida pública não pode incluir expectativas de lucros cessantes, na forma do Art. 8º, § 2º, inciso II, da Lei nº 10.257/01.

Distribuição dos pontos

ITEM	PONTUAÇÃO
A. Sim. A desapropriação deve ser necessariamente precedida do parcelamento e de edificação compulsórios (0,30) e pela instituição do Imposto sobre a Propriedade Predial e Territorial Urbana (IPTU) progressivo no tempo (0,30), na forma do Art. 182, § 4º, da CRFB/88 **ou** Arts. 5º ou 7º, da Lei n. 10.257/2001 (0,10).	0,00/0,30/0,40/0,60/0,70
B. Não. O valor da indenização na desapropriação com pagamento em títulos da dívida pública não pode incluir lucros cessantes (0,45), na forma do Art. 8º, § 2º, inciso II, da Lei nº 10.257/01 (0,10).	0,0/0,45/0,55

(OAB/Exame Unificado – 2018.3- 2ª fase) Para diminuir o índice de acidentes em uma rodovia movimentada, o poder público decidiu alterar o traçado de alguns trechos críticos. Para tanto, será necessário desapropriar certas áreas, dentre as quais parte da fazenda que pertence a Roberval, que explora economicamente o bem por meio da plantação de milho.

Em razão das constantes mortes que ocorrem na rodovia, o decreto expropriatório, que reconheceu a utilidade pública do bem, declarou a urgência da desapropriação. Em acréscimo, o poder público depositou a quantia arbitrada e, assim, requereu a imissão provisória na posse. Ao fim do processo de desapropriação, o valor do bem fixado na sentença corresponde ao dobro daquele ofertado em juízo para fins de imissão provisória na posse.

Na qualidade de advogado(a) consultado(a), responda aos itens a seguir.

A) No processo de desapropriação, Roberval pode alegar toda e qualquer matéria de defesa na contestação? **(Valor: 0,65)**

B) Os juros compensatórios são devidos a partir de que momento? **(Valor: 0,60)**

Obs.: o(a) examinando(a) deve fundamentar as respostas. A mera citação do dispositivo legal não confere pontuação.

GABARITO COMENTADO

A) A resposta é negativa. A defesa de Roberval só poderá versar sobre vício do processo judicial ou sobre impugnação do preço; qualquer outra questão deverá ser decidida por ação direta, em conformidade com o Art. 20 do Decreto Lei nº 3.365/41.

B) Os juros compensatórios são devidos desde a imissão na posse, pois é neste momento que o proprietário é privado da exploração econômica de seu bem, em conformidade com a Súmula 69 do STJ **OU** com a Súmula 164 do STF **OU** com o Art. 15-A do Decreto Lei nº 3.365/41.

Distribuição dos pontos

ITEM	PONTUAÇÃO
A. Não. A defesa de Roberval só poderá versar sobre vício do processo judicial ou sobre impugnação do preço (0,55), em conformidade com o Art. 20 do Decreto Lei nº 3.365/41 (0,10).	0,00/0,55/0,65
B. Os juros compensatórios são devidos desde a imissão na posse (0,50), em conformidade com a Súmula 69 do STJ **OU** com a Súmula 164 do STF **OU** com o Art. 15-A do Decreto Lei nº 3.365/41 (0,10).	0,00/0,50/0,60

(OAB/Exame Unificado – 2018.2- 2ª fase) José possuía uma grande propriedade rural, utilizada para o cultivo de milho e soja. Após seu falecimento, ocorrido em 2001, suas duas filhas, as únicas herdeiras, decidiram interromper o plantio dos grãos, tornando a propriedade improdutiva.

Em 2017, a União declarou a área como de interesse social para fins de reforma agrária. Após um processo judicial de rito sumário, o juiz fixou o valor da indenização devido às filhas de José. Na ocasião, identificou-se a ausência de benfeitorias no terreno desapropriado. Após o pagamento pela União do valor fixado na sentença, Ronaldo foi beneficiado pela desapropriação, passando a ser proprietário de uma pequena fração do terreno.

Sobre a hipótese apresentada, responda aos itens a seguir.

A) O valor da indenização devido às filhas de José foi pago em dinheiro? **(Valor: 0,65)**

B) Ronaldo, dois anos após ser beneficiado pela desapropriação, pode vender o terreno recebido a terceiros? **(Valor: 0,60)**

Obs.: o(a) examinando(a) deve fundamentar as respostas. A mera citação do dispositivo legal não confere pontuação.

GABARITO COMENTADO

A) Não, o valor da indenização devido às filhas de José não foi pago em dinheiro, mas em títulos da dívida agrária, nos termos do Art. 184 da CRFB/88.

B) Não, Ronaldo não pode vender o terreno dois anos depois de ser beneficiado pela desapropriação. Os imóveis recebidos na reforma agrária são inegociáveis por dez anos, nos termos do Art. 189 da CRFB/88.

Distribuição dos pontos

ITEM	PONTUAÇÃO
A. Não, o valor da indenização devido às filhas de José não foi pago em dinheiro, mas em títulos da dívida agrária (0,55), nos termos do Art. 184 da CRFB/88 (0,10).	0,00/0,55/0,65
B. Não, Ronaldo não pode vender o terreno dois anos depois de ser beneficiado pela desapropriação. Os imóveis recebidos na reforma agrária são inegociáveis por dez anos (0,50), nos termos do Art. 189 da CRFB/88 (0,10).	0,00/0,50/0,60

(OAB/ Exame Unificado – 2017.1) Após a edição do pertinente decreto declaratório da utilidade pública pela União, sociedade de economia mista federal, enquanto prestadora de serviço público, foi incumbida de promover a desapropriação de imóvel de Antônio. Para tanto, pretende promover tratativas com vistas a lograr a chamada desapropriação amigável ou tomar as medidas judiciais cabíveis para levar a efeito a intervenção do Estado na propriedade em foco.

Diante dessa situação hipotética, responda aos itens a seguir.

A) A sociedade de economia mista em questão pode ajuizar a ação de desapropriação? (Valor: 0,65)

B) Considerando que o mencionado decreto expropriatório foi publicado em 05/05/2016, analise se existe prazo para o eventual ajuizamento da ação de desapropriação. (Valor: 0,60)

Obs.: o(a) examinando(a) deve fundamentar as respostas. A mera citação do dispositivo legal não confere pontuação.

GABARITO COMENTADO

A) A resposta é afirmativa. É possível que a entidade administrativa promova a desapropriação e, consequentemente, ajuíze a respectiva ação, na forma do Art. 3º do Decreto-lei nº 3.365/41, desde que haja autorização expressa em lei ou no contrato.

B) A resposta é afirmativa. Os legitimados para promover a desapropriação por utilidade pública possuem o prazo de 5 (cinco) anos, a contar da expedição do decreto, para o ajuizamento da respectiva ação, sob pena de caducidade, consoante o Art. 10 do Decreto-lei nº 3.365/41.

Distribuição dos pontos

ITEM	PONTUAÇÃO
A. Sim. É possível que sociedade de economia mista ajuíze a ação de desapropriação, desde que haja autorização expressa em lei ou no contrato (0,55), na forma do Art. 3º do Decreto-lei nº 3.365/41 (0,10),	0,00/0,55/0,65
B. Sim. Os legitimados para promover a desapropriação por utilidade pública possuem o prazo de 5 (cinco) anos, a contar da expedição do decreto, para o ajuizamento da respectiva ação, sob pena de caducidade (0,50), consoante o Art. 10 do Decreto-lei nº 3.365/41 (0,10).	0,00/0,50/0,60

8. LICITAÇÃO E CONTRATO

> **ATENÇÃO!**
> **A NOVA LEI DE LICITAÇÕES E CONTRATOS ADMINISTRATIVOS***
>
> Em 1º de abril de 2021 foi editada a Lei 14.133, que representa a nova lei de licitações e contratos administrativos.
>
> Importante esclarecer que a Lei 8.666/93 não foi imediatamente revogada pelo novo regime. Nos termos do art. 193, inc. II, da Lei 14.133, a antiga norma vigorará por 2 anos, com revogação prevista para abril de 2023. Os únicos dispositivos da Lei 8.666/93 que foram imediatamente revogados foram os arts. 89 a 108, que disciplinavam os crimes relacionados às licitações e aos contratos públicos.
>
> Nesse sentido, até abril de 2023 convivem os regimes tanto da Lei 14.133/21 quanto da Lei 8.666/93, de modo que a Administração pode optar por licitar ou contratar diretamente de acordo um desses regimes. A opção escolhida deverá ser indicada expressamente, vedada a aplicação combinada dos diplomas normativos (art. 191 da Lei 14.133/21).
>
> O mesmo raciocínio se aplica para as Leis 10.520/02 (Pregão) e 12.462/11 (Regime Diferenciado de Contratações Públicas), as quais igualmente irão vigorar até abril de 2023.
>
> Desse modo, permanecem válidos os comentários abaixo envolvendo a Lei 8.666/93, a Lei 10.520/02 e a Lei 12.462/11. Após abril de 2023, esses diplomas não podem mais ser utilizados.
>
> Ademais, ainda vige o regime licitatório das empresas estatais, disciplinado na Lei 13.303/2016, a qual não foi alterada pela Lei 14.133/2021.

* Breves comentários sobre a Lei 14.133/2021 (*vide* página 192).

(OAB/2ª FASE – XXXIII) Determinada sociedade de economia mista estadual, com vistas a adquirir bens necessários ao adequado funcionamento de seus serviços de informática, divulgou, após a devida fase preparatória, o instrumento convocatório, no qual indicou certa marca, que é comercializada por diversos fornecedores, por considerá-la a única capaz de atender ao objeto do contrato, tal como tecnicamente justificado nos autos do respectivo processo administrativo, certo que o edital adotou a sequência de fases prevista em lei.

No curso do procedimento licitatório, a proposta apresentada pela *sociedade Beta* foi considerada a vencedora, mas os representantes de outra licitante, a *sociedade Alfa*, consideraram o julgamento equivocado e pretendem interpor recurso administrativo para impugná-lo antes da habilitação.

Diante dessa situação hipotética, responda, fundamentadamente, aos questionamentos a seguir.

A) É válida a indicação de marca pela sociedade de economia mista em questão? Justifique. (Valor:0,65)

B) É cabível a interposição do recurso administrativo pretendido pela sociedade Alfa? Justifique. (Valor: 0,60)

Obs.: o(a) examinando(a) deve fundamentar suas respostas. A mera citação do dispositivo legal não confere pontuação.

GABARITO COMENTADO

A) Sim. A indicação de marca é válida nas circunstâncias do caso proposto na medida em que, mesmo sendo comercializada por diversos fornecedores, é a única capaz de atender ao objeto do contrato, como tecnicamente demonstrado no processo administrativo pertinente, a enquadrar-se na regra do Art. 47, inciso I, *alínea* b, da Lei nº 13.303/16.

B) Não. Considerando que foi adotada a sequência de fases estabelecida na Lei nº 13.303/16, observa-se que a fase recursal é única e posterior à habilitação, na forma do Art. 59 da Lei nº 13.303/16 (pode ser aceita menção ao Art. 51, inciso VIII, da Lei nº 13.303/16).

Distribuição dos Pontos

ITEM	PONTUAÇÃO
A. Sim. A indicação de marca é válida porque, apesar de comercializada por diversos fornecedores, é a única capaz de atender ao objeto do contrato, conforme tecnicamente demonstrado no processo administrativo pertinente (0,55), a enquadrar-se na regra do Art. 47, inciso I, alínea *b*, da Lei nº 13.303/16 (0,10).	0,00/0,55/0,65
B. Não. Considerando que foi adotada a sequência de fases estabelecida na Lei nº 13.303/16, observa-se que a fase recursal é única e posterior à habilitação (0,50), na forma do Art. 59 da Lei nº 13.303/16 **ou** do Art. 51, inciso VIII, da Lei nº 13.303/16) (0,10).	0,00/0,50/0,60

(OAB/Exame Unificado – 2020.1- 2ª fase) O Município Sigma pretende construir um túnel, obra de grande vulto, alta complexidade técnica e operacional, com vistas a melhorar a caótica mobilidade urbana que aflige sua população. Para tanto, fez publicar um edital de licitação, na modalidade concorrência, que continha a exigência de demonstração, pelos licitantes, da qualificação técnica para a execução do objeto, mediante a apresentação de documentos que demonstrassem experiência anterior em obra de similar magnitude.

Designada a sessão de julgamento, a sociedade empresária *Belezura* foi inabilitada por não ter apresentado os documentos que comprovassem a experiência exigida, razão pela qual interpôs o respectivo recurso administrativo, sob o fundamento de que conta com a estrutura e o aparelhamento necessários à execução do objeto.

Após o julgamento do recurso, na sequência do certame, a sociedade empresária *Lindeza*, devidamente habilitada, teve sua proposta desclassificada porque considerada inexequível, na medida em que, com o intuito de ganhar a licitação, especificou valor zero para diversos insumos indispensáveis à consecução do objeto, de maneira incoerente com os custosos valores de mercado, de forma que os valores por ela apresentados foram muito inferiores aos das demais licitantes.

Diante dessa situação hipotética, responda, na condição de advogado(a), aos questionamentos a seguir.

A) É válida a cláusula do edital que levou à inabilitação da sociedade Belezura? (Valor: 0,60)

B) Em razão da inexequibilidade da proposta, é cabível a desclassificação da sociedade *Lindeza*? (Valor: 0,65)

Obs.: o(a) examinando(a) deve fundamentar suas respostas. A mera citação do dispositivo legal não confere pontuação.

GABARITO COMENTADO

A) Sim. É válida a cláusula de edital relativa à qualificação técnica para obra de alta complexidade técnica e operacional, que exija a demonstração de experiência anterior em projeto de similar magnitude, na forma do Art. 30, § 3º, da Lei nº 8.666/93.

B) Sim. Devem ser desclassificadas as propostas com preços manifestamente inexequíveis, assim considerados aqueles que não tenham demonstrado sua viabilidade por meio de documentação que comprove que os custos dos insumos são coerentes com os de mercado, consoante Art. 44, § 3º, ou Art. 48, inciso II, da Lei nº 8.666/93.

Observação dos autores

A Lei 14.133/2021 manteve o regime do art. 30, § 3º, da Lei 8.666/93, conforme a previsão de seu art. 67, inc. II. Assim, a qualificação técnica poderá ser demonstrada por certidões ou atestados, regularmente emitidos pelo conselho profissional competente, quando for o caso, que demonstrem capacidade operacional na execução de serviços similares de complexidade tecnológica e operacional equivalente ou superior.

Além disso, a nova lei de licitações preservou a desclassificação das propostas contendo preços inexequíveis (art. 59, inc. III). Observe-se que um dos objetivos expressos da licitação pública é evitar contratações com sobrepreço ou com preços manifestamente inexequíveis e superfaturamento na execução dos contratos (art. 11, inc. III, da Lei 14.133/2021).

Distribuição dos pontos

ITEM	PONTUAÇÃO
A. Sim. É válida a cláusula de edital relativa à qualificação técnica para obra de alta complexidade técnica e operacional, que exija a demonstração de experiência anterior em projeto de similar magnitude (0,50), na forma do Art. 30, § 3º, da Lei nº 8.666/93 (0,10).	0,00/0,50/0,60
B. Sim. Devem ser desclassificadas as propostas com preços manifestamente inexequíveis, assim considerados aqueles que não tenham demonstrado sua viabilidade por meio de documentação que comprove que os custos dos insumos são coerentes com os de mercado (0,55), consoante o Art. 44, § 3º, **ou** Art. 48, inciso II, da Lei nº 8.666/93 (0,10).	0,00/0,55/0,65

(OAB/Exame Unificado – 2019.3- 2ª fase) O Município Beta, após o devido procedimento licitatório, contratou a sociedade empresária *Sobe e Desce* Ltda. para a manutenção de elevadores, pelo montante de R$ 80.000,00 (oitenta mil reais) mensais.

Após as prorrogações necessárias, sucessivas e por igual período, a avença já perdura por quase sessenta meses, de forma satisfatória e com a manutenção dos valores compatíveis segundo as práticas do mercado, após os reajustes cabíveis.

O mencionado ente federativo, à vista de aproximar-se o limite máximo de duração do contrato, fez publicar edital de novo certame competitivo, com vistas a obter proposta mais vantajosa para a prestação do aludido serviço, edital esse que veio a ser objeto de impugnações, daí a administração haver prorrogado o contrato firmado com a sociedade empresária *Sobe e Desce* Ltda. por mais doze meses, mediante autorização da autoridade competente.

Diante dessa situação hipotética, na qualidade de advogado(a) consultado(a), responda aos itens a seguir.

A) O Município Beta poderia ter realizado a contratação verbal do serviço em questão? (Valor: 0,65)

B) É válida a prorrogação do contrato por mais doze meses? (Valor: 0,60)

Obs.: o(a) examinando(a) deve fundamentar suas respostas. A mera citação do dispositivo legal não confere pontuação.

GABARITO COMENTADO

A) Não. A contratação verbal somente é admitida nas situações em que o valor do ajuste não ultrapasse 5% do limite estabelecido para modalidade convite, segundo o Art. 23, inciso II, alínea *a*, da Lei nº 8.666/93, cujo objeto seja pequena compra de pronto pagamento ou serviço que não se enquadre como de engenharia, tal como se depreende do Art. 60, parágrafo único, da Lei nº 8.666/93.

B) Sim. Em caráter excepcional, devidamente justificado e mediante autorização da autoridade superior, é possível prorrogar, por doze meses, o prazo dos contratos de serviços de prestação contínua, para além das prorrogações por períodos iguais e sucessivos, limitada a sessenta meses, na forma do Art. 57, § 4º, da Lei nº 8.666/93.

Observação dos autores

A Lei 14.133/2021 preservou o regramento do art. 60, parágrafo único, da Lei 8.666/93, conforme a previsão de seu art. 95, § 2º, que apenas alterou o valor envolvido. Assim, é nulo e de nenhum efeito o contrato verbal com a Administração, salvo o de pequenas compras ou o de prestação de serviços de pronto pagamento, assim entendidos aqueles de valor não superior a R$ 10.000,00 (dez mil reais).

Além disso, a nova lei disciplinou de modo diverso a duração dos contratos de serviços contínuos. De acordo com o art. 107, poderão ser prorrogados sucessivamente, respeitada a vigência máxima de 10 (dez) anos, desde que haja previsão em edital e que a autoridade competente ateste que as condições e os preços permanecem vantajosos para a Administração.

Distribuição dos pontos

ITEM	PONTUAÇÃO
A. Não. A contratação verbal somente é admitida nos casos de pequenas compras de pronto pagamento, assim entendidas aquelas de valor não superior a 5% do limite estabelecido para modalidade convite (0,55), segundo o Art. 60, parágrafo único, da Lei n° 8.666/93 (0,10).	0,00/0,55/0,65
B. Sim. Em caráter excepcional, devidamente justificado e mediante autorização da autoridade superior, é possível prorrogar, por doze meses, o prazo dos contratos de serviços de prestação contínua, para além das prorrogações por períodos iguais e sucessivos, limitada a sessenta meses (0,50), na forma do Art. 57, § 4°, da Lei n° 8.666/93 (0,10).	0,00/0,50/0,60

(OAB/Exame Unificado – 2019.2- 2ª fase) Determinada repartição pública federal divulgou edital de licitação para aquisição de material para escritório (caneta, papel, lápis, borracha, dentre outros), na modalidade pregão, para registro de preços. Uma única licitante apresentou a menor proposta para todos os itens: a Papelaria Ltda., classificada legalmente como microempresa.

Ocorre que, em razão da crise econômica, a referida sociedade empresária deixou de pagar os tributos federais, apresentando, na fase de habilitação, certidões fiscais positivas que demonstravam sua inadimplência.

Sobre a hipótese apresentada, responda aos itens a seguir.

A) A sociedade empresária Papelaria Ltda. deve ser prontamente inabilitada, em razão de não ter demonstrado sua regularidade fiscal? **(Valor: 0,65)**

B) Ainda na validade da ata de registro de preços, pode a Administração lançar nova licitação para a compra dos mesmos insumos? **(Valor: 0,60)**

Obs.: o(a) examinando(a) deve fundamentar suas respostas. A mera citação do dispositivo legal não confere pontuação.

GABARITO COMENTADO

A) A resposta é negativa. Por se tratar de microempresa, a comprovação da regularidade fiscal somente será exigida para efeito de assinatura do contrato, devendo ser aberto prazo para regularização da situação fiscal da empresa. Ou seja, mesmo que a entidade apresente certidões fiscais positivas na habilitação, isso não a inabilitará automaticamente. O examinando deve apontar, como fundamento, o Art. 42, *caput*, **OU** o Art. 43, § 1°, da Lei Complementar n° 123/06.

B) A resposta é positiva. A existência de preços registrados não impede que a Administração promova novo certame licitatório. Entretanto, em igualdade de condições/preços, deve-se dar preferência àquele que figura na ata de registro de preços. O examinando deve mencionar, em sua resposta, o Art. 15, § 4°, da Lei n° 8.666/93.

Observação dos autores

A Lei 14.133/2021, embora não tenha alterado o regime da Lei Complementar 123/06, restringiu o seu âmbito de aplicação, de modo que os benefícios legais não se aplicam em determinados contextos envolvendo microempresas-ME e empresas de pequeno porte-EPP. Assim, os arts. 42 a 49 da LC 123/06 não incidem: I – no caso de licitação para aquisição de bens ou contratação de serviços em geral, ao item cujo valor estimado for superior à receita bruta máxima admitida para fins de enquadramento como EPP (equivalente a R$ 4,8 milhões por ano);II – no caso de contratação de obras e serviços de engenharia, às licitações cujo valor estimado for superior à receita bruta máxima admitida para fins de enquadramento como EPP Além disso, a obtenção desses benefícios fica limitada às ME e EPP que, no ano-calendário de realização da licitação, ainda não tenham celebrado contratos com a Administração Pública cujos valores somados extrapolem a receita bruta máxima admitida para fins de enquadramento como empresa de pequeno porte.

No que se refere ao sistema de registro de preços, a nova lei de licitações preservou o regramento da Lei 8.666/93, de modo que a existência de preços registrados implica o compromisso de fornecimento nas condições estabelecidas, mas não obrigará a Administração a contratar, facultada a realização de licitação específica para a aquisição pretendida, desde que devidamente motivada (art. 83 da Lei 14.133/2021).

Distribuição dos pontos

ITEM	PONTUAÇÃO
A. Não. Por se tratar de microempresa, a comprovação da regularidade fiscal somente será exigida para efeito de assinatura do contrato **OU** deverá ser aberto prazo para regularização da situação fiscal a partir do momento em que for declarada vencedora (0,55), com fundamento no Art. 42, *caput*, **OU** Art. 43, § 1º, da LC 123/06 (0,10).	0,00/0,55/0,65
B. Sim. A existência de preços registrados não impede que a Administração promova novo certame licitatório, desde que, em igualdade de condições, seja assegurada a preferência àquele que figura na ata de registro de preços (0,50), com fundamento no Art. 15, § 4º, da Lei 8.666/93 (0,10).	0,00/0,50/0,60

(OAB/Exame Unificado – 2019.1- 2ª fase) O Município Beta realizou um estudo para efetuar a compra de materiais necessários para aparelhar as salas de aula das escolas municipais, com o fim de substituir ou repor aqueles existentes, que se encontram em estado precário. Concluiu pela necessidade de aquisição de dez mil novas carteiras, o que fez constar do respectivo edital de licitação, na modalidade pregão, no qual se sagrou vencedora a sociedade empresária Feliz Ltda., com quem contratou o respectivo fornecimento. A auditoria, efetuada depois de formalizado tal contrato, verificou que o estudo que instruiu a especificação do objeto contratado não levou em conta a existência, em perfeito estado, de cerca de mil carteiras recém-adquiridas, equivocadamente enviadas ao depósito municipal.

A autoridade competente, alegando a existência de carteiras novas em depósito, promoveu a alteração unilateral do contrato para suprimir o quantitativo de mil carteiras; em consequência, reduziu o valor global do contrato em dez por cento, em correspondência à supressão de mil carteiras do total de dez mil. É certo que a contratada já havia adquirido do fabricante todos os bens necessários para o cumprimento da avença originária.

Diante dessa supressão, os representantes da sociedade empresária Feliz Ltda. procuram você para, na qualidade de advogado(a), responder, fundamentadamente, aos questionamentos a seguir.

A) A sociedade empresária Feliz Ltda. é obrigada a suportar a alteração promovida unilateralmente pelo Município Beta? **(Valor: 0,60)**

B) Caso a sociedade empresária Feliz Ltda. não entregue as mil carteiras suprimidas pelo Município Beta, ela estará obrigada a arcar com o prejuízo decorrente de já haver adquirido do fabricante as dez mil carteiras inicialmente contratadas? **(Valor: 0,65)**

Obs.: o(a) examinando(a) deve fundamentar as respostas. A mera citação do dispositivo legal não confere pontuação.

GABARITO COMENTADO

A) Sim. A contratada (sociedade empresária Feliz Ltda.) é obrigada a suportar a supressão quantitativa introduzida unilateralmente pelo Município contratante, porque a supressão se conteve no limite de 25% do valor inicial do contrato, na forma do Art. 65, § 1º, da Lei nº 8.666/93.

B) Não. Em se tratando de caso de supressão quantitativa do objeto, a contratada (sociedade empresária Feliz Ltda.) poderá ser ressarcida pelos danos regularmente comprovados, consoante o disposto no Art. 65, § 4º, da Lei nº 8.666/93.

OU

B) Sim. Em se tratando de caso de supressão quantitativa do objeto e não tendo ocorrido a entrega das mil carteiras, a contratada (sociedade empresária Feliz Ltda.), caso não comprove a ocorrência de outros danos decorrentes da supressão, não terá direito ao ressarcimento do custo da aquisição, consoante o disposto no Art. 65, § 4º, da Lei nº 8.666/93.

Observação dos autores

A Lei 14.133/2021 manteve a prerrogativa da alteração unilateral do contrato (art. 125), de modo que o contratado é obrigado a aceitar, nas mesmas condições contratuais, acréscimos ou supressões de até 25% (vinte e cinco por cento) do valor inicial atualizado do contrato que se fizerem nas obras, nos serviços ou nas compras, e, no caso de reforma de edifício ou de equipamento, o limite para os acréscimos será de 50% (cinquenta por cento). No mesmo sentido o regramento do art. 65, §4º, da Lei 8.666/93, preservado na nova lei (art. 129).

Distribuição dos Pontos

ITEM	PONTUAÇÃO
A. Sim. A contratada é obrigada a suportar a supressão quantitativa introduzida unilateralmente pelo Município contratante, porque a supressão se manteve no limite de 25% do valor inicial do contrato (0,50), na forma do Art. 65, § 1º, da Lei nº 8.666/93 (0,10).	0,00/0,50/0,60

ITEM	PONTUAÇÃO
B. Não. Em se tratando de caso de supressão quantitativa do objeto, a contratada (sociedade empresária Feliz Ltda.) poderá ser ressarcida pelos danos regularmente comprovados (0,55), consoante o disposto no Art. 65, § 4º, da Lei nº 8.666/93 (0,10). **OU** B. Sim. Em se tratando de caso de supressão quantitativa do objeto e não tendo ocorrido a entrega das mil carteiras, a contratada (sociedade empresária Feliz Ltda.), caso não comprove a ocorrência de outros danos decorrentes da supressão, não terá direito ao ressarcimento do custo da aquisição (0,55), consoante o disposto no Art. 65, § 4º, da Lei nº 8.666/93 (0,10).	0,00/0,55/0,65

(OAB/Exame Unificado – 2019.1- 2ª fase) O Município Beta, situado no litoral, após a realização de projeto básico e do projeto executivo pelo próprio ente federativo, promoveu licitação, na modalidade concorrência, para a construção de uma ciclovia na área costeira. Da licitação, sagrou-se vencedora a sociedade empresária *Pedalada S.A.* Em seguida, a mesma sociedade empresária foi contratada, seguindo os trâmites legais, e executou o respectivo objeto, sem qualquer falha.

Pouco depois da inauguração, parte da obra desmoronou, na medida em que os estudos realizados para o projeto básico e para o projeto executivo não levaram em consideração o impacto das marés na ciclovia. O incidente levou a óbito José, que trafegava na localidade, no exato momento do ocorrido.

Em razão disso, os filhos de José, procuram você para, na qualidade de advogado(a), responder, fundamentadamente, aos questionamentos a seguir.

A) Em lugar de realizar o projeto básico, o Município Beta poderia ter incluído sua elaboração, juntamente com a execução das obras, no objeto da licitação em questão? **(Valor: 0,55)**

B) É necessária a demonstração de dolo ou culpa para responsabilizar a sociedade empresária *Pedalada S.A.* pelo óbito de José? **(Valor: 0,70)**

Obs.: o(a) examinando(a) deve fundamentar as respostas. A mera citação do dispositivo legal não confere pontuação.

GABARITO COMENTADO

A) Não. Considerando que a modalidade de licitação é a concorrência, é vedada a execução de obras antes da conclusão e da aprovação do projeto básico pela autoridade competente, consoante se depreende do Art. 7º, § 1º, da Lei nº 8.666/93.

B) Sim. Trata-se de hipótese de responsabilidade subjetiva, de modo que a ela não pode ser atribuída a responsabilidade pelo evento, sem a demonstração de dolo ou culpa, consoante o Art. 70 da Lei nº 8.666/93.

Observação dos autores

A Lei 14.133/2021 manteve a regra pela qual a execução de cada etapa será obrigatoriamente precedida da conclusão e da aprovação, pela autoridade competente, dos trabalhos relativos às etapas anteriores (art. 46, § 6º).

Já no que se refere à responsabilidade do contratado, a nova lei excluiu a referência ao elemento subjetivo dolo ou culpa (contida expressamente no art. 70 da Lei 8.666/93). A redação atual é a seguinte: "O contratado será responsável pelos danos causados diretamente à Administração ou a terceiros em razão da execução do contrato, e não excluirá nem reduzirá essa responsabilidade a fiscalização ou o acompanhamento pelo contratante."

Distribuição dos pontos

ITEM	PONTUAÇÃO
A. Não. Considerando que a modalidade de licitação é a concorrência, é vedada a execução da obra antes da conclusão e da aprovação do projeto básico pela autoridade competente (0,45), consoante o Art. 7º, § 1º, da Lei nº 8.666/93 (0,10).	0,00/0,45/0,55
B. Sim. Trata-se de hipótese de responsabilidade subjetiva, sendo imprescindível a demonstração de dolo ou culpa (0,60), consoante o Art. 70 da Lei nº 8.666/93 (0,10).	0,00/0,60/0,70

(**OAB/Exame Unificado – 2018.3- 2ª fase**) Em razão de fortes chuvas que caíram no município Alfa, muitas famílias que habitavam regiões de risco foram retiradas de suas residências e levadas para abrigos públicos. Para prover condições mínimas de subsistência aos desamparados, Manuel Bandeira, prefeito, expediu decreto reconhecendo a situação de calamidade pública e contratou, por dispensa de licitação, a sociedade empresária Culinária Social para preparar e fornecer alimentação às vítimas. Passados noventa dias da contratação, as condições climáticas melhoraram e as famílias retornaram às suas respectivas moradias, não havendo mais necessidade da ajuda estatal. A despeito disso, o Município manteve o contrato com a sociedade empresária.

Na qualidade de advogado(a) consultado(a), responda aos itens a seguir.

A) Superada a situação de calamidade, é lícita a decisão de manter o contrato com a sociedade empresária Culinária Social? (**Valor: 0,65**)

B) Qualquer pessoa física pode representar ao Tribunal de Contas para que a Corte examine eventual ilegalidade da manutenção do contrato? (**Valor: 0,60**)

Obs.: o(a) examinando(a) deve fundamentar as respostas. A mera citação do dispositivo legal não confere pontuação.

GABARITO COMENTADO

A) A resposta é negativa. Superada a situação de calamidade, a decisão de manter o contrato com a sociedade empresária Culinária Social é ilícita, pois a contratação emergencial deve se limitar aos serviços necessários ao atendimento da população afetada pela chuva. Com o retorno das famílias às suas residências, cessa, por consequência, a situação emergencial. O examinando deve fundamentar sua resposta no Art. 24, inciso IV, da Lei nº 8.666/93.

B) A resposta é positiva. Como parte do controle social, o legislador previu a possibilidade de qualquer pessoa física representar ao Tribunal de Contas. O examinando deve indicar o Art. 113, § 1º, da Lei nº 8.666/93.

Observação dos autores

A Lei 14.133/2021 manteve a calamidade pública como hipótese de licitação dispensável (art. 75, inc. VIII).

Ademais, foi preservado o regime de controle social, nos termos do art. 170, § 4º da nova lei: "Qualquer licitante, contratado ou pessoa física ou jurídica poderá representar aos órgãos de controle interno ou ao tribunal de contas competente contra irregularidades (...)."

Distribuição dos pontos

ITEM	PONTUAÇÃO
A. Não. Superada a situação de calamidade, cessa a situação emergencial que justificava a contratação direta (0,55), nos termos do Art. 24, inciso IV, da Lei nº 8.666/93 (0,10).	0,00/0,55/0,65
B. Sim. O Tribunal de Contas pode ser provocado por qualquer cidadão a respeito de possível ilegalidade inerente às despesas públicas (0,50), nos termos do Art. 113, § 1º, da Lei nº 8.666/93 **OU** do Art. 74, parágrafo 2º, da CRFB/88 (0,10).	0,00/0,50/0,60

(OAB/Exame Unificado – 2018.1- 2ª fase) O Município Campo Feliz publicou licitação, na modalidade concorrência, para a realização das obras de construção de uma creche municipal. Participaram do certame quatro sociedades empresárias, tendo sido três delas habilitadas. A sociedade empresária inabilitada interpôs recurso administrativo, que teve provimento negado. Abertas as propostas comerciais, sagrou-se vencedora, com o menor preço, a sociedade empresária Gama Ltda.

Após homologação e adjudicação do objeto à construtora, o prefeito decidiu revogar o certame por razões de interesse público, oriundas de fato superveniente. Tal decisão surpreendeu todos os interessados, incluindo a sociedade empresária Gama, que não teve oportunidade de se manifestar previamente.

Na qualidade de advogado(a) consultado(a), responda aos itens a seguir.

A) O recurso administrativo contra a decisão que inabilitou uma licitante tem efeito suspensivo? **(Valor: 0,65)**

B) A revogação do certame foi válida? **(Valor: 0,60)**

Obs.: o(a) examinando(a) deve fundamentar as respostas. A mera citação do dispositivo legal não confere pontuação.

GABARITO COMENTADO

A) Sim. Contra decisão da comissão de licitação que inabilita licitante, é cabível recurso administrativo com efeito suspensivo, nos termos do Art. 109, § 2º, da Lei nº 8.666/93.

B) Não. A revogação da licitação deveria ter sido precedida da prévia disponibilização à empresa Gama Ltda. do contraditório e da ampla defesa, nos termos do Art. 5º, inciso LV, da CRFB/88 **ou** do Art. 49, § 3º, da Lei nº 8.666/93.

Observação dos autores

A Lei 14.133/2021 manteve o efeito suspensivo dos recursos administrativos (art. 168), bem como a necessidade de prévia manifestação dos interessados em caso de revogação (art. 71, § 3º).

Distribuição dos pontos

ITEM	PONTUAÇÃO
A. Sim. Contra decisão da comissão de licitação que inabilita licitante, é cabível recurso administrativo com efeito suspensivo (0,55), nos termos do Art. 109, § 2º, da Lei nº 8.666/93 (0,10).	0,00/0,55/0,65

ITEM	PONTUAÇÃO
B. Não. A revogação da licitação deveria ter sido precedida da prévia disponibilização à sociedade empresária Gama Ltda. do contraditório e da ampla defesa (0,50), nos termos do Art. 5º, inciso LV, da CRFB/88 **ou** do Art. 49, § 3º, da Lei nº 8.666/93 (0,10).	0,00/0,50/0,60

(OAB/Exame Unificado – 2018.1- 2ª fase) O Estado Alfa realizou licitação para a aquisição de equipamentos de escritório, a fim de guarnecer a nova sede da Assembleia Legislativa, mediante a utilização da modalidade pregão.

A melhor proposta foi apresentada pela sociedade empresária Escritorando Ltda., mas verificou-se que ainda estavam vigentes as penalidades, que a ela foram aplicadas, de declaração de inidoneidade e de proibição de contratar com a Administração Pública pelo prazo de cinco anos, em decorrência da prática de atos de corrupção para a formalização de contratos com o ente federativo em questão, na forma da Lei 8.666/93.

Apurou-se, ainda, que a mencionada conduta de corrupção também deu ensejo à instauração de procedimento administrativo de responsabilização por ato lesivo à Administração Pública nacional, que culminou na aplicação da pena de multa de 5% sobre o faturamento bruto da empresa no ano anterior ao processo administrativo, que correspondia à vantagem indevida por ela auferida.

Na qualidade de advogado(a) consultado(a), responda aos questionamentos a seguir.

A) Caso Escritorando Ltda. venha a ser utilizada com o objetivo de dissimular a lei, seus administradores e sócios poderão ser pessoalmente responsabilizados pela multa aplicada em sede de responsabilização administrativa? **(Valor: 0,55)**

B) Na hipótese de inabilitação de Escritorando Ltda. na licitação em apreço, como deve proceder a Administração para prosseguir com o certame? **(Valor: 0,70)**

Obs.: o(a) examinando(a) deve fundamentar as respostas. A mera citação do dispositivo legal não confere pontuação.

GABARITO COMENTADO

A) A resposta é positiva. É possível a desconsideração da personalidade jurídica para as hipóteses de sanções atinentes aos atos lesivos contra a Administração, na forma do Art. 14 da Lei nº 12.846/13.

B) O pregoeiro deverá examinar a oferta subsequente e a qualificação do licitante, na ordem de classificação e, assim sucessivamente, na forma do Art. 4º, inciso XVI, da Lei nº 10.520/02. Deverá negociar com o proponente para que seja obtido preço menor, na forma do Art. 4º, inciso XVII, da Lei nº 10.520/02.

Observação dos autores

A Lei 14.133/2021 manteve as fases procedimentais do pregão, que representam, como o novo regramento, o rito procedimental comum (art. 29).

Distribuição dos pontos

ITEM	PONTUAÇÃO
A. A resposta é positiva. É possível a desconsideração da personalidade jurídica para as hipóteses de sanções atinentes aos atos lesivos contra a Administração (0,45), na forma do Art. 14 da Lei nº 12.846/13 **OU** art. 50 do CC/02 (0,10).	0,0/0,45/0,55
B. O pregoeiro deverá examinar a oferta subsequente e a qualificação do licitante, na ordem de classificação e, assim sucessivamente (0,60), na forma do Art. 4º, inciso XVI, da Lei nº 10.520/02 (0,10).	0,0/0,60/0,70

(OAB/Exame Unificado – 2017.3- 2ª fase) A União, com vistas a amenizar a caótica situação no sistema carcerário no território nacional, pretende construir duas novas penitenciárias de segurança máxima, com o objetivo de abrigar os presos de alta periculosidade que possam comprometer a ordem e a segurança nos seus estados de origem.

Para tanto, fez publicar edital, no qual determinou a aplicação das regras do Regime Diferenciado de Contratações e definiu, de forma clara e precisa, a obra pública a ser contratada.

Diante da possibilidade de utilização de diferentes metodologias e inovações tecnológicas, o Poder Público, mediante a justificativa técnica e econômica adequada, estabeleceu que o projeto básico e o projeto executivo deveriam ser desenvolvidos pela futura contratada, nos termos contidos no anteprojeto constante do instrumento convocatório.

Na qualidade de advogado(a) consultado(a), responda, fundamentadamente, aos itens a seguir.

A) A União poderia ter optado por utilizar o Regime Diferenciado de Contratações? **(Valor: 0,50)**

B) É cabível a elaboração dos projetos básico e executivo pela futura contratada? **(Valor: 0,75)**

Obs.: o(a) examinando(a) deve fundamentar as respostas. A mera citação do dispositivo legal não confere pontuação.

GABARITO COMENTADO

A) A resposta é afirmativa. O Regime Diferenciado de Contratações é aplicável às licitações e contratações de obras e aos serviços de engenharia para construção de estabelecimentos penais, na forma do Art. 1º, inciso VI, da Lei nº 12.462/11.

B) A resposta é afirmativa. Para a obra pública em questão, a Administração pode optar pelo regime da contratação integrada, certo que este regime determina o desenvolvimento dos projetos básico e executivo pelo futuro contratado, consoante o disposto no Art. 9º da Lei nº 12.462/11.

Distribuição dos pontos

ITEM	PONTUAÇÃO
A. Sim. O Regime Diferenciado de Contratações é aplicável para licitações e contratos de obras e serviços de engenharia pertinentes à construção de estabelecimentos penais (0,40), na forma do Art. 1º, inciso VI, da Lei nº 12.462/11 (0,10).	0,00/0,40/0,50

ITEM	PONTUAÇÃO
B. Sim. Para os serviços de engenharia em questão, a Administração pode optar pelo regime da contratação integrada (0,50), que determina o desenvolvimento dos projetos básico e executivo pelo futuro contratado (0,15), segundo o Art. 9º da Lei nº 12.462/11 (0,10).	0,00/0,15/0,25/0,50/ 0,60/0,65/0,75

(OAB/Exame Unificado 2017.2- 2ª fase) Determinado município precisou adquirir produtos de informática no valor de R$ 60.000,00 (sessenta mil reais), razão pela qual fez publicar edital de licitação, na modalidade pregão, destinado exclusivamente à participação de microempresas e empresas de pequeno porte.

Observou-se, no entanto, que, na região em que está sediado tal ente federativo, existiam apenas duas sociedades capazes de preencher os requisitos constantes do instrumento convocatório e que apresentaram preços competitivos, a saber, Gama ME e Delta ME.

Por ter apresentado a melhor proposta, a sociedade Gama ME foi declarada vencedora do certame e apresentou todos os documentos necessários para a habilitação.

Considerando a situação narrada, responda aos itens a seguir.

A) O tratamento diferenciado conferido pelo Município às microempresas e empresas de pequeno porte e constitucional? (Valor: 0,55)

B) O pregão deveria ser homologado? (Valor: 0,70)

Obs.: o(a) examinando(a) deve fundamentar as respostas. A mera citação do dispositivo legal não confere pontuação.

GABARITO COMENTADO

A) Sim. O tratamento favorecido dado às microempresas e empresas de pequeno porte tem respaldo constitucional, na forma do Art. 170, inciso IX, da CRFB/88 OU no Art. 179 da CRFB/88.

B) Não. A licitação destinada exclusivamente às microempresas e às empresas de pequeno porte não pode ser aplicada quando não houver um mínimo de 3 (três) fornecedores competitivos sediados no local ou regionalmente, e que sejam capazes de cumprir as exigências estabelecidas no instrumento convocatório, consoante o disposto no Art. 49, inciso II, da Lei Complementar no 123/06.

Distribuição dos pontos

ITEM	PONTUAÇÃO
A. Sim. O tratamento favorecido às microempresas e empresas de pequeno porte tem respaldo constitucional OU no princípio da isonomia (0,45), na forma prevista no Art. 170, inciso IX, da CRFB/88 OU no Art. 179 da CRFB/88 (0,10).	0,00/0,45/0,55

B. Não. A licitação destinada exclusivamente a microempresas e empresas de pequeno porte não pode ser aplicada quando não houver um mínimo de 3 (três) fornecedores competitivos sediados no local ou regionalmente (0,60), consoante o Art. 49, inciso II, da Lei Complementar 123/06 (0,10).	0,00/0,60/0,70

(OAB/ Exame Unificado – 2017.1- 2ª fase) O Município Sigma contratou o arquiteto João da Silva, por inexigibilidade de licitação, para elaborar projeto básico de serviço de restauração em prédios tombados naquela localidade, cuja execução seria objeto de futura licitação. O mencionado projeto básico foi realizado por João da Silva e, ao final do certame para a seleção da proposta mais vantajosa para sua execução, sagrou-se vencedora a sociedade Bela Construção Ltda., da qual João da Silva é sócio.

A partir da hipótese apresentada, responda aos itens a seguir.

A) João poderia ter sido contratado sem a realização de procedimento licitatório para a elaboração de projeto básico? (Valor: 0,60)

B) A sociedade Bela Construção Ltda. poderia ter participado da licitação destinada à execução do projeto? (Valor: 0,65)

Obs.: o(a) examinando(a) deve fundamentar as respostas. A mera citação do dispositivo legal não confere pontuação.

GABARITO COMENTADO

A) A resposta é afirmativa. É possível a contratação direta de arquiteto com base em inexigibilidade de licitação, desde que o serviço técnico (elaboração do projeto básico) seja de natureza singular e o profissional seja de notória especialização, conforme o Art. 25, inciso II, c/c o Art. 13, inciso I, ambos da Lei nº 8.666/93.

B) A resposta é negativa. A ligação entre o autor do projeto básico e a sociedade licitante é suficiente para direcionar a licitação ou conceder vantagens indevidas. O fundamento normativo é a violação aos princípios da isonomia e da impessoalidade, essenciais aos procedimentos licitatórios, nos termos do Art. 3º da Lei nº 8.666/93 **OU** a vedação explícita contida no Art. 9º, inciso I, da Lei nº 8.666/93.

Observação dos autores

A Lei 14.133/2021 manteve a inexigibilidade na hipótese de contratação de serviços técnicos especializados de natureza predominantemente intelectual com profissionais ou empresas de notória especialização (art. 74, inc. III). Observe-se que a nova lei não mais prevê de modo expresso a natureza singular do serviço, como consta no art. 25, inc. II, da Lei 8.666/93.

Além disso, a vedação contida no art. 9º, inc. I, da Lei 8.666/93 foi preservada no art. 14, inc. I, da nova lei de licitações.

Distribuição dos pontos

ITEM	PONTUAÇÃO
A. Sim. É possível a contratação direta de arquiteto com base em inexigibilidade de licitação, desde que o serviço técnico (elaboração do projeto básico) seja de natureza singular e o profissional seja de notória especialização (0,40), conforme o Art. 25, inciso II, da Lei nº 8.666/93 (0,10) c/c o Art. 13, inciso I, da mesma Lei (0,10).	0,00/0,40/0,50/0,60

ITEM	PONTUAÇÃO
B. Não. A ligação entre o autor do projeto básico e a sociedade licitante é suficiente para direcionar a licitação ou conceder vantagens indevidas, ferindo os princípios da isonomia e da impessoalidade, essenciais aos procedimentos licitatórios (0,55), nos termos do Art. 3º da Lei nº 8.666/93 (0,10)	0,00/0,55/0,65
OU	
Não. Conforme vedação legal explícita, o autor do projeto básico não poderá participar da licitação (0,55), nos termos do Art. 9º, inciso I, da Lei nº 8.666/93 (0,10).	

(OAB/ Exame Unificado – 2016.3- 2º fase) O Município de Bugalhadas foi escolhido para sediar a Feira Mundial do Agronegócio, a ser realizada em 2016. São esperados mais de 10.000 (dez mil) turistas e visitantes nos 5 (cinco) dias de evento. O Município, entretanto, não está preparado, e, por isso, anunciou um grande pacote de obras de urbanização, com recursos repassados pela União e pelo Estado. Estão previstas obras de ampliação de ruas, asfaltamento, ampliação da rede coletora de esgotos, construção de praças e ciclovias, além da reforma do centro de convenções, que somadas, alcançam o montante de R$ 90.000.000,00 (noventa milhões de reais).

Sobre a hipótese apresentada, responda aos itens a seguir.

A) É possível ao Município licitar a realização de todas as obras em conjunto? (Valor: 0,65)

B) Considerando a necessidade de conclusão das obras até a realização do evento, pode o Município estabelecer, como tipo de licitação, o menor prazo de execução da obra (considerando o orçamento estimado como limite de valor das propostas)? (Valor: 0,60)

Obs.: o examinando deve fundamentar suas respostas. A mera citação do dispositivo legal não confere pontuação.

GABARITO COMENTADO

A) Não. O examinando deve indicar que, conforme previsão expressa do Art. 23, § 1º, da Lei nº 8.666/1993, *"As obras, serviços e compras efetuadas pela Administração serão divididas em tantas parcelas quantas se comprovarem técnica e economicamente viáveis, procedendo-se à licitação com vistas ao melhor aproveitamento dos recursos disponíveis no mercado e à ampliação da competitividade sem perda da economia de escala"*. Assim, obras que não apresentem qualquer relação de interdependência devem ser licitadas separadamente, com vistas à ampliação da competitividade.

B) A resposta também é negativa. O Art. 45, § 1º, da Lei nº 8.666/1993 dispõe que constituem tipos de licitação a de menor preço, a de melhor técnica e a de técnica e preço. O § 5º do mesmo dispositivo veda a utilização de outros tipos de licitação, como no exemplo, o de menor prazo de execução das obras.

Observação dos autores

O regime contido no art. 23, § 1º, da Lei 8.666/93 foi preservado no art. 40, § 2º, da Lei 14.133/2021.

Ademais, a nova lei ampliou os critérios de julgamento (denominados pela Lei 8.666/93 como "tipos de licitação"), que são (art. 33): menor preço; maior desconto; melhor técnica ou conteúdo artístico; técnica e preço; maior lance, no caso de leilão; maior retorno econômico. Inexiste, portanto, o critério do menor prazo para execução das obras.

(OAB/Exame Unificado – 2016.2- 2ª fase) A Secretaria de Saúde do Município de Muriaé-MG realizou procedimento licitatório na modalidade de concorrência, do tipo menor preço, para aquisição de insumos. Ao final do julgamento das propostas, observou-se que a microempresa Alfa havia apresentado preço 8% (oito por cento) superior em relação à proposta mais bem classificada, apresentada pela empresa Gama.

Diante desse cenário, a Pasta da Saúde concedeu à microempresa Alfa a oportunidade de oferecer proposta de preço inferior àquela trazida pela empresa Gama. Valendo-se disso, assim o fez a microempresa Alfa, sendo em favor desta adjudicado o objeto do certame.

Inconformada, a empresa Gama interpôs recurso, alegando, em síntese, a violação do princípio da isonomia, previsto no Art. 37, XXI, da Constituição da República e no Art. 3º, da Lei nº 8.666/1993.

Na qualidade de Assessor Jurídico da Secretaria de Saúde do Município de Muriaé-MG, utilizando-se de fundamentação e argumentos jurídicos, responda aos itens a seguir.

A) É juridicamente correto oferecer tal benefício para a microempresa Alfa? (Valor: 0,50)

B) Houve violação ao princípio da isonomia? (Valor: 0,75)

Obs.: o examinando deve fundamentar suas respostas. A mera citação do dispositivo legal não confere pontuação.

GABARITO COMENTADO

A) A resposta deve ser positiva. O Art. 44, § 1º, da Lei Complementar nº 123/2006 presume como empate as hipóteses em que as propostas apresentadas pelas microempresas e empresas de pequeno porte forem iguais ou 10% (dez por cento) superiores a melhor proposta. É o denominado *"empate ficto ou presumido"*.

B) A resposta deve ser negativa. O examinando deve abordar o princípio da isonomia, previsto de forma genérica no Art. 5º da Constituição da República, sob seu aspecto material, no qual se pressupõe tratamento desigual entre aqueles que não se enquadram na mesma situação fático-jurídica. No caso em questão, a própria Constituição estabelece a necessidade de tratamento diferenciado às microempresas e às empresas de pequeno porte (Art. 146, III, "d", Art. 170, IX, e Art. 179, todos da CRFB/88).

Distribuição dos pontos

ITEM	PONTUAÇÃO
A) Sim. É o denominado *"empate ficto ou presumido"* (0,15), por meio do qual se presume empatadas as propostas apresentadas pelas microempresas e empresas de pequeno porte que forem iguais ou até 10% (dez por cento) superiores a melhor proposta (0,25), nos termos do Art. 44, §1º, da Lei Complementar nº 123/2006 (0,10).	0,00 / 0,15/ 0,25 / 0,35 /0,40 / 0,50
B 1) Não. O princípio da isonomia, sob seu aspecto material, pressupõe tratamento desigual entre aqueles que não se enquadram na mesma situação fático-jurídica. (0,35)	0,00 / 0,35

B 2) No caso em questão, a própria Constituição estabelece a necessidade de tratamento diferenciado às microempresas e às empresas de pequeno porte (0,30), nos termos do Art. 3º, § 14 OU 5º-A, da Lei n. 8.666/93 OU Art. 146, III, "d", OU Art. 170, IX, OU Art. 179, todos da CF/88. (0,10).	0,00 / 0,30 /0,40

9. SERVIÇOS PÚBLICOS E CONCESSÕES

(OAB/Exame Unificado – 2020.2- 2ª fase) A sociedade empresária *Viagem Certa* S/A, concessionária de serviços de transporte ferroviário, vem descumprindo, reiteradamente, uma série de obrigações constantes no contrato, relativas à manutenção dos trilhos. Em razão disso, ocorreu um trágico acidente, no qual um de seus trens descarrilhou e atingiu o automóvel dirigido por Dulcineia, que trafegava na rodovia próxima, ocasionando o óbito da referida motorista.

Diante dessa situação hipotética, na qualidade de advogado(a), responda, fundamentadamente, aos questionamentos a seguir.

A) A sociedade Viagem Certa S/A, no âmbito civil, responde objetivamente pelos danos causados à Dulcineia? (Valor: 0,65)

B) Qual seria a modalidade de extinção do contrato de concessão cabível, em razão do descumprimento das obrigações pela sociedade Viagem Certa S/A? (Valor: 0,60)

Obs.: o(a) examinando(a) deve fundamentar suas respostas. A mera citação do dispositivo legal não confere pontuação.

GABARITO COMENTADO

A) Sim. Apesar de Dulcineia não ser usuária do serviço em questão, a concessionária é pessoa jurídica de direito privado que presta serviços públicos, de modo que responde objetivamente pelos danos que seus agentes causarem a terceiros, na forma do Art. 37, § 6º, da CRFB/88.

B) O descumprimento das obrigações de manter os trilhos corresponde à inexecução do contrato, de modo que a modalidade de extinção do contrato de concessão cabível na hipótese é a caducidade, consoante o Art. 38 da Lei nº 8.987/95.

(OAB/Exame Unificado – 2018.1- 2ª fase) A sociedade empresária Alfa, percebendo a necessidade de duplicação das faixas de rolamento em uma determinada rodovia federal, apresentou, autorizada pelo poder público, um estudo detalhado para mostrar que a demanda atual era maior do que a capacidade da pista. No entender da empresa, haveria uma demanda reprimida pela utilização da via, prejudicando e encarecendo o escoamento de grãos para os principais portos brasileiros.

O Governo Federal, ciente das suas limitações orçamentárias, decidiu fazer uma concessão de serviço público precedida da execução de obra pública. Os estudos feitos pela sociedade empresária Alfa foram utilizados na estimativa do fluxo de caixa feita pela Administração e estavam disponíveis para consulta pelos interessados.

Após o procedimento licitatório, sagrou-se vencedor o consórcio Sigma, formado pelas empresas Beta e Gama. Na qualidade de advogado(a) consultado(a), responda aos itens a seguir.

A) O consórcio vencedor do certame pode ser obrigado a pagar pelos estudos desenvolvidos pela sociedade empresária Alfa? **(Valor: 0,70)**

B) O consórcio Sigma está obrigado, por lei, a se constituir em sociedade empresária antes da celebração do contrato com o poder concedente? **(Valor: 0,55)**

Obs.: o(a) examinando(a) deve fundamentar as respostas. A mera citação do dispositivo legal não confere pontuação.

GABARITO COMENTADO

A) Sim, o consórcio pode ser obrigado a pagar os estudos, pois tais estudos são de utilidade para a licitação, foram realizados com a autorização do poder concedente e estavam à disposição dos interessados no certame, conforme disposto no Art. 21 da Lei nº 8.987/95.

B) Não. O consórcio não está obrigado por lei a se constituir em sociedade empresária. No entanto, o edital pode exigir do consórcio a constituição de sociedade empresária, mas desde que tal exigência esteja alinhada com o interesse do serviço a ser concedido, conforme disposto no Art. 20 da Lei nº 8.987/95.

Distribuição dos pontos

ITEM	PONTUAÇÃO
A. Sim, o consórcio pode ser obrigado a pagar os estudos, porque foram realizados com a autorização do poder concedente (0,40), e estavam à disposição dos interessados no certame (0,20), conforme disposto no Art. 21 da Lei nº 8.987/95 (0,10).	0,00/0,20/0,30/0,40/ 0,50/0,60/0,70
B. Não. O consórcio não está obrigado por lei a se constituir em sociedade empresária (0,30). O edital, não a lei, pode exigir, desde que tal exigência esteja alinhada com o interesse do serviço a ser concedido (0,15), conforme disposto no Art. 20 da Lei nº 8.987/95(0,10).	0,00/0,15/0,25/0,30/0.40/ 0,45/0,55

(OAB/ Exame Unificado – 2016.3- 2ª fase) A sociedade empresária "Mais Veloz", concessionária do serviço público de transporte ferroviário de passageiros no Estado X, está encontrando uma série de dificuldades na operação de um dos ramais do sistema ferroviário. Os consultores da sociedade empresária recomendaram aos seus administradores a manutenção da concessão, que é lucrativa, e a subconcessão do ramal que está gerando problemas. Os consultores, inclusive, indicaram o interesse de duas empresas em assumir a operação do ramal – e ambas atendem a todos os requisitos de qualificação que haviam sido inicialmente exigidos no edital de concessão do serviço.

Com base no caso apresentado, responda fundamentadamente.

A) Caso seja silente o contrato de concessão celebrado, pode haver a subconcessão do ramal que está gerando problemas operacionais? **(Valor: 0,65)**

B) Caso autorizada a subconcessão, a sociedade empresária "Mais Veloz" pode escolher livremente uma das duas empresas para celebrar o contrato de subconcessão? **(Valor: 0,60)**

Obs.: o examinando deve fundamentar suas respostas. A mera citação do dispositivo legal não confere pontuação.

GABARITO COMENTADO

A) A resposta é negativa. A subconcessão é admitida em nosso ordenamento, mas, nos termos do Art. 26 da Lei nº 8.987/1995 deve haver expressa previsão no contrato de concessão.

B) A resposta é negativa. A outorga de subconcessão, nos termos do Art. 26, § 1º, da Lei nº 8.987/1995, será sempre precedida de concorrência, não podendo, portanto, haver uma escolha por parte da sociedade empresária "Mais Veloz".

(OAB/ Exame Unificado – 2016.2 – 2ª fase) A sociedade empresária Sigma sagrou-se vencedora da licitação para a concessão de serviço público, precedida da execução de obra pública, a saber, a construção de linha férrea unindo quatro municípios da Região Metropolitana do Estado do Pará e posterior exploração comercial da linha. No segundo ano da entrada em operação do serviço ferroviário, a empresa não pôde efetuar o reajuste da tarifa, com base no índice previsto no contrato, sob o argumento de que se tratava de um ano eleitoral.

Com base no caso apresentado, responda, fundamentadamente, aos itens a seguir.

A) A sociedade empresária Sigma pode, mediante notificação prévia, declarar a rescisão unilateral do contrato?

Alternativamente, pode a empresa determinar a interrupção na prestação do serviço até a aprovação do reajuste pelo Estado? (Valor: 0,75)

B) Poderia ter sido previsto no referido contrato de concessão que eventuais conflitos decorrentes de sua execução seriam resolvidos por meio de arbitragem? (Valor: 0,50)

Obs.: o examinando deve fundamentar suas respostas. A mera citação do dispositivo legal não confere pontuação.

GABARITO COMENTADO

A) A resposta é dada pelo Artigo 39, da Lei nº 8.987/1995: *"o contrato de concessão poderá ser rescindido por iniciativa da concessionária. No caso de descumprimento das normas contratuais pelo poder concedente, mediante ação judicial especialmente intentada para esse fim"*. A sociedade empresária não pode, portanto, declarar a rescisão unilateral do contrato, devendo ajuizar demanda para esse fim. De igual modo, não pode determinar a interrupção na prestação do serviço, mesmo diante do descumprimento de cláusula contratual pelo poder concedente, na forma do Art. 39, parágrafo único, que determina a impossibilidade de interrupção ou paralisação do serviço até decisão judicial transitada em julgado.

B) A resposta é positiva. O Art. 23-A, da Lei nº 8.987/1995, dispõe que *"o contrato de concessão poderá prever o emprego de mecanismos privados, para resolução de disputas decorrentes ou relacionadas ao contrato, inclusive a arbitragem, a ser realizada no Brasil e em língua portuguesa"*. Nesse sentido, a Lei nº 13.129/2015 passou a disciplinar a utilização da arbitragem para dirimir conflitos relativos a direitos patrimoniais disponíveis envolvendo a Administração Pública.

Distribuição dos pontos

ITEM
A 1. A sociedade empresária não pode declarar a rescisão unilateral do contrato, devendo ajuizar demanda para esse fim, (0,30) na forma do Art. 39, da Lei nº 8.987/1995 (0,10). Obs.: *a mera citação do dispositivo legal não pontua.*
A 2. Não pode determinar a interrupção na prestação do serviço até decisão judicial transitada em julgado (0,25), na forma do Art. 39, parágrafo único (0,10). Obs.: *a mera citação do dispositivo legal não pontua.*
B. Sim, o contrato de concessão poderá prever o emprego de mecanismos privados para a resolução de disputas decorrentes ou relacionadas ao contrato, inclusive a arbitragem (0,40), nos termos do Art. 23-A, da Lei nº 8.987/1995 OU conforme expressa previsão da Lei nº 13.129/2015 (0,10) **Obs.:** *A simples menção do dispositivo legal não pontua.*

(OAB/Exame Unificado- 2016.1 – 2ª fase) A União celebrou contrato de concessão de serviços públicos de transporte interestadual de passageiros, por ônibus do tipo leito, entre os Estados X e Y, na Região Nordeste do país, com a empresa Linha Verde. Ocorre que já existe concessão de serviço de transporte interestadual entre os Estados X e Y, por ônibus do tipo executivo (com ar condicionado e assentos individuais estofados, mas não do tipo leito), executada pela empresa Viagem Rápida.

Em virtude do novo contrato celebrado pela União, a empresa Viagem Rápida, concessionária do serviço por ônibus, do tipo executivo, entre os Estados X e Y, ingressou com demanda em Juízo, alegando que a celebração do novo contrato (com o estabelecimento de concorrência anteriormente inexistente) rompe seu equilíbrio econômico-financeiro, razão pela qual se impõe a exclusividade na exploração comercial daquela linha.

Com base no caso apresentado, responda, fundamentadamente, aos itens a seguir.

A) Procede a alegação da empresa Viagem Rápida de que se impõe a exclusividade na exploração comercial daquela linha? (Valor: 0,60)

B) Pode a União determinar alteração na linha que liga os Estados X e Y, impondo ao concessionário (empresa Viagem Rápida) um novo trajeto, mais longo e mais dispendioso? (Valor: 0,65)

Obs.: *o examinando deve fundamentar suas respostas. A mera citação do dispositivo legal não confere pontuação.*

GABARITO COMENTADO

A) A resposta é negativa. De acordo com o Art. 16 da Lei nº 8.987/1995, "*a outorga de concessão ou permissão não terá caráter de exclusividade, salvo no caso de inviabilidade técnica ou econômica justificada no ato a que se refere o Art. 5º desta Lei*". Portanto, a empresa Viagem Rápida não pode exigir a exclusividade na exploração comercial da linha de ônibus, seja em relação ao mesmo tipo de ônibus, seja em relação a outro.

B) A resposta é positiva. Trata-se da chamada alteração unilateral do contrato, prerrogativa da Administração, em favor do interesse da coletividade. Entretanto, qualquer alteração que imponha gravame ou ônus ao concessionário deve ser acompanhada de medidas capazes de recompor o inicial equilíbrio econômico e financeiro do contrato, garantia assegurada pelo Art. 37, XXI, da CRFB/88 e pelo Art. 9º, § 4º, da Lei nº 8.987/1995. É lícita portanto, a modificação pelo poder concedente do funcionamento do serviço, desde que assegurado o equilíbrio contratual, e observando-se o limite estabelecido no Art. 65, § 1º, da Lei nº 8.666/1993.

Distribuição dos pontos

ITEM	PONTUAÇÃO
A. Não, pois inexiste, em princípio, exclusividade na exploração de serviços públicos (0,50), conforme disposto no Art. 16 da Lei nº 8.987/1995 (0,10). *OBS.: A simples menção ou transcrição do dispositivo legal não pontua.*	0,00 / 0,50 / 0,60
B1. Sim. Trata-se da chamada alteração unilateral do contrato, cláusula exorbitante que é prerrogativa da Administração, em favor do interesse da coletividade (0,20). Entretanto, deve ser respeitado o limite para alteração unilateral do contrato, previsto no Art. 65, § 1º, da Lei nº 8.666/1993 (0,10). *OBS.: A simples menção ou transcrição do dispositivo legal não pontua.*	0,00 / 0,20 / 0,30
B2. Além disso, qualquer alteração que imponha gravame ou ônus ao concessionário deve ser acompanhada de medidas capazes de recompor o inicial equilíbrio econômico financeiro do contrato (0,25), garantia assegurada pelo Art. 37, XXI, da CRFB/88 **OU** pelo Art. 9º, § 4º, da Lei nº 8.987/1995 (0,10). *OBS.: A simples menção ou transcrição do dispositivo legal não pontua.*	0,00 / 0,25 / 0,35

10. PARCERIA PÚBLICO-PRIVADA

(OAB/Exame Unificado – 2013.2 – 2ª fase) Para a concessão da prestação de um determinado serviço público através de parceria público-privada na modalidade patrocinada, o Estado X, após realizar tomada de preços, celebrou contrato com um particular no valor de R$25.000.000,00 (vinte e cinco milhões de reais), com prazo de vigência de 40 (quarenta) anos, a fim de permitir que o particular amortizasse os investimentos realizados.

Diante das circunstâncias apresentadas, é válida a contratação realizada? (Valor: 1,25)

Responda justificadamente, empregando os argumentos jurídicos apropriados e a fundamentação legal pertinente ao caso.

GABARITO COMENTADO – EXAMINADORA

A resposta deve ser negativa.

Em primeiro lugar, nos termos do Art. 10 da Lei n. 11.079/2004, a contratação de parceria público-privada deve ser precedida de licitação na modalidade de concorrência, cuja realização é sujeita a diversos condicionamentos previstos no citado dispositivo. A tomada de preços, portanto, não é a modalidade de licitação adequada à contratação de parceria público-privada.

Em segundo lugar, conforme o inciso I do Art. 5º da Lei n. 11.079/2004, o prazo de vigência do contrato de parceria público-privada não pode ser inferior a 5 (cinco), nem superior a 35 (trinta e cinco) anos, incluindo eventual prorrogação.

Observação dos autores

Convém apontar algumas modificações sofridas pela Lei 11.079/2004 após o 2013, ano em que foi aplicado o exame da OAB sob análise.

Assim, a Lei 13.529/2017 alterou o valor mínimo do contrato de parceria público-privada, correspondente a R$ 10 milhões de reais (art. 2º, § 4º, inc. I). O valor anterior era de R$ 20 milhões de reais.

Além disso, a Lei 14.133/2021 (nova lei de licitações e contratos) criou uma nova modalidade licitatória – o diálogo competitivo –, que pode ser utilizada nas contratações de parceria público-privada (cf. a redação atual do art. 10 da Lei 11.079/2004).

(OAB/Exame Unificado – 2013.1 – 2ª fase) Determinado Estado da Federação celebra contrato de parceria público-privada (PPP) patrocinada para a reforma e administração de área portuária. Estipulou-se no contrato que o parceiro privado será responsável pela construção de galpões de armazenamento de bens, com conclusão prevista para cinco anos após a celebração do contrato, e posterior prestação do serviço público. Também se estabeleceu que a sua remuneração dar-se-á de forma imediata pelo Poder Público e após o término das obras pelos usuários do serviço público, previsão admitida pela lei estadual sobre as PPPs.

Sobre a hipótese, responda aos itens a seguir.

A) Tendo em vista que a Lei n. 11.079/2004 é aplicável a todos os entes da Federação (Art. 1º, parágrafo único), é válida a lei estadual que trate de parcerias público-privadas? (Valor: 0,65)

B) É possível a remuneração do parceiro privado nos moldes acima descritos? (Valor: 0,60)

A simples menção ou transcrição do dispositivo legal não pontua.

GABARITO COMENTADO – EXAMINADORA

Em relação ao *item A*, o candidato deve destacar que, conforme determina o Art. 22, XXVII, da Constituição Federal, compete privativamente à União legislar sobre normas gerais de licitação e contratação, em todas as modalidades, para as administrações públicas diretas, autárquicas e fundacionais da União, Estados, Distrito Federal e Municípios. Sendo assim, a lei estadual pode disciplinar sobre PPPs de forma supletiva, no que não colidir com as normas gerais editadas pela União.

Já em relação ao item B, era necessário ressaltar que, na forma do art. 7º, da Lei n. 11.079/2004, a remuneração pela Administração Pública, nos contratos de parceria público--privada, deve ser precedida da disponibilização do serviço objeto, disposição esta que tem caráter de norma geral. Portanto, a previsão de contraprestação imediata, sem a disponibilização do serviço, não será possível, pois fere a norma citada.

Distribuição dos pontos

QUESITO AVALIADO	VALORES
Item A Sim, pois é competência privativa da União editar normas gerais sobre licitação e contratos (Art. 22, XXVII, da Constituição OU Art. 1º da Lei 11.079/2004) (0,40), de modo que os Estados podem legislar de forma suplementar (0,25)	0,00 / 0,25 / 0,40 / 0,65
Item B Não é possível. A forma de remuneração do particular está incorreta, já que a contraprestação dar-se-á após a disponibilização do serviço, na forma do Art. 7º, Lei n. 11.079 / 2004 (0,40), norma geral que deve ser respeitada pelos Estados (0,20)	0,00 / 0,40 / 0,60

11. PODER DE POLÍCIA

(OAB/ Exame Unificado – 2017.1- 2ª fase) Maria construiu, de forma clandestina, um imóvel residencial em local de risco e, em razão disso, a vida de sua família e outros imóveis situados na região estão ameaçados. A autoridade municipal competente, por meio do devido processo administrativo, tomou as providências cabíveis para determinar e promover a demolição de tal construção, nos exatos termos da legislação local.

Diante dessa situação hipotética, responda aos itens a seguir.

A) Pode o Município determinar unilateralmente a obrigação demolitória? (Valor: 0,60)

B) Caso Maria não cumpra a obrigação imposta, o Município está obrigado a postular a demolição em Juízo? (Valor: 0,65)

Obs.: o(a) examinando(a) deve fundamentar as respostas. A mera citação do dispositivo legal não confere pontuação.

GABARITO COMENTADO

A) Sim. O ato administrativo em questão decorre do exercício do poder de polícia que goza do atributo da imperatividade ou coercibilidade, por meio do qual a Administração pode impor unilateralmente obrigações válidas.

B) A resposta é negativa. O ato administrativo em questão goza do atributo da autoexecutoriedade, que autoriza a Administração a executar diretamente seus atos e a fazer cumprir suas determinações, sem recorrer ao Judiciário.

Distribuição dos pontos

ITEM	PONTUAÇÃO
A. Sim. O ato administrativo decorre do exercício do poder de polícia que goza do atributo da imperatividade ou coercibilidade, por meio do qual a Administração pode impor unilateralmente obrigações válidas (0,60).	0,00/0,60
B. A resposta é negativa. O ato administrativo em questão goza do atributo da autoexecutoriedade, que autoriza a Administração a executar diretamente seus atos e a fazer cumprir suas determinações sem recorrer ao Judiciário (0,65).	0,00/0,65

12. CONTROLE DA ADMINISTRAÇÃO

(OAB/2ª FASE – XXXIV) Gabriel é servidor de determinado órgão consultivo federal, ao qual compete a emissão de pareceres que são considerados, por lei, obrigatórios e vinculantes. Por estar assoberbado de trabalho, Gabriel não conseguiu elaborar, em tempo, o parecer que afeta os interesses da sociedade empresária *Alfa*. Decorrido o respectivo prazo, a Administração deu prosseguimento ao processo administrativo, para que fossem adiantadas outras providências.

Após longo período, mas antes da conclusão do processo, Gabriel finalmente apresentou sua opinião técnica, fundamentada em entendimento controvertido, mas que foi determinante para o posicionamento da autoridade competente.

A orientação adotada mostrou-se contrária aos interesses da mencionada sociedade, causando-lhe prejuízos, à vista dos quais tal pessoa jurídica dispõe-se a buscar as vias pertinentes para a responsabilização administrativa pessoal do parecerista.

Considerando que o processo administrativo em questão não conta com legislação acerca de rito específico, responda, fundamentadamente, aos questionamentos a seguir.

A) O processo administrativo poderia ter prosseguido sem a apresentação do parecer de Gabriel? (Valor: 0,60)

B) A existência de controvérsia é suficiente para a responsabilização administrativa pessoal de Gabriel por sua opinião técnica? (Valor: 0,65)

Obs.: o(a) examinando(a) deve fundamentar suas respostas. A mera citação do dispositivo legal não confere pontuação.

GABARITO COMENTADO

A) Não. O parecer é obrigatório e vinculante, de modo que o processo não poderia ter prosseguimento até a sua apresentação, consoante o Art. 42, § 1º, da Lei nº 9.784/99.

B) Não. A responsabilização pessoal do agente público (parecerista) por sua opinião técnica depende da caracterização de dolo ou erro grosseiro, na forma do Art. 28, do Decreto-Lei nº 4.657/42 (LINDB).

Distribuição dos Pontos

ITEM	PONTUAÇÃO
A. Não. O parecer é obrigatório e vinculante, de modo que o processo não poderia ter prosseguimento até a sua apresentação (0,50), consoante o Art. 42, § 1º, da Lei nº 9.784/99 (0,10).	0,00/0,50/0,60
B. Não. A responsabilização pessoal do agente público (parecerista) por sua opinião técnica depende da caracterização de dolo ou erro grosseiro (0,55), na forma do Art. 28, do Decreto-Lei nº 4.657/42 (LINDB) (0,10).	0,00/0,55/0,65

(OAB/2ª FASE – XXXIII) A autoridade competente, em âmbito federal, tem fundadas dúvidas acerca da possibilidade de expedição de uma licença pleiteada pela *sociedade empresária Alegre*, que envolve assunto de interesse geral. Isso porque, apesar de todos os elementos do ato administrativo vinculado estarem especificados em lei, a respectiva norma se utiliza de conceitos jurídicos indeterminados, que demandam nova interpretação a ser implementada pela Administração, a implicar novo dever para os requerentes daquela licença.

Considerando que a adoção da nova interpretação acarretará o indeferimento da licença requerida pela *sociedade empresária Alegre*, que preenchia os requisitos que prevaleciam à luz da orientação vigente no momento da efetivação do requerimento, responda, fundamentadamente, aos questionamentos a seguir, na qualidade de advogado(a) desta pessoa jurídica.

A) É possível a aplicação retroativa da nova interpretação para indeferir a licença pleiteada pela *sociedade empresária Alegre*? Justifique. (Valor:0,60)

B) A realização de consulta pública, para dirimir a incerteza jurídica suscitada pela autoridade para o exercício de sua competência, é cabível? Justifique. (Valor: 0,65)

Obs.: o(a) examinando(a) deve fundamentar suas respostas. A mera citação do dispositivo legal não confere pontuação.

GABARITO COMENTADO

A) Não. É vedada a aplicação retroativa de nova orientação firmada em sede administrativa, consoante o disposto no Art. 23 do Decreto-lei nº 4.657/42 (LINDB), **ou** do Art. 2º, inciso XIII, da Lei nº 9.784/99.

B) Sim. Nas hipóteses de dúvida ou de incerteza jurídica acerca de assuntos de interesse geral, inclusive para a expedição de licença, a Administração Pública poderá realizar consulta pública, na forma do Art. 26 do Decreto-lei nº 4.657/42 (LINDB), **ou** do Art. 31 da Lei nº 9.784/99.

Distribuição dos Pontos

ITEM	PONTUAÇÃO
A. Não. É vedada a aplicação retroativa de nova orientação firmada em sede administrativa (0,50), consoante o Art. 23 do Decreto-Lei nº 4.657/42 (LINDB) **ou** do Art. 2º, inciso XIII, da Lei nº 9.784/99 (0,10) **OU** Não é possível, em atenção ao princípio da segurança jurídica (0,50), na forma do Art. 2º, *caput* ou inciso XIII, da Lei nº 9.784/99 (0,10)	0,00/0,50/0,60
B. Sim. Nas hipóteses de dúvida ou de incerteza jurídica acerca de assuntos de interesse geral, inclusive para a expedição de licença, a Administração Pública poderá realizar consulta pública (0,55), na forma do Art. 26 do Decreto-Lei nº 4.657/42 (LINDB) **ou** do Art. 31 da Lei nº 9.784/99 (0,10).	0,00/0,55/0,65

(OAB/2ª FASE – XXXIII) A Universidade Federal Beta, entidade autárquica, com o objetivo de custear programas de ensino, editou um ato que condicionou a inscrição dos alunos dos cursos de graduação, mestrado e doutorado, ao pagamento de valor preestabelecido, a que chamou de "condicionante de inscrição", no montante de R$ 500,00 (quinhentos reais).

Eliseu dos Santos que estava cursando o segundo ano do curso de graduação em Direito na mencionada universidade, inconformado com a determinação, apresentou, antes da matrícula, recurso administrativo com vistas a impugnar a cobrança efetuada para todos os alunos.

Após protocolizar o recurso, Eliseu comunicou o fato ao Diretório Central dos Estudantes, que há dez anos constituiu regularmente uma associação para a defesa dos interesses do corpo discente, designada de ADICDI.

Antes da decisão no respectivo processo administrativo, Eliseu decidiu mudar de carreira e aceitou uma bolsa, oferecida por uma universidade particular, para cursar Medicina, de modo que optou por deixar o curso de Direito da instituição federal, fato que comunicou tanto à Universidade, quanto à ADICDI.

Diante dessa situação hipotética, certo de que não há legislação especial para o processo administrativo em questão, responda, fundamentadamente, aos questionamentos a seguir.

A) A Universidade Federal pode deixar de decidir o pleito instaurado por Eliseu? (Valor: 0,60)

B) Acaso discorde da decisão que venha a ser prolatada pela autoridade de primeiro grau no âmbito administrativo, a ADICDI tem legitimidade para apresentar recurso hierárquico? (Valor: 0,65)

Obs.: *o examinando deve fundamentar suas respostas. A mera citação do dispositivo legal não confere pontuação*.

GABARITO COMENTADO

A) Não. A Administração tem o dever de prover o impulsionamento de ofício dos processos administrativos instaurados (princípio da oficialidade), sem prejuízo da atuação dos interessados, na forma do Art. 2º, parágrafo único, inciso XII, ou Art. 51, parágrafo 2º da Lei nº 9.784/99.

B) Sim. Eliseu pediu a liberação do pagamento para todos os estudantes da Universidade Federal **ou** trata-se de decisão que interessa a todo o corpo discente, de modo que a ADICDI tem legitimidade para apresentar recurso administrativo para a defesa dos interesses coletivos, consoante o disposto no Art. 58, inciso III, da Lei nº 9.784/99.

Distribuição dos Pontos

ITEM	PONTUAÇÃO
A. Não. A Administração tem o dever de prover o impulsionamento de ofício dos processos administrativos instaurados (princípio da oficialidade), sem prejuízo da atuação dos interessados (0,50), na forma do Art. 2º, parágrafo único, inciso XII, ou Art. 51, parágrafo 2º da Lei nº 9.784/99 (0,10).	0,00/0,50/0,60

B. Sim. Eliseu pediu a liberação do pagamento para todos os estudantes da Universidade Federal **ou** trata-se de decisão que interessa a todo o corpo discente, de modo que a ADICDI tem legitimidade para apresentar recurso administrativo para a defesa dos interesses coletivos (0,55), segundo o Art. 58, inciso III, da Lei nº 9.784/99 (0,10).	0,00/0,55/0,65

(OAB/Exame Unificado – 2020.2- 2ª fase) O Ministério Público tomou conhecimento de que uma sociedade empresária, com atuação no Brasil, auferiu vultosos lucros em decorrência da prática de atos lesivos à administração pública estrangeira, na forma descrita em lei.

Nas diligências realizadas pelo Ministério Público, verificou-se a omissão das autoridades brasileiras competentes para a apuração da respectiva responsabilização administrativa, considerando que, ao longo dos anos, o único ato voltado para tal fim foi o que delegou competência a determinado órgão, no intuito de instaurar e julgar o respectivo processo administrativo.

Em razão disso, o *parquet* ajuizou ação com vistas a obter, na via judicial, a responsabilização civil e administrativa da sociedade empresária, cuja defesa afirma não ser possível a aplicação de sanção administrativa na esfera jurisdicional.

Considerando a situação narrada, responda, na condição de advogado(a), aos itens a seguir.

A) Para o processamento e julgamento na esfera administrativa, é possível a delegação de competência? (Valor: 0,60)

B) O Judiciário pode aplicar penalidades relativas à responsabilização administrativa almejada pelo Ministério Público? (Valor: 0,65)

Obs.: *o(a) examinando(a) deve fundamentar suas respostas. A mera citação do dispositivo legal não confere pontuação.*

GABARITO COMENTADO

A) Sim. A instauração e o desenvolvimento de processos administrativos para a apuração de responsabilidade de pessoa jurídica por atos lesivos à Administração Pública estrangeira podem ser delegados, consoante o disposto no Art. 8º, § 1º, da Lei nº 12.846/13.

B) Sim. Nas ações ajuizadas pelo Ministério Público, poderão ser aplicadas as penalidades previstas no âmbito da responsabilização administrativa, desde que comprovada a omissão das autoridades competentes para promover a responsabilização na respectiva esfera, na forma do Art. 20 da Lei nº 12.846/13.

(OAB/Exame Unificado – 2019.3- 2ª fase) Em sede de controle realizado pelo Tribunal de Contas da União sobre contrato de obra de grande vulto, celebrado entre a União e a sociedade empresária *Engenhoca S/A*, foi apurada a existência de fraudes na respectiva licitação, além de graves vícios insanáveis na formalização da avença.

No procedimento administrativo de apuração, apenas a União foi instada a se manifestar e, após a consideração dos argumentos apresentados por esta, a Corte de Contas prolatou decisão no sentido de sustar, diretamente, a execução do contrato e notificou o poder executivo para tomar, de imediato, as providências cabíveis.

Os representantes da sociedade empresária *Engenhoca* S/A procuram você, na qualidade de advogado(a), para responder, fundamentadamente, aos questionamentos a seguir.

A) A sociedade empresária **Engenhoca S/A** deveria ter sido chamada pelo Tribunal de Contas a participar do processo administrativo de apuração? (Valor: 0,65)

B) A Corte de Contas é competente para realizar, diretamente, o ato de sustação do aludido contrato? (Valor: 0,60)

Obs.: *o(a) examinando(a) deve fundamentar suas respostas. A mera citação do dispositivo legal não confere pontuação.*

GABARITO COMENTADO

A) Sim. A Corte de Contas, considerando o objeto específico do controle externo e que os atos decorrentes dele podem repercutir na esfera jurídica de Engenhoca S/A, deveria ter intimado a contratada para participar do processo administrativo que resultou na sustação do contrato. Essa iniciativa respeitaria o princípio do devido processo legal **ou** da ampla defesa e do contraditório, na forma do Art. 5º, inciso LIV **OU** inciso LV, da CRFB/88, **ou** da Súmula Vinculante 3 do STF.

B) Não. A decisão da Corte de Contas, de sustar, diretamente, o contrato administrativo, é inconstitucional porque tal ato é de competência do Congresso Nacional, nos termos do Art. 71, § 1º, da CRFB/88.

Distribuição dos pontos

ITEM	PONTUAÇÃO
A. Sim. A Corte de Contas deveria ter intimado a contratada para participar do processo administrativo que resultou na sustação do contrato, em respeito ao princípio do devido processo legal **ou** da ampla defesa e do contraditório (0,55), na forma do Art. 5º, inciso LIV, **ou** inciso LV, da CRFB/88, **ou** consoante estabelecido pela Súmula Vinculante 3 do Supremo Tribunal Federal **ou** Art. 2º, da Lei 9.784/99 **ou** Art. 43, II, da Lei 8.443/92 (0,10).	0,00/0,55/0,65
B. Não. A competência para sustação de contrato administrativo é do Congresso Nacional (0,50), nos termos do Art. 71, § 1º, da CRFB/88 **ou** do Art. 45, § 2º, da Lei 8.443/92 (0,10).	0,00/0,50/0,60

(OAB/Exame Unificado – 2019.1- 2ª fase) Maria dos Santos, médica de um hospital federal, é plantonista na emergência da unidade de saúde. Determinado dia, ao chegar ao local de trabalho, é notificada pela ouvidoria do referido órgão acerca de uma reclamação feita por uma paciente da médica, na qual é narrado o péssimo atendimento prestado pela profissional de saúde. Na mesma notificação, a ouvidoria pediu esclarecimentos a Maria, que deveriam ser prestados em cinco dias.

Por um lapso, Maria não deu sua versão sobre o ocorrido. A ouvidoria entendeu, assim, que os fatos narrados pela paciente eram verdadeiros, razão pela qual a médica foi advertida – apontamento este incluído nos assentamentos funcionais da servidora.

Insatisfeita, Maria recorreu. Para que o apelo fosse admitido, teve que fazer um depósito de R$ 500,00 (quinhentos reais) para cobrir custos administrativos decorrentes do pleito de reexame do processo.

Sobre a hipótese apresentada, responda aos itens a seguir.

A) O silêncio de Maria implica sua concordância quanto aos fatos narrados pela paciente? **(Valor: 0,65)**
B) É lícita a exigência de caução como requisito de admissibilidade do recurso? **(Valor: 0,60)**
Obs.: o(a) examinando(a) deve fundamentar as respostas. A mera citação do dispositivo legal não confere pontuação.

GABARITO COMENTADO

A) A resposta é negativa. O não atendimento da notificação não implica o reconhecimento da verdade dos fatos narrados pela paciente **OU** A Administração deveria apurar os fatos antes de aplicar qualquer sanção administrativa, nos termos do Art. 27 da Lei nº 9.784/99 **OU** Art. 5º, inciso LV, da CRFB/88.

B) A resposta é negativa. A Administração Pública não pode exigir depósito ou caução como condicionante à análise de recursos administrativos, conforme a Súmula Vinculante 21 do STF **OU** Súmula 373 do STJ.

Distribuição dos pontos

ITEM	PONTUAÇÃO
A. Não. O desatendimento da notificação não pode implicar o reconhecimento da verdade dos fatos narrados pela paciente **OU** A Administração deveria apurar os fatos antes de aplicar qualquer sanção administrativa (0,55), nos termos do Art. 27 da Lei nº 9.784/99 **OU** Art. 5º, inciso LV, da CRFB/88 (0,10).	0,00/0,55/0,65
B. Não. A Administração Pública não pode exigir depósito ou caução como condicionante à análise de recursos administrativos (0,50), nos termos da Súmula Vinculante 21 do STF **OU** da Súmula 373 do STJ (0,10).	0,00/0,50/0,60

13. LEI ANTICORRUPÇÃO

(OAB/2ª FASE – XXXV) No ano corrente, a sociedade empresária *Correcta* praticou conduta que caracteriza, a um só tempo, violação à nova lei de licitações e contratos (Lei nº 14.133/21) e ato lesivo à Administração Pública federal (Lei nº 12.846/13 – Lei Anticorrupção).

Ciente de que tanto a Administração Pública quanto o Ministério Público estão tomando as medidas pertinentes para a responsabilização com fulcro em cada uma das mencionadas normas, os dirigentes da sociedade empresária *Correcta* procuram você, como advogado(a), para prestar assessoria jurídica.

Diante dessa situação hipotética, responda aos questionamentos a seguir.

A) É possível a apuração e o julgamento em conjunto pelas infrações administrativas caracterizadas em decorrência da conduta da sociedade empresária *Correcta* nos mesmos autos do processo administrativo de responsabilização? Justifique. (Valor: 0,60)
B) Eventual sancionamento na esfera administrativa afasta a possibilidade de o Ministério Público ajuizar ação com vistas a obter a responsabilização civil/judicial da sociedade empresária Correcta por ato lesivo à administração em decorrência da conduta em questão? Justifique. (Valor: 0,65)
Obs.: o(a) examinando(a) deve fundamentar suas respostas. A mera citação do dispositivo legal não confere pontuação.

GABARITO COMENTADO

A) Sim. As condutas que caracterizem infração à lei de licitações que também sejam tipificadas como ato lesivo à Administração Pública (Lei nº 12.846/13) serão apuradas e julgadas conjuntamente, nos mesmos autos, observado o rito do processo administrativo de responsabilização e a autoridade definidos na Lei Anticorrupção, na forma do Art. 159 da Lei nº 14.133/21.

B) Não. Eventual sancionamento da sociedade empresária *Correcta* na esfera administrativa não afasta a possibilidade de responsabilização na esfera judicial (**ou** independência entre as esferas administrativa e civil/judicial), consoante o Art. 18 da Lei nº 12.846/13.

Distribuição dos Pontos

ITEM	PONTUAÇÃO
A. Sim. As condutas que caracterizem infração à lei de licitações que também sejam tipificadas como ato lesivo à Administração Pública (Lei nº 12.846/13) serão apuradas e julgadas conjuntamente, nos mesmos autos, observado o rito do processo administrativo de responsabilização e a autoridade definidos na Lei Anticorrupção (0,50), na forma do Art. 159 da Lei nº 14.133/21 (0,10).	0,00/0,50/0,60
B. Não. Eventual sancionamento da sociedade empresária *Correcta* na esfera administrativa não afasta a possibilidade de responsabilização na esfera civil judicial (**ou** independência entre as esferas administrativa e civil/judicial) (0,55), consoante o Art. 18 da Lei nº 12.846/13 (0,10).	0,00/0,55/0,65

(OAB/2ª FASE – XXXIV) As sociedades empresárias Alfa, Beta e Gama, em comunhão de ações e desígnios, fraudaram licitação para reforma e manutenção de estádio esportivo, mediante ajuste e combinação que frustraram o caráter competitivo do certame, que culminou com a contratação da sociedade empresária Gama por determinado Estado da Federação.

Após regular processo administrativo deflagrado pela Administração Pública Estadual contratante, restaram comprovadas a autoria e a materialidade do ato ilícito, bem como um prejuízo ao erário na ordem de 50 milhões de reais.

A sociedade empresária Alfa, em janeiro de 2021, procurou voluntariamente o Estado com intuito de celebrar acordo de leniência. Por sua vez, a sociedade empresária Beta, em abril de 2021, também procurou o Estado com o mesmo escopo.

Observados os fatos narrados à luz da Lei Anticorrupção, responda aos questionamentos a seguir.

A) Poderão as sociedades empresárias Alfa e Beta celebrar, ao mesmo tempo e acerca dos mesmos fatos, acordo de leniência com o Estado? Justifique. (Valor: 0,60)

B) Pelo poder público, de quem é a competência para celebrar o acordo de leniência? Há necessidade de participação do Ministério Público e/ou de homologação judicial para a validade do acordo de leniência? Justifique. (Valor: 0,65)

Obs.: o(a) examinando(a) deve fundamentar suas respostas. A mera citação do dispositivo legal não confere pontuação

GABARITO COMENTADO

A) Não. As sociedades empresárias não poderão, ao mesmo tempo e acerca dos mesmos fatos, celebrar acordo de leniência, eis que a legislação estabelece que tal acordo apenas pode ser firmado com a primeira sociedade empresária que se manifestar nesse sentido, no caso em tela, a Alfa (Art. 16, § 1º, inciso I, da Lei nº 12.846/13).

B) A autoridade máxima de cada órgão ou entidade pública poderá celebrar acordo de leniência com as pessoas jurídicas responsáveis pela prática dos atos ilícitos previstos na Lei Anticorrupção, conforme prevê o Art. 16, *caput*, da Lei nº 12.846/13. Não é necessária a participação do Ministério Público e/ou a homologação judicial para a validade do acordo de leniência, pois a Lei nº 12.846/13, que dispõe sobre a matéria, não o exige, bastando que os requisitos legais, trazidos no citado diploma legal, sejam observados.

Distribuição dos Pontos

ITEM	PONTUAÇÃO
A. Não. Somente a sociedade empresarial Alfa poderá celebrar o acordo de leniência, eis que tal acordo apenas poderá ser firmado com a primeira sociedade empresária que se manifestar nesse sentido (0,50), com base no Art. 16, § 1º, inciso I, da Lei nº 12.846/13 (0,10).	0,00/0,50/0,60
B1. A autoridade máxima de cada órgão ou entidade pública poderá celebrar acordo de leniência com as pessoas jurídicas responsáveis pela prática dos atos ilícitos previstos na Lei Anticorrupção (0,30), conforme prevê o Art. 16, caput, da Lei nº 12.846/13 (0,10).	0,00/0,30/0,40
B2. Não, a Lei nº 12.846/13 não prevê a participação do Ministério Público **e/ou** a homologação judicial para a validade do acordo de leniência (0,25).	0,00/0,25

(OAB/Exame Unificado – 2018.3- 2ª fase) Uma notícia divulgada pela mídia afirmava que cinco sociedades de grupos econômicos diferentes, dentre as quais Alfa S/A e Beta S/A, atuavam em conluio, com o objetivo de fraudar licitações promovidas por determinado ente federativo. Em razão disso, foram instaurados processos administrativos com o fim de apurar responsabilidades administrativas de cada uma das envolvidas, tanto com vistas à aplicação da penalidade definida no Art. 87, inciso IV, da Lei nº 8.666/93 (declaração de inidoneidade para licitar ou contratar com a Administração Pública) quanto a atos lesivos à Administração Pública.

Diante dessas circunstâncias, a sociedade empresária Alfa S/A celebrou acordo de leniência com a autoridade competente, almejando mitigar as penalidades administrativas. O acordo resultou na identificação das outras quatro sociedades envolvidas e na obtenção de informações e documentos que comprovavam o esquema de prévia combinação de propostas, com a predefinição de quem venceria a licitação pública, alternadamente, de modo a beneficiar cada uma das sociedades empresárias participantes do conluio.

Com o avanço das apurações, a sociedade empresária Beta S/A também se interessou em celebrar um acordo de leniência, sob o fundamento de que dispunha de outros documentos que ratificariam os ilícitos cometidos.

Diante dessa situação hipotética, responda, fundamentadamente, aos itens a seguir.

A) O acordo de leniência firmado pela sociedade empresária Alfa S/A poderia alcançar a sanção de declaração de inidoneidade para licitar ou contratar com a Administração Pública? **(Valor: 0,60)**

B) A sociedade empresária Beta S/A poderia celebrar o acordo de leniência pretendido? **(Valor: 0,65)**

Obs.: o(a) examinando(a) deve fundamentar as respostas. A mera citação do dispositivo legal não confere pontuação.

GABARITO COMENTADO

A) Sim. A Administração Pública pode celebrar acordo de leniência com a pessoa jurídica que se admite responsável pela prática de ilícitos previstos na Lei nº 8.666/93, com vistas à isenção ou à atenuação das respectivas sanções administrativas, dentre as quais a prevista no Art. 87, inciso IV, da Lei nº 8.666/93, tal como se depreende do Art. 17 da Lei nº 12.846/2013.

B) Não. A sociedade empresária Beta S/A não foi a primeira a se manifestar sobre o seu interesse em cooperar para a apuração do ilícito, de modo que não preenche os requisitos cumulativos elencados no Art. 16, § 1º, da Lei nº 12.846/2013.

Distribuição dos pontos

ITEM	PONTUAÇÃO
A. Sim. O acordo de leniência poderá abranger a prática de ilícitos previstos na Lei nº 8.666/93, com vistas à isenção ou atenuação das respectivas sanções administrativas (0,50), segundo o Art. 17 da Lei nº 12.846/2013 (0,10).	0,00/0,50/0,60
B. Não. A sociedade empresária Beta S/A não foi a primeira a se manifestar sobre seu interesse em cooperar para a apuração do ilícito **OU** A sociedade empresária Beta S/A limitou-se a ratificar os ilícitos cometidos, de modo que não preenche os requisitos cumulativos necessários (0,55), nos termos Art. 16, § 1º, da Lei nº 12.846/2013 (0,10).	0,00/0,55/0,65

PEÇAS PRÁTICO-PROFISSIONAIS

(OAB/Exame Unificado- 2016.1- 2ª fase) O Ministério da Cultura publicou, na imprensa oficial, edital de licitação que veio assinado pelo próprio Ministro da Cultura, na modalidade de tomada de preços, para a elaboração do projeto básico, do projeto executivo e da execução de obras de reforma de uma biblioteca localizada em Brasília. O custo da obra está estimado em R$ 2.950.000,00 (dois milhões novecentos e cinquenta mil reais). O prazo de execução é de 16 (dezesseis) meses, e, de acordo com o cronograma divulgado, a abertura dos envelopes se dará em 45 (quarenta e cinco) dias e a assinatura do contrato está prevista para 90 (noventa) dias.

Do edital constam duas cláusulas que, em tese, afastariam do certame a empresa ABCD Engenharia. A primeira diz respeito a um dos requisitos de habilitação, pois se exige dos licitantes, para demonstração de qualificação técnica, experiência anterior em contratos de obra pública com a União (requisito não atendido pela empresa, que já realizou obras públicas do mesmo porte que a apontada no edital para diversos entes da Federação, mas não para a União). A segunda diz respeito à exigência de os licitantes estarem sediados em Brasília, sede do Ministério da Cultura, local onde se dará a execução das obras (requisito não atendido pela empresa, sediada no Município de Bugalhadas).

Na mesma semana em que foi publicado o edital, a empresa o procura para que, na qualidade de advogado, ajuíze a medida cabível para evitar o prosseguimento da licitação, reconhecendo os vícios do edital e os retirando, tudo a permitir que possa concorrer sem ser considerada não habilitada, e sem que haja vício que comprometa o contrato. Pede, ainda, que se opte pela via, em tese, mais célere. Elabore a peça adequada, considerando não ser necessária a dilação probatória, haja vista ser preciso apenas a juntada dos documentos próprios (edital, cópia dos contratos com outros entes federativos etc.) para se comprovar os vícios alegados. Observe o examinando que o interessado quer o procedimento que, em tese, seja o mais célere. **(Valor: 5,00)**

Obs.: o examinando deve apresentar os argumentos jurídicos apropriados e a fundamentação legal pertinente ao caso.

GABARITO COMENTADO

A peça a ser apresentada é um *Mandado de Segurança*, impugnando o edital de licitação publicado pelo Ministério da Cultura.

O Mandado de Segurança há de ser dirigido ao Superior Tribunal de Justiça, competente para o julgamento de Mandado de Segurança contra ato de Ministro de Estado, na forma do artigo 105, I, b, da CRFB/88.

O examinando deve indicar, como impetrante, a empresa ABCD Engenharia, bem como indicar a autoridade coatora (o Ministro da Cultura) e a pessoa jurídica a que se vincula (a União).

Deve ser formulado pedido de concessão de medida liminar, demonstrando-se o fundamento relevante (violação às disposições constantes da Lei federal nº 8.666/1993) e o fundado receio de ineficácia da medida, caso concedida a segurança apenas ao final do processo (uma vez que o contrato poderá já ter sido assinado e iniciada a sua execução).

No mérito, deve ser apontada:

1) a impossibilidade de licitar a obra sem a prévia existência de projeto básico, na forma do Art. 7º, § 2º, I da Lei nº 8.666/1993;

2) a impossibilidade de elaboração de projeto básico e de execução da obra pela mesma pessoa, na forma do Art. 9º, I, da Lei nº 8.666/1993;

3) a violação ao limite de valor para a tomada de preços, conforme previsão do Art. 23, I, b, da Lei nº 8.666/1993;

4) a exigência de experiência de contratação anterior com a União é inválida, conforme previsão do Art. 30, II, da Lei nº 8.666/1993;

5) a vedação da cláusula que estabelece preferência ou distinção em razão da sede da empresa, na forma do Art. 3º, §1º, I, da Lei nº 8.666/1993 e violação ao Art. 20, parágrafo único, da Lei nº 8.666/1993, que veda que seja utilizada a sede como impedimento à participação em licitação.

Ao final, devem ser formulados pedidos de notificação da autoridade coatora e ciência ao órgão de representação judicial da pessoa jurídica de direito público a que se vincula aquela autoridade, bem como pedido de concessão da liminar para suspender a licitação até decisão final, de mérito, e de procedência do pedido, ao final, para determinar a anulação daquele procedimento, viciado pelo edital contrário à legislação.

Observação dos autores

Importante! Observe-se que vige atualmente a nova lei de licitações e contratos administrativos (Lei 14.133/2021), de modo que a Lei 8.666/93 somente terá vigor até 1º de abril de 2023.

Distribuição dos pontos

ITEM	PONTUAÇÃO
Endereçamento do Mandado de Segurança: Superior Tribunal de Justiça (0,10)	0,00 / 0,10
Qualificação das partes: 1. Impetrante ABCD Engenharia (0,10) 2. Autoridade coatora Ministro da Cultura (0,10) / pessoa jurídica União (0,10)	0,00 / 0,10 0,00 / 0,10 / 0,20

ITEM	PONTUAÇÃO
Fundamentação:	0,00 / 0,40 / 0,50
1. A impossibilidade de licitar a obra sem a prévia existência de projeto básico (0,40), na forma do Art. 7º, § 2º, I, da Lei nº 8.666/1993 (0,10).	0,00 / 0,40 / 0,50
2. A impossibilidade de elaboração de projeto básico e de execução da obra pela mesma pessoa (0,40), na forma do Art. 9º, I, da Lei nº 8.666/1993 (0,10).	0,00 / 0,40 / 0,50
	0,00 / 0,50 / 0,60
3. A violação do limite de valor para a tomada de preços (0,40), conforme previsão do Art. 23, I, b, da Lei nº 8.666/1993 (0,10).	0,00 / 0,50 / 0,60
4. A exigência de experiência de contratação anterior com a União é inválida (0,50), conforme previsão do Art. 30, II **OU** § 5º ambos Lei nº 8.666/1993 (0,10).	
5. A vedação à cláusula que estabelece preferência ou distinção em razão da sede da empresa (0,50), na forma do Art. 3º, §1º, I **OU** Art. 20, parágrafo único (0,10), ambos da Lei nº 8.666/1993	
Da medida liminar	0,00 / 0,35
1. Demonstração do fundamento relevante, qual seja, a violação às disposições constantes da Lei federal nº 8.666/1993 (0,35).	0,00 / 0,35
2. Fundado receio de ineficácia da medida, caso concedida a segurança apenas ao final do processo, uma vez que o contrato poderá já ter sido assinado e iniciada a sua execução, nos termos do Art. 7º, III, da Lei nº 12.016/09. (0,35).	
Pedidos:	0,00 / 0,10
1. Notificação da autoridade coatora (Ministro da Cultura) (0,10);	0,00 / 0,10
2. Ciência ao órgão de representação judicial da União (0,10);	0,00 / 0,30
3. Concessão da liminar para suspender a licitação até decisão final (0,30);	0,00 / 0,20
4. Requerimento de juntada da prova pré-constituída (edital) (0,20)	0,00 / 0,30
5. Procedência do pedido para anular a licitação, pelos vícios constantes do edital (0,30).	
Finalização:	0,00 / 0,10
Valor da causa (0,10)	0,00 / 0,10
Fechamento da peça: Local..., Data..., Advogado...e OAB... (0,10)	

(OAB- Exame Unificado- 2016.2 – 2ª fase) Marcos Silva, aluno de uma Universidade Federal, autarquia federal, inconformado com a nota que lhe fora atribuída em uma disciplina do curso de graduação, abordou a professora Maria Souza, servidora pública federal, com um canivete em punho e, em meio a ameaças, exigiu que ela modificasse sua nota. Nesse instante, a professora, com o propósito de repelir a iminente agressão, conseguiu desarmar e derrubar o aluno, que, na queda, quebrou um braço.

Diante do ocorrido, foi instaurado Processo Administrativo Disciplinar (PAD), para apurar eventual responsabilidade da professora. Ao mesmo tempo, a professora foi denunciada pelo crime de lesão corporal.

Na esfera criminal, a professora foi absolvida, vez que restou provado ter agido em legítima defesa, em decisão que transitou em julgado. O processo administrativo, entretanto, prosseguiu, sem a citação da servidora, pois a Comissão nomeada entendeu que a professora já tomara ciência da instauração do procedimento por meio da imprensa e de outros servidores. Ao final, a Comissão apresentou relatório pugnando pela condenação da servidora à pena de demissão.

O PAD foi encaminhado à autoridade competente para a decisão final, que, sob o fundamento de vinculação ao parecer emitido pela Comissão, aplicou a pena de demissão à servidora, afirmando, ainda, que a esfera administrativa é autônoma em relação à criminal. Em 10/04/2015, a servidora foi cientificada de sua demissão, por meio de publicação em Diário Oficial, ocasião em que foi afastada de suas funções, e, em 10/09/2015, procurou seu escritório para tomar as medidas judiciais cabíveis, informando, ainda, que, desde o afastamento, está com sérias dificuldades financeiras, que a impedem, inclusive, de suportar os custos do ajuizamento de uma demanda.

Como advogado(a), elabore a peça processual adequada para amparar a pretensão de sua cliente, analisando todos os aspectos jurídicos apresentados. **(Valor: 5,00)**

Obs.: o examinando deve fundamentar suas respostas. A mera citação do dispositivo legal não confere pontuação.

GABARITO COMENTADO

A peça a ser elaborada consiste em uma *Petição Inicial de Ação de Rito Ordinário*. Não se admite a impetração do Mandado de Segurança, vez que decorridos mais de 120 dias da ciência, pelo interessado, do ato impugnado. (Art. 23 da Lei nº 12.016/09).

A competência para apreciar aludida demanda é da Justiça Federal, nos termos do Art. 109, I, da CRFB. Assim, a petição inicial deverá ser endereçada ao Juiz Federal da Seção Judiciária competente.

O polo ativo da demanda é ocupado por Maria e o passivo, pela Universidade Federal, autarquia federal.

Deve ser indicado que, em razão das dificuldades financeiras enfrentadas pela autora desde sua demissão, não pode suportar as custas judiciais, razão pela qual lhe deve ser deferida a gratuidade de justiça, na forma da Lei nº 1.050/1960.

No mérito, deve ser demonstrado:

F) violação ao contraditório e à ampla defesa da servidora, e a consequente nulidade do processo administrativo disciplinar – Art. 143, parte final, da Lei nº 8.112/90 e Art. 5º, LV, da CRFB;

G) que, na hipótese de absolvição penal com fundamento em excludente de ilicitude, como a legítima defesa, não há espaço para aplicação do resíduo administrativo (falta residual), vez que constitui uma das hipóteses de mitigação ao princípio da independência entre as instâncias, ou seja, a decisão proferida na esfera penal necessariamente vinculará o conteúdo da decisão administrativa – Art. 125 c/c o Art. 126, ambos da Lei nº 8.112/90 c/c o Art. 65 do CPP.

Deverá, ainda, ser mencionada a lesão patrimonial sofrida pelo não recebimento dos vencimentos no período em que esteve arbitrariamente afastada do quadro funcional.

O examinando deve pleitear, em sede de tutela antecipada, a reintegração da servidora aos quadros funcionais, demonstrando o preenchimento dos seus requisitos. – Art. 300, do CPC, quais sejam: (1) a probabilidade do direito (*fumus boni iuris*) consubstanciada na nulidade do PAD por violação ao contraditório (ausência de citação) e na sentença penal absolutória transitada em julgado, que reconheceu que a servidora agiu em legítima defesa; e (2) o perigo de dano ou risco ao resultado útil do processo (*periculum in mora*), demonstrado pelas dificuldades financeiras enfrentadas pela autora.

No pedido, deve requerer a confirmação da tutela antecipada deferida e a procedência dos pedidos: de anulação do ato demissional, de reintegração da servidora aos quadros funcionais da autarquia federal, bem como a condenação do réu ao pagamento retroativo de todas as verbas a que faria jus a servidora, se em exercício estivesse.

O examinando deve requerer, ainda, a concessão da gratuidade de justiça e, por fim, a citação do réu, o protesto pela produção de provas, a condenação em custas e honorários sucumbenciais, além de indicar o valor da causa.

DISTRIBUIÇÃO DOS PONTOS

ITEM	PONTUAÇÃO
Endereçamento da petição inicial (0,10): Juiz federal da Seção Judiciária Competente.	0,00 / 0,10
Qualificação das partes: Maria Souza (0,10) e Universidade Federal (0,10).	0,00 / 0,10 / 0,20
Indicação de que a autora faz jus à concessão da gratuidade de justiça (0,20), na forma da Lei n° 1.060/1950 (0,10)	0,00 / 0,20 / 0,30
Fundamentação:	
(1) violação ao contraditório OU a ampla defesa da servidora OU ao devido processo legal (0,60), na forma do Art. 143 da Lei n° 8.112/1990 OU Art. 161, § 1°, da Lei n° 8.112/1990 OU do Art. 5°, LIV OU LV, da CRFB. (0,10) *Obs.: a mera menção ao artigo não pontua.*	0,00 / 0,60 / 0,70
(2) absolvição penal com fundamento em excludente de ilicitude, como a legítima defesa, não há espaço para aplicação do resíduo administrativo (0,60), conforme Art. 125 OU o Art. 126, ambos, da Lei n° 8.112/90 OU o Art. 65 do CPP. (0,10) *Obs.: a mera menção ao artigo não pontua.*	0,00 / 0,60 / 0,70
(3) Direito ao pagamento dos atrasados, em razão da lesão patrimonial sofrida pelo não recebimento dos vencimentos (0,60), na forma do Art. 28 da Lei n° 8.112/1990. (0,10)	0,00 / 0,60 / 0,70
Fundamentos para a concessão da tutela antecipada	
(A) Prova inequívoca do direito (*fumus boni iuris*) consubstanciada na incontestável nulidade do PAD por violação ao contraditório (ausência de citação), e na sentença penal absolutória transitada em julgado que reconheceu ter agido a servidora/autora em legítima defesa. (0,45)	0,00 / 0,45

ITEM	PONTUAÇÃO
(B) Fundado receio de dano irreparável (*periculum in mora*), lastreado na ausência de fonte de renda pelo afastamento da servidora. (0,45)	0,00 / 0,45
Pedidos	
(1) Concessão da tutela antecipada para garantir a reintegração da servidora, até decisão final. (0,30)	0,00 / 0,30
(2) Anulação do ato demissional OU Reintegração em definitivo. (0,30)	0,00 / 0,30
(3) Condenação do réu ao pagamento retroativo de todas as verbas. (0,30)	0,00 / 0,30
Citação do réu. (0,10)	0,00 / 0,10
Protesto pela produção de provas. (0,10)	0,00 / 0,10

(OAB/ Exame Unificado – 2016.3- 2ª fase) João, ao retornar de um doutorado no exterior, é surpreendido com a presença de equipamentos e maquinário do Estado X em imóvel urbano de sua propriedade, e que, segundo informação do engenheiro responsável pela obra, o referido imóvel estaria sem uso há três anos e meio, e, por essa razão, teria sido escolhido para a construção de uma estação de metrô no local.

Inconformado com a situação, João ingressa com "*ação de desapropriação indireta*" perante o Juízo Fazendário do Estado X, tendo obtido sentença de total improcedência em primeiro grau de jurisdição, sob os seguintes fundamentos:

A) impossibilidade de reivindicação do bem, assim como da pretensão à reparação financeira, em decorrência da supremacia do interesse público sobre o privado;

B) o transcurso de mais de três anos entre a ocupação do imóvel e a propositura da ação, ensejando a prescrição de eventual pleito indenizatório; e

C) a subutilização do imóvel por parte de João, justificando a referida medida de política urbana estadual estabelecida.

Como advogado(a) de João, considerando que a sentença não padece de qualquer omissão, contradição ou obscuridade, elabore a peça adequada à defesa dos interesses de seu cliente, apresentando os fundamentos jurídicos aplicáveis ao caso. **(Valor: 5,00)**

Obs.: o examinando deve fundamentar suas respostas. A mera citação do dispositivo legal não confere pontuação.

GABARITO COMENTADO

O examinando deve elaborar o recurso de apelação em face da sentença de improcedência da pretensão, dirigido ao Juízo Fazendário do Estado X, com as razões recursais dirigidas ao Tribunal de Justiça do Estado X, que as apreciará. O apelante é João e, o apelado, o Estado X.

No mérito, o examinando deverá afastar o argumento utilizado pelo Juízo *a quo*, no sentido da impossibilidade de indenização em decorrência da desapropriação indireta, nos termos do Art. 35 do Decreto 3.365/41, pois a perda da propriedade por meio da desapropriação pressupõe a prévia e justa indenização em dinheiro, nos termos do Art. 5º, inciso XXIV, da CRFB/88, o que não foi observado no caso concreto.

A supremacia do interesse público sobre o privado não autoriza que João perca sua propriedade como uma modalidade de sanção, de modo que ele deve ser reparado financeiramente. Ademais, o examinando deverá apontar que o Art. 10, parágrafo único, do Decreto nº 3.365/41, fixa em 5 (cinco) anos o prazo prescricional para a propositura da ação para a reparação dos danos decorrentes da desapropriação indireta, afastando a incidência do Art. 206, § 3º, inciso V, do Código Civil, por sua especificidade. Desse modo, não há de se falar em prescrição sobre o direito de João.

O examinando deverá, ainda no mérito, argumentar que o Estado não detém competência constitucional para desapropriar como medida de política urbana, a qual é do Município (Art. 182 da CRFB/88). Por fim, o examinando deverá formular pedido de reforma da sentença para que seja reconhecido o direito de indenização pelos prejuízos causados.

Observação dos autores

Importante observar que, de acordo com o entendimento mais recente do STJ, o prazo prescricional aplicável à desapropriação indireta, na hipótese em que o poder público tenha realizado obras no local ou atribuído natureza de utilidade pública ou de interesse social ao imóvel, é de 10 (dez) anos, conforme parágrafo único do artigo 1.238 do Código Civil.

(OAB/ Exame Unificado- 2017.1- 2ª fase) Diante de fortes chuvas que assolaram o Município Alfa, fez-se editar na localidade legislação que criou o benefício denominado "aluguel social" para pessoas que tiveram suas moradias destruídas por tais eventos climáticos, mediante o preenchimento dos requisitos objetivos estabelecidos na mencionada norma, dentre os quais, a situação de hipossuficiência e a comprovação de comprometimento das residências familiares pelos mencionados fatos da natureza.

Maria preenche todos os requisitos determinados na lei e, ao contrário de outras pessoas que se encontravam na mesma situação, teve indeferido o seu pedido pela autoridade competente na via administrativa. Em razão disso, impetrou Mandado de Segurança perante o Juízo de 1º grau competente, sob o fundamento de violação ao seu direito líquido e certo de obter o benefício em questão e diante da existência de prova pré-constituída acerca de suas alegações.

A sentença denegou a segurança sob o fundamento de que a concessão de "aluguel social" está no âmbito da discricionariedade da Administração e que o mérito não pode ser invadido pelo Poder Judiciário, sob pena de violação do princípio da separação dos Poderes.

Considerando que já foram apresentados embargos de declaração, sem qualquer efeito modificativo, por não ter sido reconhecida nenhuma obscuridade, contradição, omissão ou erro material na sentença, e que existe prazo para a respectiva impugnação, redija a peça cabível para a defesa dos interesses de Maria. **(Valor: 5,00)**

Obs.: a peça deve abranger todos os fundamentos de Direito que possam ser utilizados para dar respaldo à pretensão. A simples menção ou transcrição do dispositivo legal não confere pontuação.

GABARITO COMENTADO

A medida cabível é a <u>Apelação em Mandado de Segurança</u>, na forma do Art. 14 da Lei nº 12.016/2009.

A apelação deve ser apresentada ao Juízo que prolatou a sentença (pode ser Vara de Fazenda Pública, Vara Cível ou Vara Única da Comarca do Município Alfa), com as razões recursais dirigidas ao Tribunal que as apreciará.

Na qualificação das partes, deve constar Maria como recorrente e o Município Alfa como recorrido. Na fundamentação, a peça recursal deve:

A) impugnar o fundamento constante da sentença, no sentido de que a concessão do "aluguel social" se submete à discricionariedade da Administração, pois, se a lei elenca os requisitos que impõem a concessão do benefício, sem qualquer margem de escolha para o Administrador, trata-se de ato vinculado, que confere direito subjetivo a quem atenda aos requisitos constantes da norma;

B) destacar a inexistência de violação ao princípio da separação de Poderes, em decorrência do controle de legalidade ou juridicidade a ser realizado sobre tal ato, notadamente porque o Art. 5º, inciso XXXV, da CRFB/88 consagra o princípio da inafastabilidade de jurisdição;

C) apontar a existência de violação de direito líquido e certo da apelante à concessão do benefício, diante do preenchimento de todos os requisitos estabelecidos na lei de regência;

D) indicar, ainda, a violação ao princípio da isonomia, diante do deferimento do benefício a outras pessoas que estão na mesma situação de Maria, bem como a proteção constitucional ao direito de moradia, constante do Art. 6º da CRFB/88.

E) Ao final, a peça deve formular pedido de reforma da sentença, para que seja concedida a segurança, com o fim de determinar à Administração que defira o "aluguel social" para Maria, diante do preenchimento por esta dos requisitos estabelecidos em lei.

F) Arremata a peça a indicação de local, data, espaço para assinatura do(a) advogado(a) e o número de sua inscrição na OAB.

Distribuição dos pontos

ITEM	PONTUAÇÃO
Endereçamento da apelação: Exmo. Sr. Dr. Juiz de Direito da Vara de Fazenda Pública **OU** Vara Cível **OU** Vara Única da Comarca do Município Alfa (0,10)	0,00/0,10
Endereçamento das razões da apelação: Tribunal de Justiça do Estado (0,10)	0,00/0,10
Qualificação das partes: Apelante: Maria (0,10). Apelado: Município Alfa (0, 10).	0,00/0,10/0,20
Fundamentação da pretensão recursal: i) impugnar o fundamento constante da sentença no sentido de que a concessão do "aluguel social" se submete à discricionariedade da Administração, pois trata-se de ato vinculado (0,90).	0,00/0,90
ii) inexistência de violação ao princípio da separação de poderes, em decorrência do controle de legalidade ou juridicidade a ser exercido sobre tal ato (0,90), diante do princípio da inafastabilidade de jurisdição OU conforme o Art. 5º, inciso XXXV, da CRFB/88 (0,10).	0,00/0,90/1,00

ITEM	PONTUAÇÃO
iii) violação de direito líquido e certo da apelante à concessão do benefício, diante do preenchimento de todos os requisitos estabelecidos na lei (0,60).	0,00/0,60
iv) violação ao princípio da isonomia OU da impessoalidade, diante do deferimento do benefício a outras pessoas que estão na mesma situação de Maria (0,60), conforme o art. 5º, *caput*, OU o art. 37, *caput*, da CRFB/88 (0,10)	0,00/0,60/0,70
v) proteção constitucional ao direito de moradia (0,50), constante do Art. 6º da CRFB/88 (0,10).	0,00/0,50/0,60
Pedidos:	0,00/0,35
i) Reforma da sentença OU provimento da apelação, a fim de que seja concedida a segurança (0,35),	
ii) Determinar à Administração que defira o aluguel social para a impetrante (0,35).	0,00/0,35
Fechamento do recurso:	0,00/0,10
Local, data, assinatura e número de inscrição na OAB (0,10)	

(**OAB/Exame Unificado – 2017.2 – 2ª fase**) Maria ajuizou ação indenizatória em face do Estado Alfa, em decorrências de seu filho Marcos ter sido morto durante uma aula em uma escola estadual (da qual era aluno do sétimo ano) alvejado pelos tiros disparados por Antônio, um ex-aluno que, armado com duas pistolas, ingressou na escola atirando aleatoriamente. Antônio deu causa ao óbito de Marcos, de sua professora e de outros cinco colegas de classe, além de grave ferimento em mais seis alunos. Depois disso, suicidou-se.

O Estado promoveu sua defesa no prazo e admitiu a existência dos fatos, amplamente divulgados na mídia e incontroversos nos autos. Na contestação, requereu a denunciação da lide a Agenor, servidor público estadual estável, inspetor da escola, que, na qualidade de responsável por controlar a entrada e a saída de pessoas no estabelecimento de ensino, teria viabilizado o acesso do ex-aluno.

Nenhuma das partes requereu a produção de prova que importasse em dilação probatória, e o Juízo de 1o grau admitiu a denunciação da lide.

Inconformada com a intervenção de terceiro determinada pelo Juízo, Maria procura você para, na qualidade de advogado(a), impugnar tal determinação jurisdicional.

Redija a peça apropriada, expondo todos os argumentos fáticos e jurídicos pertinentes. (Valor: 5,00)

Obs.: a peça deve abranger todos os fundamentos de Direito que possam ser utilizados para dar respaldo à pretensão. A simples menção ou transcrição do dispositivo legal não confere pontuação.

GABARITO COMENTADO

A peça pertinente é o Agravo de Instrumento, na forma do Art. 1.015, inciso IX, do CPC/15, com formulação de pedido de eficácia suspensiva da decisão agravada. O recurso deve ser endereçado ao Exmo. Sr. Dr. Desembargador Relator do Tribunal de Justiça do Estado Alfa. A agravante é Maria e o agravado é o Estado Alfa.

A fundamentação do recurso deve destacar:

A) inicialmente, a viabilidade do recurso, diante da previsão expressa no Art. 1.015, inciso IX, do CPC/15, bem como a necessidade de concessão de efeito suspensivo, na forma do Art. 1019, inciso I, do CPC/15, diante do relevante fundamento fático e jurídico e pela possibilidade de causar gravame de difícil reparação ao andamento do processo.

B) O descabimento da intervenção de terceiro no caso, pois viola os princípios da efetividade e da celeridade processuais, postos no Art. 5º, inciso LXXVIII, da CRFB/88, na medida em que:

C.1. O Art. 37, § 6º, da CRFB/88 atribui responsabilidade civil objetiva ao Estado, no caso caracterizada pelo dever de guarda que o Poder Público tem sobre os alunos nos respectivos estabelecimentos de ensino e responsabilidade subjetiva aos servidores que, nessa qualidade, tenham dado causa ao dano mediante culpa ou dolo;

C.2. Introduzirá na demanda fundamento novo, qual seja a apuração do elemento subjetivo da conduta do servidor (Agenor), desnecessária à solução da lide principal, entre Maria e o Estado, certo que o processo está pronto para julgamento, considerando que os fatos são incontroversos e não há pedido de produção de prova que importe em dilação probatória por qualquer das partes;

C.3. Impõe-se ação de regresso (ação autônoma) do Estado Alfa em face do servidor causador do dano para a discussão de fundamento que não consta da pretensão veiculada na lide principal;

C.4. Inexiste prejuízo para eventual ajuizamento futuro de ação de regresso pelo Estado, dirigida a Agenor, considerando que a denunciação da lide não é obrigatória no caso ou, de acordo com a teoria da dupla garantia, até mesmo vedada.

Quanto aos pedidos, deve ser formulado pedido de efeito suspensivo, na forma do Art. 1.019, inciso I, do CPC/15, diante do relevante fundamento fático e jurídico e pela possibilidade de causar gravame de difícil reparação ao andamento do processo.

Ao final, deve ser formulado pedido de reforma da decisão que admitiu a denunciação da lide, a fim de que o denunciado seja excluído da demanda, bem como a condenação em custas e honorários advocatícios.

A peça deve ser finalizada com a indicação do local, data, assinatura do advogado e número de inscrição na OAB.

Distribuição dos pontos

ITEM	PONTUAÇÃO
Endereçamento do Agravo: Exmo. Sr. Desembargador Relator do Tribunal de Justiça do Estado Alfa. (0,10)	0,00/0,10
Qualificação das partes: Agravante: Maria (0,10). Agravados: Estado Alfa (0, 10).	0,00/0,10/0,20
Fundamentação da pretensão recursal: A. Inicialmente, a viabilidade/cabimento do recurso uma vez que se trata de decisão interlocutória que decide intervenção de terceiro (0,30), diante da previsão expressa no Art. 1.015, inciso IX, do CPC/15 (0,10).	0,00/0,30/0,40

ITEM	PONTUAÇÃO
B. A fundamentação da concessão de efeito suspensivo, na forma do Art. 1019, inciso I, do CPC/15 (0,10), diante do relevante fundamento fático e jurídico (0,20) e pela possibilidade de causar gravame de difícil reparação ao andamento do processo (0,20).	0,00/0,20/0,30/ 0,40/0,50
C. O descabimento da intervenção de terceiro no caso, pois viola os princípios da efetividade (0,20) e celeridade processuais (0,20), a que alude o Art. 5º, inciso LXXVIII, da CRFB/88 (0,10).	0,00/0,20/0,30/ 0,40/ 0,50
C1. O Art. 37, § 6º, da CRFB/88 (0,10) atribui responsabilidade civil objetiva ao Estado, caracterizada, no caso, pelo dever de guarda que o Poder Público tem sobre os alunos nos estabelecimentos de ensino (0,40), e responsabilidade subjetiva aos servidores que, nessa qualidade, tenham dado causa ao dano mediante culpa ou dolo (0,40);	0,00 /0,40/0,50 0,80/0,90
C2. Considerando que os fatos são incontroversos e não há pedido das partes que importe em dilação probatória (0,20), a introdução do elemento subjetivo da conduta do servidor acarretará necessidade de instrução probatória que prejudicará o regular andamento do processo (0,30);	0,00/0,20/0,30/ 0,50
C3. Impõe-se ação de regresso do Estado Alfa em face do servidor causador do dano (0,50)	0,00/0,50
C4. Inexiste prejuízo para o ajuizamento futuro de eventual ação de regresso do Estado em face de Agenor (0,30), considerando que, no caso, a denunciação da lide não é obrigatória (0,20).	0,00/0,20/0,30/ 0,50
Pedidos: - <u>deve</u> ser formulado pedido de concessão de efeito suspensivo (0,20).	0,00/0,20
- <u>pedido</u> de reforma da decisão que admitiu a denunciação da lide (0,40)	0,00/0,40
- <u>condenação</u> em custas (0,10) e honorários de advogado (0,10).	0,00/0,10/0,20
Fechamento: Local, data, assinatura e número de inscrição na OAB (0,10).	

(OAB/Exame Unificado – 2017.3- XXIV Exame – 2ª fase) No dia 05/06/2015, o estado Alfa fez publicar edital de concurso público para o preenchimento de cinco vagas para o cargo de médico do quadro da Secretaria de Saúde, com previsão de remuneração inicial de R$ 5.000,00 (cinco mil reais), para uma jornada de trabalho de 20 horas semanais. O concurso teria prazo de validade de um ano, prorrogável por igual período.

Felipe foi aprovado em quinto lugar, conforme resultado devidamente homologado em 23/08/2015. No interregno inicial de validade do concurso, foram convocados apenas os quatro primeiros classificados, e prorrogou-se o prazo de validade do certame.

Em 10/03/2017, o estado Alfa fez publicar novo edital, com previsão de preenchimento de dez vagas, para o cargo de médico, para jornada de 40 horas semanais e remuneração inicial de R$ 6.000,00 (seis mil reais), com prazo de validade de um ano prorrogável por igual período, cujo resultado foi homologado em 18/05/2017, certo que os três primeiros colocados deste último certame foram convocados, em 02/06/2017, pelo Secretário de Saúde, que possui atribuição legal para convocação e nomeação, sem que Felipe houvesse sido chamado.

Em 11/09/2017, o advogado constituído por Felipe impetrou mandado de segurança, cuja inicial sustentou a violação de seu direito líquido e certo de ser investido no cargo para o qual havia sido aprovado em concurso, nos exatos termos previstos no respectivo instrumento convocatório, com a carga horária de 20 horas semanais e remuneração de R$ 5.000,00 (cinco mil reais), mediante fundamentação nos argumentos jurídicos pertinentes, sendo certo que as normas de organização judiciária estadual apontavam para a competência do Tribunal de Justiça local.

Sobreveio acórdão, unânime, que denegou a segurança, sob o fundamento de que o Judiciário não deve se imiscuir em matéria de concurso público, por se tratar de atividade sujeita à discricionariedade administrativa, sob pena de violação do princípio da separação de Poderes.

Foram opostos embargos de declaração, rejeitados por não haver omissão, contradição ou obscuridade a ser sanada.

Redija a petição da medida pertinente à defesa dos interesses de Felipe contra a decisão prolatada em única instância pelo Tribunal de Justiça estadual, publicada na última sexta-feira, desenvolvendo todos os argumentos jurídicos adequados à análise do mérito da demanda. (**Valor: 5,00**)

Obs.: a peça deve abranger todos os fundamentos de Direito que possam ser utilizados para dar respaldo à pretensão. A simples menção ou transcrição do dispositivo legal não confere pontuação.

GABARITO COMENTADO

A medida cabível é o _Recurso Ordinário em Mandado de Segurança_, na forma do Art. 105, inciso II, alínea *b*, da CRFB/88.

O recurso deve ser dirigido ao Desembargador Presidente do Tribunal de Justiça do Estado, ou ao Vice-Presidente, de acordo com a respectiva organização judiciária, formulando pedido de remessa ao Superior Tribunal de Justiça, que é o competente para a apreciação do recurso.

Na qualificação das partes deve constar Felipe como recorrente e o estado Alfa como recorrido. Também será admitido, como recorrido, a autoridade coatora ou ambos: o Estado e a autoridade coatora.

Na fundamentação, a peça recursal deve:

a) impugnar as razões de decidir do acórdão, na medida em que o mandado de segurança não versa sobre as regras do concurso ou matéria submetida à discricionariedade da Banca Examinadora, mas sobre violação ao direito líquido e certo do impetrante de ser investido no cargo para o qual fora aprovado em concurso público, dentro do número de vagas previsto no respectivo edital.

b) suscitar a inconstitucionalidade/ilegalidade resultante da preterição de Felipe, pela convocação dos aprovados em concurso posterior, dentro do prazo de validade do certame anterior, a violar o disposto no Art. 37, inciso IV, da CRFB/88.

c) indicar que a aprovação do candidato dentro do número de vagas previsto no edital confere-lhe direito subjetivo à nomeação dentro do prazo de validade do certame, conforme entendimento consolidado pelo STF em sede de repercussão geral (tema 161).

d) arguir a obrigatoriedade de a administração fazer cumprir os exatos termos do edital para o qual Felipe foi aprovado, em decorrência da vinculação ao instrumento convocatório.

Ao final, deve ser formulado pedido de conhecimento e provimento do recurso, com a reforma da decisão do Tribunal Estadual, a fim de que seja concedida a segurança e determinada a investidura ou nomeação de Felipe no cargo público em questão.

Deve ser pleiteada, ainda, a condenação em custas e demonstrada a tempestividade do recurso.

Arrematar a peça com indicação de local, data, espaço para assinatura do advogado e número de sua inscrição na OAB.

Distribuição dos pontos

ITEM	PONTUAÇÃO
PETIÇÃO DE INTERPOSIÇÃO	
1 – Endereçamento: Desembargador Presidente / Vice-Presidente do Tribunal de Justiça do **estado Alfa** (0,10)	0,00/0,10
2 – Qualificação das partes Recorrente: Felipe (0,10). Recorrido: estado Alfa E/OU autoridade coatora (0,10).	0,00/0,10/0,20
3 – Fundamento legal: Art. 18 da Lei nº 12.016/09 **OU** Art. 105, inciso II, alínea b, da CRFB/88 **OU** Art. 1.027, II, 'a', do CPC/15 (0,10)	0,00/0,10
4 – Pedido de remessa dos autos ao Superior Tribunal de Justiça (0,30)	0,00/0,30
RAZÕES DE RECURSO	
Fundamentos	0,00/0,30/0,60/0,90
5 – Possibilidade do controle judicial porque não se trata de matéria sujeita à discricionariedade administrativa da Banca Examinadora (0,60), mas sim de violação ao direito líquido e certo do impetrante (0,30).	
6 – Inconstitucionalidade **OU** ilegalidade da preterição de Felipe pela convocação dos aprovados em concurso posterior, dentro do prazo de validade do certame anterior (0,70), a violar o disposto no **Art. 37, inciso IV, da CRFB/88** (0,10).	0,00/0,70/0,80
7 – A aprovação do candidato dentro do número de vagas previsto no edital confere-lhe direito subjetivo à nomeação dentro do prazo de validade do certame (0,70), conforme entendimento consolidado pelo STF em sede de repercussão geral (0,10)	0,00/0,70/0,80
8 – Obrigatoriedade de a administração fazer cumprir os exatos termos do edital, provendo-o na vaga para a qual foi aprovado (0,60), em decorrência da vinculação ao instrumento convocatório (0,20).	0,0/0,20/0,60/0,80
Pedidos	0,00/0,10/0,30/0,40
9.1 – Conhecimento (0,10) e provimento do recurso para que seja reformada a decisão do tribunal do estado Alfa (0,30),	

ITEM	PONTUAÇÃO
9.2 – determinando-se, em consequência, a investidura ou a nomeação de Felipe para o cargo público (0,30).	0,00/0,30
10 – Condenação em custas (0,10)	0,00/0,10
Tempestividade	0,00/0,10
11 – Demonstração da tempestividade: prazo final em 09/02/2018 **OU** prazo legal de 15 dias **OU** prazo do Art. 1.003, §5°, do CPC/15.	
Fechamento	0,00/0,10
local, data, assinatura do advogado e número de inscrição na OAB (0,10).	

(**OAB/Exame Unificado – 2018.1- 2ª fase**) Lúcia, servidora pública federal estável, foi demitida do cargo que ocupava, após processo administrativo disciplinar pelo rito sumário, sob o fundamento de abandono de cargo, em razão de haver se ausentado do serviço por mais de trinta dias consecutivos, no período entre 15/02/2017 e 05/04/2017, sendo certo que a penalidade foi aplicada em 10/05/2017, pelo Ministro de Estado competente para tanto.

Inconformada, Lúcia buscou assessoria jurídica, na data de hoje, à qual informou que jamais teve a intenção de abandonar o cargo, tanto que, em 20/08/2016, formalizou pedido de licença por motivo de afastamento de seu cônjuge, Antônio, professor concursado de uma universidade pública federal, que, no interesse da Administração, foi deslocado para cursar pós-doutorado na Alemanha, a ser iniciado em 20/01/2017. Esclareceu que, apesar de insistentes tentativas de obter um pronunciamento por parte do órgão competente para a apreciação de seu pedido de licença, não obteve qualquer resposta.

A servidora narrou que, com o início do ano letivo na Alemanha, em 15/02/2017, viu-se compelida a se ausentar fisicamente do país, com vistas a proteger a unidade familiar, considerando que possui dois filhos pequenos com Antônio, que já estavam matriculados em uma escola na cidade em que o cônjuge cursaria o pós-doutorado.

Lúcia acrescenta que comunicou formalmente aos seus superiores o novo endereço e telefones de contato, mas que foi surpreendida quando uma antiga colega de trabalho lhe informou a portaria contendo a sua demissão, sem que qualquer notificação acerca da existência de processo administrativo disciplinar lhe tivesse sido anteriormente remetida.

Ao buscar os respectivos autos, Lúcia verificou que o processo consistia apenas de portaria inaugural, constituindo a comissão processante, composta por dois servidores ocupantes de cargo efetivo, certo que um deles ainda estava em estágio probatório. A comissão atestou o não comparecimento da servidora no mencionado período e, ato contínuo, elaborou um relatório concluindo pela aplicação da pena de demissão, sem que tivesse sido promovida sua notificação ou a nomeação de qualquer pessoa que pudesse realizar sua defesa.

Considerando que Lúcia já retornou definitivamente com sua família ao Brasil e que não pretende obter indenização pelo período em que não trabalhou, bem como que você é o(a) advogado(a) por ela consultado, na data de hoje, redija a peça para a defesa dos interesses de sua cliente, com indicação de todos os fundamentos jurídicos pertinentes. (**Valor: 5,00**)

Obs.: a peça deve abranger todos os fundamentos de Direito que possam ser utilizados para dar respaldo à pretensão. A simples menção ou transcrição do dispositivo legal não confere pontuação.

OBSERVAÇÃO EM RELAÇÃO AO GABARITO COMENTADO

A banca examinadora do Exame da OAB admitiu, como medida judicial cabível, duas peças: *ação anulatória* ou *mandado de segurança*. Nesse sentido é que foram elencados dois gabaritos comentados, a seguir reproduzidos.

GABARITO COMENTADO – PETIÇÃO ANULATÓRIA

A medida cabível é a *petição inicial* de ação anulatória do ato demissional **E/OU** de reintegração em cargo no serviço público federal.

A peça deve ser endereçada a um dos Juízos da Justiça Federal da Seção Judiciária do Estado X. Na qualificação das partes: Lúcia é a autora e a União é a ré.

Na fundamentação, deve ser sustentado que a ilegalidade do ato praticado importa na violação do direito líquido e certo de Lúcia, com base nas seguintes razões:

a) Violação ao princípio do devido processo legal **OU** dos princípios da ampla defesa e do contraditório, previstos respectivamente no Art. 5º, incisos LIV **OU** LV, CRFB/88.

b) Deveria ter sido realizada a devida indiciação de Lúcia, com a sua citação para apresentação de defesa, na forma do Art. 133, § 2º da Lei nº 8.112/90.

c) A Comissão processante deveria ser composta por dois servidores estáveis, como se depreende do Art. 133, inciso I, da Lei nº 8112/90, aplicável ao abandono de cargo, por força do Art. 140, da Lei nº 8.112/90.

d) Impossibilidade de caracterização do *animus abandonandi* **OU** do elemento subjetivo **OU** da intenção de Lúcia de abandonar o cargo, na forma do Art. 140, inciso II, da Lei nº 8.112/90, em decorrência da prova pré-constituída consistente no pedido de licença por motivo de afastamento do cônjuge, que não foi apreciado pela Administração, a caracterizar, inclusive, abuso de direito, em decorrência da omissão administrativa.

Ao final, deve ser formulado pedido de procedência, para que seja anulada a demissão de Lúcia, com a sua reintegração no cargo.

Ademais, devem ser expressamente requeridas a citação do réu, a produção de provas, especificamente a juntada dos documentos acostados à inicial; a opção do autor pela realização ou não da audiência de conciliação, a condenação em custas e honorários; e o valor da causa.

Arremata a peça a indicação de local, data, assinatura do advogado e o número de sua inscrição na OAB.

Distribuição dos pontos – PETIÇÃO ANULATÓRIA

ITEM	PONTUAÇÃO
Endereçamento da inicial	
Exmo. Sr. Dr. Juiz Federal da Vara da Seção Judiciária do Estado (0,10)	0,00/0,10
Qualificação das partes	
Autora: Lúcia (0,10). Ré: União (0,10).	0,00/0,10/0,20

ITEM	PONTUAÇÃO
Fundamentação: Ilegalidade da demissão de Lúcia, pelas seguintes razões:	
(A) Violação ao princípio do devido processo legal **OU** dos princípios da ampla defesa e do contraditório (0,70), previstos, respectivamente, no Art. 5º, inciso LIV **OU** no Art. 5º, inciso LV, da CRFB/88 (0,10).:	0,00/0,70/0,80
(B) Deveria ter sido realizada a devida indiciação de Lúcia, com sua citação para apresentação de defesa (0,70), na forma do Art. 133, § 2º, da Lei nº 8.112/90 (0,10).	0,00/0,70/0,80
(C) A Comissão processante deveria ser composta por dois servidores estáveis (0,70), consoante o Art. 133, inciso I, da Lei nº 8.112/90 (0,10).	0,00/0,70/0,80
(D) Fundamentação legal: Art. 140 da Lei nº 8.112/90 (0,10). *Obs.: A pontuação deste item depende da referência conjunta ao art. 133 da Lei nº 8.112/90*	0,00/0,10
(E) Ausência de *animus abandonandi* **OU** do elemento subjetivo **OU** da intenção de Lúcia de abandonar o cargo (0,30), na forma do Art. 140, inciso II, da Lei nº 8.112/90 (0,10).	0,00/0,30/0,40
(F) diante do pedido de licença por motivo de afastamento do cônjuge, que não foi apreciado pela Administração, a caracterizar, inclusive, abuso de direito, em decorrência da omissão administrativa (0,30).	0,00/0,30
Pedidos:	
I. Citação do réu (0,10)	0,00/0,10
II. Procedência do pedido formulado na inicial, para que seja anulada a demissão de Lúcia (0,40), com a sua reintegração no cargo do serviço público federal (0,30).	0,00/0,30/0,40/0,70
III. Produção de provas (0,10), especificamente da juntada dos documentos acostados à inicial (0,10).	0,00/0,10/0,20
IV. Opção pela realização ou não da audiência de conciliação (0,10).	0,00/0,10
IV. Condenação em custas (0,10).	0,00/0,10
V. Condenação em honorários sucumbenciais (0,10).	0,00/0,10
Valor da Causa (0,10).	0,00/0,10
Fechamento	
Local, data, assinatura e número de inscrição na OAB (0,10).	0,00/0,10

GABARITO COMENTADO – MANDADO DE SEGURANÇA

Em se tratando de <u>Mandado de Segurança</u>, este deverá ser impetrado contra ato de Ministro de Estado que determinou a demissão de Lúcia.

A peça deve ser endereçada ao Superior Tribunal de Justiça, na forma do art. 105, I, *b* da CRFB/88.

O examinando deve indicar, como impetrante, Lúcia, bem como apontar a autoridade coatora (o Ministro de Estado) e a pessoa jurídica a que se vincula (a União).

A peça deverá conter exposição específica quanto ao seu cabimento, notadamente com a demonstração inequívoca das razões que justifiquem a inocorrência do óbice decadencial (art. 23 da Lei nº 12.016/09) e do embasamento da pretensão em provas pré-constituídas.

Na fundamentação, deve ser sustentado que a ilegalidade do ato praticado importa na violação do direito líquido e certo de Lúcia, com base nas seguintes razões:

a) Violação ao princípio do devido processo legal **OU** dos princípios da ampla defesa e do contraditório, previstos respectivamente no Art. 5º, incisos LIV **OU** LV, CRFB/88.

b) Deveria ter sido realizada a devida indiciação de Lúcia, com a sua citação para apresentação de defesa, na forma do Art. 133, § 2º da Lei nº 8.112/90.

c) A Comissão processante deveria ser composta por dois servidores estáveis, como se depreende do Art. 133, inciso I, da Lei nº 8112/90, aplicável ao abandono de cargo, por força do Art. 140, da Lei nº 8.112/90.

d) Impossibilidade de caracterização do *animus abandonandi* **OU** da intenção de Lúcia de abandonar o cargo, na forma do Art. 140, inciso II, da Lei nº 8.112/90, em decorrência da prova pré-constituída consistente no pedido de licença por motivo de afastamento do cônjuge, que não foi apreciado pela Administração, a caracterizar, inclusive, abuso de direito, em decorrência da omissão administrativa.

Ao final, deve ser formulado pedido concessão da ordem **OU** procedência do pedido, para que seja anulada a demissão de Lúcia, com a sua consequente reintegração ao cargo.

Devem ser expressamente requeridas a notificação da autoridade coatora e a ciência ao órgão de representação judicial da pessoa jurídica a que se vincula, assim como pleiteada a juntada da prova pré-constituída, a condenação em custas e indicado o valor da causa.

A peça deve ser arrematada com a indicação de local, data, assinatura do advogado e o número de sua inscrição na OAB.

Distribuição dos pontos – MANDADO DE SEGURANÇA

ITEM	PONTUAÇÃO
Endereçamento da inicial	
Ministro Presidente do Superior Tribunal de Justiça **OU** Superior Tribunal de Justiça (0,10)	0,00/0,10
Qualificação das partes	
Impetrante: Lúcia (0,10). Autoridade coatora: Ministro de Estado (0,10), com menção à pessoa jurídica a que se vincula: União (0,10)	0,00/0,10/0,20/0,30
Cabimento	
1. Demonstração inequívoca das razões que justifiquem a inocorrência do óbice decadencial (0,50), nos termos do art. 23 da Lei nº 12.016/09 (0,10).	0,00/0,50/0,60

ITEM	PONTUAÇÃO
2. Indicação do embasamento da pretensão exclusivamente em provas pré-constituídas, dispensando-se a dilação probatória (0,40).	0,00/0,40
Fundamentação	
Violação ao direito líquido e certo em razão da Ilegalidade de sua demissão (ato coator) em razão de:	
(A) Desrespeito ao princípio do devido processo legal **OU** aos princípios da ampla defesa e do contraditório (0,60), previstos, respectivamente, no Art. 5º, inciso LIV **OU** no Art. 5º, inciso LV, da CRFB/88 (0,10).:	0,00/0,60/0,70
(B) Deveria ter sido realizada a devida indiciação de Lúcia, com sua citação para apresentação de defesa (0,60), na forma do Art. 133, § 2º, da Lei nº 8.112/90 (0,10).	0,00/0,60/0,70
(C) A Comissão processante deveria ser composta por dois servidores estáveis (0,40), consoante o Art. 133, inciso I, da Lei nº 8.112/90 (0,10).	0,00/0,40/0,50
(D) Fundamentação legal: Art. 140 da Lei nº 8.112/90 (0,10). *Obs.: A pontuação deste item depende da referência conjunta ao art. 133 da Lei nº 8.112/90*	0,00/0,10
(E) Ausência de *animus abandonandi* **OU** da intenção de Lúcia de abandonar o cargo (0,20), na forma do Art. 140, inciso II, da Lei nº 8.112/90 (0,10).	0,00/0,20/0,30
(F) diante do pedido de licença por motivo de afastamento do cônjuge, que não foi apreciado pela Administração, a caracterizar, inclusive, abuso de direito, em decorrência da omissão administrativa (0,20).	0,00/0,20
Pedidos	
1. Concessão da ordem **OU** Procedência do pedido formulado na inicial, para que seja anulada a demissão de Lúcia (0,30), com a sua consequente reintegração no cargo do serviço público federal (0,20).	0,00/0,20/0,30/0,50
2. Notificação da autoridade coatora (0,10)	0,00/0,10
3. Ciência ao órgão de representação judicial da União (0,10).	0,00/0,10
4. Juntada da prova pré-constituída (0,10).	0,00/0,10
5. Condenação em custas (0,10).	0,00/0,10
Indicação do Valor da Causa.	0,00/0,10
Fechamento	
Local, data, assinatura e número de inscrição na OAB (0,10).	0,00/0,10

(OAB/Exame Unificado – 2018.2- 2ª fase) A sociedade empresária Leva e Traz explora, via concessão, o serviço público de transporte de passageiros no município Sigma, conhecido pelos altos índices de criminalidade; por isso, a referida concessionária encontra grande dificuldade em contratar motoristas para seus veículos. A solução, para não interromper a prestação dos serviços, foi contratar profissionais sem habilitação para a direção de ônibus.

Em paralelo, a empresa, que utiliza ônibus antigos (mais poluentes) e em péssimo estado de conservação, acertou informalmente com todos os funcionários que os veículos não deveriam circular após as 18 horas, dado que, estatisticamente, a partir desse horário, os índices de criminalidade são maiores. Antes, por exigência do poder concedente, os ônibus circulavam até meia-noite.

Os jornais da cidade noticiaram amplamente a precária condição dos ônibus, a redução do horário de circulação e a utilização de motoristas não habilitados para a condução dos veículos.

Seis meses após a concretização da mencionada situação e da divulgação das respectivas notícias, a associação municipal de moradores, entidade constituída e em funcionamento há dois anos e que tem por finalidade institucional, dentre outras, a proteção dos usuários de transporte público, contrata você, jovem advogado(a), para adotar as providências cabíveis perante o Poder Judiciário para compelir o poder concedente e a concessionária a regularizarem a atividade em questão.

Há certa urgência, pois no último semestre a qualidade do serviço público caiu drasticamente e será necessária a produção de provas no curso do processo.

Considerando essas informações, redija a peça cabível para a defesa dos interesses dos usuários do referido serviço público. **(Valor: 5,00)**

Obs.: a peça deve abranger todos os fundamentos de Direito que possam ser utilizados para dar respaldo à pretensão. A simples menção ou transcrição do dispositivo legal não confere pontuação.

GABARITO COMENTADO

Considerando tratar-se de direitos coletivos, a medida judicial adequada é o ajuizamento de *Ação Civil Pública* (ACP).

A ACP deve ser dirigida ao Juízo de Fazenda Pública ou à Vara Cível competente.

O examinando deve indicar, como autora, a associação municipal de moradores e, como réus, o município Sigma e a sociedade empresária Leva e Traz.

O examinando deve demonstrar, em preliminar, a legitimidade ativa da associação. Assim, cabe citar que a entidade está constituída há mais de um ano (Art. 5º, inciso V, alínea *a*, da Lei nº 7.347/85) e sua finalidade institucional está alinhada com o tema da ação (pertinência temática – Art. 5º, inciso V, alínea *b*, da Lei nº 7.347/85).

No mérito, o examinando deve apontar, genericamente, a violação ao dever de adequação na prestação do serviço público, conforme previsto pelos artigos 6º, § 1º, da Lei nº 8.987/95 **OU** do Art. 22 da Lei nº 8.078/90 (Código de Defesa do Consumidor – CDC) **OU** do Art. 4º, da Lei nº 13.460/17, e, de forma específica, com base nos seguintes fundamentos:

  I. a concessão pressupõe a prestação de serviço público em condição segura para os usuários, o que não está sendo feito, pois os motoristas dos ônibus não têm habilitação para direção e os veículos apresentam péssimo estado de conservação, o que viola o princípio da segurança dos serviços públicos;

II. a concessão pressupõe a prestação de serviço público regular e contínuo, requisitos que não estão sendo observados, dada a interrupção da circulação dos ônibus a partir das dezoito horas, deixando a população desprovida do serviço, o que implica violação dos princípios da regularidade e continuidade dos serviços públicos;

III. a utilização de veículos antigos e mais poluentes viola o princípio da atualidade do serviço, que pressupõe a modernidade dos equipamentos postos à disposição dos usuários.

Deve ser requerida e fundamentada medida liminar para impedir a designação de motoristas sem habilitação (obrigação de não fazer) e para obrigar os réus à renovação da frota e à circulação dos ônibus até meia-noite (obrigações de fazer). A probabilidade do direito está caracterizada pelos fundamentos já expostos nos itens I, II e III do parágrafo anterior. O perigo de dano também está caracterizado, pois cidadãos deixam de ser atendidos pelo transporte público. Em relação àqueles que utilizam os ônibus, eles estão expostos a riscos de acidentes, tendo em vista a inabilitação dos condutores e a precária condição dos veículos.

Quanto aos pedidos, o examinando deve requerer:

a) a concessão da liminar para impedir a designação de motoristas sem habilitação (obrigação de não fazer) e para obrigar à renovação da frota e à circulação dos ônibus novos até meia-noite (obrigações de fazer);

b) a procedência do pedido, obrigando-se o réu ao cumprimento das obrigações de fazer e de não fazer indicadas na alínea "a";

c) a condenação do réu ao pagamento de custas e honorários;

d) a produção de provas.

e) A condenação dos réus ao pagamento de custas e honorários advocatícios.

f) Indicação do valor da causa.

Por fim, o fechamento.

Distribuição dos pontos

ITEM	PONTUAÇÃO
Endereçamento	
1. Endereçamento da Ação Civil Pública: Juízo de Fazenda Pública ou à Vara Cível competente (0,10).	0,00/0,10
Qualificação das partes	
2. Autora: Associação Municipal de Moradores (0,10).	0,00/0,10
3. Réus: sociedade empresária Leva e Traz (0,10) e Município Sigma (0,10).	0,00/0,10/0,20
Legitimidade ativa	
4. A entidade está constituída há mais de um ano **OU** A entidade atende ao requisito previsto no Art. 5º, inciso V, alínea 'a', da Lei nº 7.347/85 (0,15).	0,00/0,15
5. A finalidade institucional da autora está alinhada ao tema da ação (pertinência temática) **OU** A autora atende ao requisito previsto no Art. 5º, inciso V, alínea 'b', da Lei nº 7.347/85 (0,15).	0,00/0,15

ITEM	PONTUAÇÃO
Fundamentação	
6. Violação ao dever de adequação na prestação do serviço público (0,50), nos termos do Art. 6º, § 1º, da Lei nº 8.987/95 **OU** do Art. 22 da Lei nº 8.078/90 (Código de Defesa do Consumidor – CDC) **OU** do Art. 4º, da Lei nº 13.460/17 (0,10), **com base nos seguintes fundamentos específicos:**	0,00/0,50/0,60
I – A utilização de motoristas sem habilitação para direção de veículos de transporte coletivo viola o princípio da segurança dos serviços públicos (0,70).	0,00/0,70
II – A interrupção da circulação dos ônibus a partir das dezoito horas, deixando a população desprovida do serviço, viola os princípios da regularidade e continuidade (0,70).	0,00/0,70
III – A utilização de veículos antigos e mais poluentes viola o princípio da atualidade do serviço público, que pressupõe a modernidade dos equipamentos postos à disposição dos usuários (0,70).	0,00/0,70
Fundamentos para a concessão da medida liminar	
7. A probabilidade do direito está fundamentada na prestação de serviço público inadequado, que não satisfaz as condições de regularidade e continuidade, segurança e atualidade (0,25).	0,00/0,25
8. O perigo da demora está presente no caso concreto, pois o serviço é interrompido antes do horário previsto, causando prejuízos à população, além de ser prestado em condições que colocam em risco os usuários (0,25).	0,00/0,25
Pedidos	
9. A concessão da liminar para:	
I. impedir a utilização de motoristas sem habilitação (obrigação de não fazer) (0,10)	0,00/0,10
II. obrigar os réus à renovação da frota (obrigação de fazer) (0,10)	0,00/0,10
III. obrigar os réus à circulação dos ônibus novos até meia-noite (obrigação de fazer) (0,10)	0,00/0,10
10. A produção de provas necessárias à demonstração do direito	0,00/0,10
11. A procedência do pedido, confirmando em definitivo a liminar concedida para impor aos réus as obrigações de fazer e não fazer do item (9)	0,00/0,30
12. A condenação dos réus ao pagamento de custas (0,10) e honorários advocatícios (0,10).	0,00/0,10/0,20
13. Indicação do valor da causa (0,10).	0,00/0,10
Fechamento da peça	
Local..., Data..., Advogado... e OAB... (0,10).	0,00/0,10

(OAB/Exame Unificado – 2018.3- 2ª fase) Mateus, nascido no México, veio morar no Brasil juntamente com seus pais, também nascidos no México. Aos dezoito anos, foi aprovado no vestibular e matriculou-se no curso de engenharia civil. Faltando um semestre para concluir a faculdade, decidiu inscrever-se em um concurso público promovido por determinada Universidade Federal brasileira, que segue a forma de autarquia federal, para provimento do cargo efetivo de professor. Um mês depois da colação de grau, foi publicado o resultado do certame: Mateus tinha sido o primeiro colocado.

Mateus soube que seria nomeado em novembro de 2018, previsão essa que se confirmou. Como já tinha uma viagem marcada para o México, outorgou procuração específica para seu pai, Roberto, para que este assinasse o termo de posse. No último dia previsto para a posse, Roberto comparece à repartição pública.

Ocorre que, orientado pela assessoria jurídica, o Reitor não permitiu a posse de Mateus, sob a justificativa de não ser possível a investidura de estrangeiro em cargo público. A autoridade também salientou que outros dois fatos impediriam a posse: a impossibilidade de o provimento ocorrer por meio de procuração e o não cumprimento, por parte de Mateus, de um dos requisitos do cargo (diploma de nível superior em engenharia) na data da inscrição no concurso público.

Ciente disso, Mateus, que não se naturalizara brasileiro, interrompe sua viagem e retorna imediatamente ao Brasil. Quinze dias depois da negativa de posse pelo Reitor, Mateus contrata você, como advogado(a), para adotar as providências cabíveis perante o Poder Judiciário. Há certa urgência na obtenção do provimento jurisdicional, ante o receio de que, com o agravamento da crise, não haja dotação orçamentária para a nomeação futura. Considere que todas as provas necessárias já estão pré-constituídas, não sendo necessária dilação probatória.

Considerando essas informações, redija a peça cabível que traga o procedimento mais célere para a defesa dos interesses de Mateus. A ação deve ser proposta imediatamente. Explicite as teses favoráveis ao seu cliente. **(Valor: 5,00)**

Obs.: a peça deve abranger todos os fundamentos de Direito que possam ser utilizados para dar respaldo à pretensão. A simples menção ou transcrição do dispositivo legal não confere pontuação.

GABARITO COMENTADO

O examinando deve apresentar *Mandado de Segurança*, impugnando a validade da decisão que impediu Mateus de tomar posse no cargo público.

O Mandado de Segurança há de ser dirigido a Juízo Federal, competente para o julgamento de Mandado de Segurança contra ato do Reitor, na forma do Art. 109 da CRFB/88.

O examinando deve indicar, como impetrante, Mateus, bem como indicar a autoridade coatora (o Reitor) e a pessoa jurídica a que se vincula (autarquia federal – Universidade Federal).

O examinando deve demonstrar o cabimento da impetração, pois (i) houve violação a direito líquido e certo, nos termos do Art. 5º, LXIX, da CRFB/88, **OU** do Art. 1º, da Lei n. 12.016/09; e (ii) há respeito ao prazo decadencial previsto no Art. 23 da Lei n. 12.016/09.

No mérito, deve ser alegado:
i) o candidato deve cumprir os requisitos do cargo no momento da posse, não no da inscrição no concurso público, em consonância com a Súmula 266 do STJ;
ii) a legislação permite a posse por procuração específica, nos termos do Art. 13, § 3º, da Lei nº 8.112/1990; e

iii) as universidades podem prover seus cargos de professor com estrangeiros, nos termos do Art. 5º, § 3º, da Lei nº 8.112/1990.

Deve ser formulado pedido de concessão de medida liminar, demonstrando-se o fundamento relevante (violação ao Art. 5º, § 3º, e ao Art. 13, § 3º, ambos da Lei nº 8.112/1990, e à Súmula 266 do STJ) e o fundado receio de ineficácia da medida, caso concedida a segurança apenas ao final do processo, dado o risco real de não haver dotação orçamentária para a nomeação futura.

Ao final, devem ser formulados pedidos de notificação da autoridade coatora e de ciência ao órgão de representação judicial da pessoa jurídica de direito público a que se vincula aquela autoridade. Também deve ser requerida a concessão da liminar para suspender os efeitos da decisão do Reitor, determinando a posse imediata de Mateus.

No mérito, o examinando deve requerer a concessão da segurança, confirmando a liminar concedida, para anular a decisão do Reitor e, por consequência, garantir o direito de Mateus à posse no cargo público.

Distribuição dos pontos

ITEM	PONTUAÇÃO
Endereçamento:	
1. Juízo Federal (0,10)	0,00/0,10
Qualificação das partes:	
2. Impetrante: Mateus (0,10).	0,00/0,10
3. Autoridade coatora: Reitor (0,10)	0,00/0,10
4. Pessoa jurídica interessada: Autarquia federal (Universidade Federal) (0,10)	0,00/0,10
Cabimento	
5. Houve violação a direito líquido e certo **OU** A medida encontra fundamento no Art. 5º, LXIX, da CRFB/88, **OU** no Art. 1º, da Lei n. 12.016/09 (0,10)	0,00/0,10
6. Obediência ao prazo previsto no Art. 23 da Lei n. 12.016/09 (0,10) Obs.: não será pontuada a menção a prazo prescricional	0,00/0,10
Fundamentação	
7. O impetrante deve cumprir os requisitos do cargo no momento da posse e não no ato da inscrição no concurso público (0,70), em consonância com a Súmula 266 do STJ (0,10)	0,00/0,70/0,80
8. A legislação permite a posse por procuração específica (0,70), nos termos do Art. 13, § 3º, da Lei nº 8.112/90 (0,10).	0,00/0,70/0,80

ITEM	PONTUAÇÃO
9. As universidades podem prover seus cargos de professor com estrangeiros (0,70), nos termos do Art. 5º, § 3º, da Lei nº 8.112/90 **OU** do Art. 207, § 1º, da CRFB/88 (0,10).	0,00/0,70/0,80
Fundamentos para a concessão da medida liminar	
10. Indicar a probabilidade do direito de acordo com a fundamentação (itens 7, 8 e 9) (0,30)	0,00/0,30
11. Indicar o perigo da demora com fundamento no receio de ineficácia da medida, caso concedida a segurança apenas ao final, dado o risco real de não haver dotação orçamentária para a nomeação futura (0,30)	0,00/0,30
12. Nos termos do Art. 7º, III, da Lei n. 12.016/09 (0,10) Obs.: esta pontuação está condicionada à indicação correta dos requisitos dos itens 10 ou 11.	0,00/0,10
Pedidos	
13. Concessão da liminar para **suspender** os efeitos do ato coator **OU** para **determinar** a posse imediata de Mateus (0,40)	0,00/0,40
14. Notificação da autoridade coatora (Reitor) (0,10)	0,00/0,10
15. Ciência ao órgão de representação judicial da Autarquia federal (Universidade) (0,10)	0,00/0,10
16. Juntada de documentos que demonstrem a prova pré-constituída (0,10)	0,00/0,10
17. Concessão da segurança para **anular** o ato coator **OU** para garantir em definitivo o direito de Mateus à posse no cargo público (0,40)	0,00/0,40
Finalização:	
18. Indicação do valor da causa (0,10)	0,00/0,10
Fechamento da peça:	
19. Local..., Data..., Advogado...e OAB... (0,10)	0,00/0,10

(OAB/Exame Unificado – 2019.1- 2ª fase) Apolônio Silva foi encarcerado há três anos, pela prática do crime de lesão corporal seguida de morte (Art. 129, § 3º, do CP), em razão de decisão penal transitada em julgado proferida pelo Tribunal de Justiça do Estado Alfa, que o condenou à pena de doze anos de reclusão.

Apesar das tentativas da Defensoria Pública de obter a ordem de soltura, Apolônio permaneceu preso, até que, no ano corrente, foi morto durante a rebelião que ocorreu no presídio em que estava acautelado. Durante a mesma rebelião, numerosos condenados foram assassinados a tiros, sendo certo que as armas ingressaram no local mediante pagamento de propina aos agentes penitenciários.

Inconformada, Maria da Silva, mãe de Apolônio, procurou você para, na qualidade de advogado(a), tomar as medidas cabíveis, com vistas a obter a responsabilização civil do Estado. Ela demonstrou que, ao tempo da prisão, ele era filho único, solteiro, sem filhos, trabalhador, e provia o seu sustento. Como Maria tem idade avançada e problemas de saúde, ela não tem condições de arcar com os custos do processo, notadamente porque gastou as últimas economias para proporcionar um funeral digno para o filho.

Redija a peça cabível, mediante apontamento de todos os argumentos jurídicos pertinentes. **(Valor: 5,00)**

Obs.: a peça deve abranger todos os fundamentos de Direito que possam ser utilizados para dar respaldo à pretensão. A simples menção ou transcrição do dispositivo legal não confere pontuação.

GABARITO COMENTADO

A medida cabível é a petição inicial de *Ação De Responsabilidade Civil* **OU** *Ação Indenizatória*.

A peça deve ser endereçada a um dos Juízos da Vara de Fazenda Pública **OU** Vara Cível da Comarca X do Estado Alfa.

Na qualificação das partes: Maria da Silva é a autora e o Estado Alfa é o réu.

Inicialmente, deve ser requerida a gratuidade de justiça, diante da impossibilidade de a autora arcar com as custas do processo, sem prejuízo do próprio sustento, na forma do Art. 98 do CPC.

Na fundamentação, deve ser alegada a caracterização do dever de indenizar pelo Estado, com base nos seguintes fundamentos:

a. Presença dos elementos configuradores da responsabilidade objetiva do Estado **OU** independentemente da demonstração do elemento subjetivo (dolo ou culpa), destacando-se ainda:

   a1. Violação do dever de preservação da integridade física e moral do preso na forma do Art. 5º, inciso XLIX, da CRFB/88.

   a2. Incidência do Art. 37, § 6º, da CRFB/88, que adota a teoria do risco administrativo.

b. Com relação ao dano, o examinando deve apontar também:

   b1. Caracterização do dano moral (*in re ipsa*), decorrente do falecimento do filho da demandante.

   b2. Dependência financeira da autora, que contava com o falecido para o seu sustento, para fins de pensionamento, na forma do Art. 948, inciso II, do Código Civil;

   b3. Necessidade de ressarcimento das despesas de funeral, na forma do Art. 948, inciso I, do Código Civil.

Ao final, deve ser formulado pedido de procedência, para que o Estado seja condenado no pagamento de indenização por danos morais, ressarcimento pelas despesas de funeral, bem como no pensionamento da autora.

Ademais, devem ser expressamente requeridas a produção de provas para a demonstração da verdade dos fatos alegados; a condenação em custas e honorários; o valor da causa e a opção do autor pela realização, ou não, de audiência de conciliação ou mediação.

Arremata a peça a indicação de local, data, espaço para assinatura do advogado e número de sua inscrição na OAB.

Distribuição dos pontos

ITEM	PONTUAÇÃO
Endereçamento da inicial	
1. Juízo da Vara de Fazenda Pública **OU** Vara Cível da Comarca X do Estado Alfa (0,10)	0,00/0,10
Partes	
2. Autora: Maria da Silva (0,10); Réu: Estado Alfa (0,10).	0,00/0,10/0,20
Gratuidade de Justiça	
3. Concessão da gratuidade de justiça (0,20), na forma do Art. 98 do CPC (0,10).	0,00/0,20/0,30
Fundamentação	
4. Violação do dever de preservação da integridade física e moral do preso (0,60), na forma do Art. 5º, inciso XLIX, da CRFB/88 (0,10).	0,00/0,60/0,70
5. Caracterização da responsabilidade objetiva do Estado **OU** responsabilidade independentemente da demonstração do elemento subjetivo (dolo ou culpa) **OU** responsabilidade em razão da teoria do risco administrativo (0,60), nos termos do Art. 37, § 6º, da CRFB/88 (0,10)	0,00/0,60/0,70
6. Com relação ao dano, apontar:	
6.1. caracterização do dano moral (*in re ipsa*), decorrente do falecimento do filho da demandante (0,50).	0,00/0,50
6.2. caracterização do dano material em decorrência da dependência financeira da autora, que contava com o falecido para o seu sustento, para fins de pensionamento (0,40), na forma do Art. 948, inciso II, do Código Civil (0,10).	0,00/0,40/0,50
6.3. caracterização do dano material em razão das despesas de funeral (0,40), na forma do Art. 948, inciso I, do Código Civil (0,10).	0,00/0,40/0,50
Pedidos	
7. Procedência do pedido para que o Estado seja condenado no pagamento de indenização (0,30), especificamente:	0,00/0,30
7.1. danos morais (0,20)	0,00/0,20
7.2. pensionamento à autora (0,20)	0,00/0,20
7.3. ressarcimento pelas despesas de funeral (0,20).	0,00/0,20
8. Produção de provas (0,10).	0,00/0,10
9. Opção pela realização ou não da audiência de conciliação (0,10).	0,00/0,10
10. Condenação em custas (0,10) e honorários sucumbenciais (0,10) **OU** condenação nos ônus da sucumbência (0,20)	0,00/0,10/0,20
11. Indicação do valor da causa (0,10)	0,00/0,10
Fechamento	
12. Local, data, assinatura e número de inscrição na OAB (0,10).	0,00/0,10

(OAB/Exame Unificado – 2019.2- 2ª fase) Em concurso realizado na vigência da Emenda Constitucional nº 20/98, Joel foi aprovado para desempenhar serviços notariais e de registro, vindo a ser nomeado tabelião de notas de serventia extrajudicial, no Estado Alfa. Ao completar setenta e cinco anos de idade, em maio de 2018, Joel foi aposentado compulsoriamente pelo regime próprio de previdência do ente federativo em questão, contra a sua vontade, sob o motivo de que havia atingido a idade limite para atuar junto à Administração Pública, nos termos da CRFB/88.

Joel, em razão da aposentação compulsória, sentindo-se violado nos seus direitos de personalidade, entrou em depressão profunda em menos de dois meses. O quadro tornou-se ainda mais grave devido à grande perda patrimonial, considerando que os proventos de inativo são bem inferiores ao valor do faturamento mensal do cartório.

Seis meses após a decisão que declarou "vacante" a sua delegação junto a específico cartório de notas, e o deu por aposentado, Joel procura você, como advogado(a), para tomar as providências pertinentes à defesa de seus interesses. Menciona que sua pretensão seria voltar à atividade e ser reparado por todos os danos sofridos.

Redija a peça processual adequada para a plena defesa dos interesses de Joel, mediante o apontamento de todos os argumentos pertinentes. **(Valor: 5,00)**

Obs.: a peça deve abranger todos os fundamentos de Direito que possam ser utilizados para dar respaldo à pretensão. A simples menção ou transcrição do dispositivo legal não confere pontuação.

GABARITO COMENTADO

A medida cabível é a *petição inicial de ação anulatória* do ato de aposentadoria de Joel, com a reintegração na função delegada, bem como indenização pelo período do afastamento ilegal e por danos morais, *com pedido de liminar*.

A peça deve ser endereçada a um dos Juízes da Vara de Fazenda Pública do Estado Alfa ou para a Vara Cível competente.

Na qualificação das partes: Joel é o autor e o Estado Alfa é o réu.

Na fundamentação, deve ser alegada a nulidade da aposentadoria compulsória de Joel, pelos fundamentos a seguir.

I. Apesar de realizarem concurso público, os tabeliães, notários e oficiais dos serviços notariais e de registro não são servidores públicos, mas agentes que exercem função delegada, na forma do Art. 236 da CRFB/88 **OU** Art. 3º da Lei nº 8.935/94.

II. Consequentemente, os tabeliães, notários e oficiais de serviços notariais estão vinculados ao regime geral de previdência social e/ou não se submetem ao regime de aposentadoria próprio dos servidores públicos ocupantes de cargos efetivos, notadamente à aposentadoria compulsória, prevista no Art. 40, § 1º, inciso II, da CRFB/88.

Com relação à indenização, deve ser destacado:

a. A presença dos elementos configuradores da responsabilidade civil do Estado – conduta ilícita, nexo causal e dano – a ensejar o dever de reparação material e moral, na forma do Art. 37, § 6º, da CRFB/88.

b. Quanto ao dano material, ressaltar os enormes prejuízos sofridos por Joel em razão da redução de sua remuneração a partir de sua aposentadoria compulsória.

c. Em relação ao dano moral, frisar que a conduta ilegal foi além do mero aborrecimento **OU** violou direitos da personalidade do demandante.

Deve ser efetuado pedido de concessão de liminar para suspender os efeitos do ato de aposentadoria e reintegrar o autor nas funções notariais, na forma do Art. 300, *caput*, **OU** do Art. 311, inciso II, ambos do CPC.

Ao final, deve ser formulado pedido de procedência, para anular o ato de aposentadoria compulsória de Joel, com sua reintegração na função delegada, bem como indenizá-lo pelos prejuízos materiais e morais sofridos.

Ademais, devem ser expressamente requeridas a citação do réu, juntada de provas para a demonstração da verdade dos fatos alegados; a condenação em custas e honorários; o valor da causa e a opção do autor pela realização, ou não, de audiência de conciliação ou mediação.

Arremata a peça a indicação de local, data, espaço para assinatura do advogado e o número de sua inscrição na OAB.

Distribuição dos pontos

ITEM	PONTUAÇÃO
Endereçamento da inicial	
1. Juízo da Vara de Fazenda Pública **ou** Vara Cível da Comarca (...) do Estado Alfa (0,10).	0,00/0,10
Qualificação das partes	
2. Autor: Joel (0,10); Réu: Estado Alfa (0,10).	0,00/0,10/0,20
Fundamentação	
Nulidade do ato de aposentadoria:	0,00/0,60/0,70
3. Apesar de realizarem concurso público, os tabeliães, notários e oficiais dos serviços notariais e de registro não são servidores públicos, mas agentes que exercem função delegada (0,60), na forma do Art. 236 da CRFB/88 **OU** do Art. 3º da Lei nº 8.935/94 **OU** repercussão geral julgada no RE 647.827 (0,10).	
4. Não submissão ao regime próprio de aposentadoria dos servidores públicos, notadamente à aposentadoria compulsória (0,60), prevista no Art. 40, *caput* **OU** inciso II, da CRFB/88 (0,10).	0,00/0,60/0,70
Com relação à indenização:	0,00/0,50/0,60
5. A presença dos elementos configuradores da responsabilidade objetiva do Estado – conduta ilícita, nexo causal e dano (0,50), na forma do Art. 37, § 6º, da CRFB/88 (0,10).	
6. Ocorrência do dano material (0,10), em razão da abrupta redução da remuneração de Joel a partir de sua aposentadoria compulsória (0,20).	0,00/0,10/0,30
7. Ocorrência do dano moral (0,10), porque a conduta ilegal foi além do mero aborrecimento **OU** violou direitos da personalidade do demandante (0,20).	0,00/0,10/0,30

ITEM	PONTUAÇÃO
Fundamentação da Liminar	
8. Presença dos requisitos para a concessão da tutela de urgência **OU** tutela de evidência (0,20), diante da probabilidade do direito **e** perigo de dano ao resultado útil do processo **OU** porque os fatos podem ser demonstrados documentalmente e diante da repercussão geral julgada pelo STF (0,30), na forma do Art. 300, *caput*, **OU** do Art. 311, inciso II, ambos do CPC (0,10).	0,00/0,20/0,30/ 0,40/0,50/0,60
Pedidos	
9. Concessão de liminar para suspender os efeitos do ato de aposentadoria e reintegrar o autor nas funções notariais, até julgamento final (0,20).	0,00/0,20
10. Procedência do pedido, para:	
10.1. que seja anulado o ato de aposentadoria compulsória (0,30);	0,00/0,30
10.2. que Joel seja reintegrado definitivamente na função delegada (0,20),	0,00/0,20
10.3. que o Estado Alfa seja condenado ao pagamento de indenização material (0,10) e moral (0,10) pelos prejuízos sofridos.	0,00/0,10/0,20
11. Produção de provas, mediante a juntada dos documentos acostados à inicial (0,10).	0,00/0,10
12. Condenação em ônus da sucumbência (0,20) **OU** honorários advocatícios (0,10) e reembolso das custas processuais (0,10)	0,00/0,10/0,20
13. Opção pela realização, ou não, de conciliação ou mediação (0,10).	0,00/0,10
Fechamento	
14. Valor da Causa (0,10).	0,00/0,10
15. Local, data, assinatura do advogado e número de inscrição na OAB (0,10).	0,00/0,10

(OAB/Exame Unificado – 2019.3- 2ª fase) Márcio foi prefeito do Município Alfa, entre janeiro de 2009 e dezembro de 2012. Na campanha eleitoral em 2008, Márcio prometeu que, se eleito, construiria um hospital no Município. A proposta visava facilitar o atendimento médico da população, que até então precisava se deslocar para a capital do Estado, distante 300 km.

Após assumir o mandato, Márcio identificou um rombo nas contas públicas, em muito provocado pelos altos salários do funcionalismo. A situação perdurou por todo o mandato, tendo em vista a ausência de crescimento das receitas municipais. Nesse cenário, restou inviabilizada a construção do hospital.

Ao término do mandato, o Ministério Público estadual, ciente de que Márcio não fora reeleito, instaurou inquérito civil público para investigar a promessa não cumprida. Em janeiro de 2018, o *parquet* ingressou com ação civil pública por ato de improbidade administrativa em desfavor do ex-prefeito Márcio.

Na inicial, sustenta-se que a omissão atentou contra os princípios da Administração Pública, sobretudo porque, supostamente, teria violado o dever de honestidade e deixado de praticar, injustificadamente, ato de ofício que se põe vinculado por promessa eleitoral. Por essa razão, foi requerida a suspensão dos direitos políticos de Márcio, por três anos, bem como a imposição de multa no valor de R$ 500.000,00 (quinhentos mil reais). Também foi requerida a medida cautelar de indisponibilidade dos bens do ex-prefeito.

Antes de oferecer qualquer oportunidade de manifestação a Márcio, o magistrado da Vara da Fazenda Pública recebeu a inicial, afirmando a presença de justa causa, e determinou a citação do ex-prefeito. Quanto à medida cautelar de indisponibilidade de bens, a autoridade judicial consignou que o pedido seria examinado após a apresentação da defesa.

Regularmente citado, Márcio contrata você, como advogado(a), para assumir sua defesa. O ex-gestor público alega ter sido surpreendido pela aludida citação, sem ter direito à manifestação prévia, e faz questão de expor suas razões para o Juízo de primeiro grau, na medida em que considera que o ajuizamento da ação é perseguição política.

Considerando essas informações e ciente que Márcio procurou você no mesmo dia da citação, sem que ainda tivesse iniciado a contagem dos prazos processuais, **redija a peça cabível, junto ao juízo onde tem curso a ação, para a defesa dos interesses de Márcio, invocando todos os argumentos pertinentes à luz do caso concreto. (Valor: 5,00)**

Obs.: _a peça deve abranger todos os fundamentos de Direito que possam ser utilizados para dar respaldo à pretensão. A simples menção ou transcrição do dispositivo legal não pontua._

> **COMENTÁRIOS DOS AUTORES**
>
> **Atenção!**
> **O novo regramento da improbidade administrativa ***
>
> Em 25 de outubro de 2021 foi editada a Lei 14.230, que alterou substancialmente o regime da improbidade administrativa incorporado na Lei 8.429/1992. Diversos aspectos do regramento anterior foram alterados, como elemento subjetivo, modalidades de improbidade, regime sancionatório, processo judicial, prescrição etc.
>
> Assim, há substancial alteração do padrão de resposta da banca FGV dessa questão prática, conforme os comentários abaixo.

* Breves comentários sobre o novo regime da improbidade administrativa (_vide_ página XXX).

> **GABARITO COMENTADO**

O examinando deve elaborar uma _contestação_, nos termos do Art. 17, § 9º, da Lei nº 8.429/92. A peça deve ser dirigida ao Juízo competente e indicar Márcio como requerido e o Ministério Público como requerente.

O examinando deve abordar as seguintes questões:

A) Como preliminar:

   I – Ocorrência de prescrição da ação de improbidade, tendo em vista que o mandato do ex-prefeito encerrou-se em dezembro de 2012 e a ação só foi ajuizada em janeiro de 2018. Transcorreram, no caso concreto, mais de cinco anos até a propositura da ação. Como fundamento legal, o Art. 23, inciso I, da Lei nº 8.429/92;

Atenção! O regime prescricional da improbidade foi modificado pela Lei 14.230/2021, tendo sido *unificado* para as diversas categorias de agentes públicos envolvidos. Atualmente, o prazo de prescrição é de *8 anos*, contados a partir da ocorrência do fato ou, no caso de infrações permanentes, do dia em que cessou a permanência (art. 23, "caput", da Lei 8.429/1992). Ademais, o novo regime passou a dispor sobre a *suspensão* e a *interrupção* do prazo prescricional.

II – A nulidade da decisão que recebeu a ação de improbidade, ante a violação ao princípio constitucional do contraditório. Antes do recebimento, deveria o Juízo ter dado oportunidade para o requerido se manifestar acerca da acusação que lhe foi feita, em conformidade com o Art. 17, § 7º, da Lei nº 8.429/92;

Cuidado! A fase de defesa preliminar (o requerido era notificado para oferecer sua defesa em 15 dias) foi *abolida* pela Lei 14.230/2021. Caso a hipótese da peça profissional indique o ajuizamento de ação de improbidade administrativa, e seja indicada a necessidade de apresentação de defesa pelo réu, necessária a elaboração de contestação.

III – Ausência dos pressupostos para a decretação da indisponibilidade de bens, tendo em vista que a referida cautelar só pode ser decretada quando o ato de improbidade causar lesão ao patrimônio público ou ensejar enriquecimento ilícito. Na hipótese do enunciado, Márcio está sendo acusado da prática de ato de improbidade que atenta contra os princípios da Administração Pública. O examinando deve apontar, como fundamento, o Art. 7º da Lei nº 8.429/92;

Alerta! O art. 7º da Lei 8.429/92 não mais prevê a medida da indisponibilidade dos bens, atualmente disciplinada no art. 16. Trata-se de providência cautelar que visa a garantir a integral recomposição do erário ou do acréscimo patrimonial resultante de enriquecimento ilícito.

B) No mérito:

I – Falta do elemento subjetivo (dolo e/ou culpa) na conduta de Márcio e, por consequência, a inexistência do ato de improbidade.

Atenção! Não mais se admite a modalidade culposa de ato ímprobo. Conforme o novo regramento, somente é possível a improbidade dolosa.

II – A não construção do hospital decorreu de situação alheia à vontade do ex-Prefeito, uma vez que o município não dispunha de recursos suficientes para arcar com as obras (cláusula da reserva do possível). A promessa de campanha é fato atípico, incabível de ser penalizado.

Devem ser formulados os seguintes pedidos:

i) improcedência liminar da ação, tendo em vista a ocorrência de prescrição;

ii) nulidade da decisão de recebimento da ação de improbidade por ofensa ao contraditório;

iii) indeferimento da decretação de indisponibilidade de bens ante a ausência dos pressupostos autorizadores;

iv) improcedência da ação, dada a inexistência do ato de improbidade; e

v) produção genérica de provas.

Por fim, o fechamento da peça.

Distribuição dos pontos

ITEM	PONTUAÇÃO
Endereçamento	
1. Endereçamento da *contestação*: Vara da Fazenda Pública (0,10).	0,00/0,10
Qualificação das partes	
2. Requerente: Ministério Público (0,10); requerido: Márcio (0,10).	0,00/0,10/0,20
Fundamentação, como preliminar	
3. Ocorrência de prescrição da ação de improbidade, tendo em vista que o mandato do ex-Prefeito encerrou-se em dezembro de 2012 e a ação só foi ajuizada em janeiro de 2018. Transcorreram, no caso concreto, mais de cinco anos até a propositura da ação (0,60). Como fundamento legal, o Art. 23, inciso I, da Lei nº 8.429/1992 (0,10).	0,00/0,60/0,70
4. Nulidade da decisão que recebeu a ação de improbidade, ante a violação ao princípio constitucional do contraditório (0,50), em conformidade com o Artigo 5º LV CRFB (0,10). OU Antes do recebimento, deveria o Juízo ter dado oportunidade para que o requerido se manifestasse acerca da acusação que lhe foi feita (0,50), em conformidade com o Art. 17, § 7º, da Lei nº 8.429/92 (0,10).	0,00/0,50/0,60
5. Na hipótese, Márcio está sendo acusado da prática de ato de improbidade que atenta contra os princípios da Administração Pública. Assim, ausentes os pressupostos para a decretação da indisponibilidade de bens, tendo em vista que a referida cautelar só pode ser decretada quando o ato de improbidade causar lesão ao patrimônio público ou ensejar enriquecimento ilícito (0,50), segundo o Art. 7º da Lei nº 8.429/92 (0,10).	0,00/0,50/0,60
Fundamentação, no mérito	
6. Falta do elemento subjetivo (dolo e/ou culpa) na conduta de Márcio e, por consequência, a inexistência do ato de improbidade (0,60).	0,00/0,60
7. A não construção do hospital decorreu de fator alheio à vontade do ex-Prefeito, consistente no fato de que o município não dispunha de recursos suficientes para arcar com as obras (cláusula da reserva do possível) OU A promessa de campanha é fato atípico, incabível de ser penalizado. (0,60).	0,00/0,60
Pedidos	
8. Improcedência liminar da ação, tendo em vista a ocorrência de prescrição (0,40).	0,00/0,40
9. Nulidade da decisão de recebimento da ação de improbidade por ofensa ao contraditório (0,30). OU Por não ter sido oportunizada apresentação de defesa prévia. (0,30).	0,00/0,30
10. Indeferimento da decretação de indisponibilidade de bens ante a ausência dos pressupostos autorizadores (0,30).	0,00/0,30
11. Improcedência da ação ante a inexistência do ato de improbidade (0,30).	0,00/0,30
12. Produção genérica de provas (0,20).	0,00/0,20
Fechamento	
13. Local..., data..., advogado... e OAB... (0,10)	0,00/0,10

(OAB/Exame Unificado – 2020.1 - 2ª fase) Para incentivar a prática de diversos esportes olímpicos, a Secretaria de Esportes de determinado estado da Federação publicou edital de licitação (parceria público-privada na modalidade concessão patrocinada), que tinha por objeto a construção, gestão e operação de uma arena poliesportiva.

No estudo técnico, anexo ao edital, consta que as receitas da concessionária advirão dos valores pagos pelas equipes esportivas para a utilização do espaço, complementadas pela contrapartida do parceiro público. O aporte de dinheiro público corresponde a 80% do total da remuneração do parceiro privado. Na época da publicação do instrumento convocatório, dois deputados estaduais criticaram o excessivo aporte de recursos públicos, bem como a ausência de participação da Assembleia Legislativa nesse importante projeto.

Diversas empresas participaram do certame, sagrando-se vencedor o consórcio *Todos Juntos*, que apresentou proposta de exatos R$ 30 milhões. O prazo de duração do futuro contrato, conforme estabelecido em edital, é de cinquenta anos.

Dias antes da celebração do contrato, após o certame ter sido homologado e adjudicado, foi constituída uma Sociedade de Propósito Específico (SPE), que seria responsável por implantar e gerir o objeto da parceria. O representante da SPE, não satisfeito com a minuta contratual que lhe fora apresentada, resolveu procurar o Secretário de Esportes para propor que toda a contraprestação do parceiro público fosse antecipada para o dia da celebração do contrato, o que foi aceito pela autoridade estadual, após demorada reunião.

Diversos veículos de comunicação divulgaram que o acolhimento do pleito da SPE ocorreu em troca de apoio financeiro para a campanha do Secretário de Esportes ao cargo de Governador. A autoridade policial obteve, por meio lícito, áudio da conversa travada entre o Secretário e o representante da SPE, que confirma a versão divulgada na imprensa.

Dias depois, a mulher do Secretário de Esportes procura a polícia e apresenta material (vários documentos) que demonstram que a licitação foi "dirigida" e que o preço está bem acima do custo.

Ricardo, cidadão brasileiro residente na capital do referido estado, com os direitos políticos em dia, procura você para, na qualidade de advogado(a), **redigir a peça adequada para anular a licitação. Há certa urgência na obtenção do provimento jurisdicional, tendo em vista a iminente celebração do contrato. Considere que, de acordo com a lei de organização judiciária local, o foro competente é a Vara da Fazenda Pública. A peça deve abranger todos os fundamentos de Direito que possam ser utilizados para dar respaldo à pretensão, inclusive quanto à legitimidade do demandante. (Valor: 5,00)**

Obs.: *a simples menção ou transcrição do dispositivo legal não confere pontuação.*

GABARITO COMENTADO

A peça adequada é a *Ação Popular*, destinada, nos termos do Art. 5º, inciso LXXIII, da CRFB/88, à anulação de ato lesivo ao patrimônio público e à moralidade administrativa.

Não é cabível a utilização de Mandado de Segurança, que não é substitutivo da Ação Popular (Súmula 101 do STF), nem Ação Ordinária.

A Ação Popular deve ser proposta no Juízo da Vara da Fazenda Pública da capital do Estado. O autor é Ricardo. Os réus da ação são o Secretário de Esportes, o Estado e a SPE, beneficiária direta dos atos (Art. 6º da Lei nº 4.717/65).

O examinando deve demonstrar, em preliminar, a legitimidade ativa de Ricardo. Assim, deve citar que o autor é cidadão com direitos políticos vigentes, conforme demonstrado por juntada de cópia de título de eleitor, tal como exige o Art. 1º, § 3º, da Lei nº 4.717/65.

No mérito, o examinando deve abordar os seguintes pontos:

i) O prazo de vigência do contrato de parceria público-privada não pode ser superior a 35 (trinta e cinco) anos, nos termos do Art. 5º, inciso I, da Lei nº 11.079/04;

ii) A contraprestação da Administração Pública deve obrigatoriamente ser precedida da disponibilização do serviço objeto do contrato de parceria público-privada, não podendo ser antecipada para a data da celebração do contrato, nos termos do Art. 7º da Lei nº 11.079/04;

iii) Como o aporte de dinheiro público corresponde a 80% do total da remuneração do parceiro privado, seria necessária a autorização legislativa específica, o que não ocorreu no caso concreto, violando, assim, o Art. 10, § 3º, da Lei nº 11.079/04;

iv) O favorecimento da SPE em troca de apoio financeiro para campanha eleitoral fere o princípio da moralidade **ou** da impessoalidade, nos termos do Art. 37 da CRFB/88.

Deve ser formulado pedido de concessão de medida liminar, consistente na suspensão do certame com a consequente não celebração do contrato, demonstrando-se o fundamento relevante (itens i, ii, iii e iv do parágrafo anterior) e o perigo da demora (materialização do dano consubstanciado pela celebração do contrato).

Quanto aos pedidos, o examinando deve requerer:

i) a concessão de liminar para a suspensão do certame, com a consequente não celebração do contrato;

ii) a citação dos réus;

iii) a intimação do representante do Ministério Público (Art. 7º, inciso I, alínea *a*, da Lei nº 4.717/65);

iv) procedência do pedido para a confirmação da liminar e para a anulação da licitação; e

v) a condenação dos réus ao pagamento das verbas de sucumbência. Deve, ainda, requerer a produção de provas.

Por fim, o fechamento.

Distribuição dos pontos

ITEM	PONTUAÇÃO
Endereçamento	
1. Endereçamento da Ação Popular: Juízo da Vara da Fazenda Pública da capital do Estado (0,10).	0,00/0,10
2. Qualificação das partes:	
Autor: Ricardo (0,10).	0,00/0,10
Réu: Secretário de Esportes (0,10), Estado (0,10) e a SPE (0,10).	0,00/0,10/0,20/0,30

ITEM	PONTUAÇÃO
Fundamentação	
3. Preliminar de legitimidade ativa de Ricardo, no sentido e que o autor é cidadão com direitos políticos vigentes, conforme título de eleitor (0,10), tal como exige o Art. 1º, § 3º, da Lei nº 4.717/65 (0,10)	0,00/0,10/0,20
No mérito	
4. Afigura-se ilegal a fixação do prazo de 50 anos pelo edital, haja vista que o prazo do contrato de parceria público-privada não pode ser superior a 35 (trinta e cinco) anos (0,55), nos termos do Art. 5º, inciso I, da Lei nº 11.079/04 (0,10);	0,00/0,55/0,65
5. Não é possível a antecipação da contraprestação do parceiro público para a data da celebração do contrato, devendo, obrigatoriamente, ser precedida da disponibilização do serviço objeto do contrato de parceria público-privada, (0,55), nos termos do Art. 7º da Lei nº 11.079/04 (0,10);	0,00/0,55/0,65
6. Como o aporte de dinheiro público corresponde a 80% do total da remuneração do parceiro privado, seria necessária a autorização legislativa específica, o que não ocorreu no caso concreto (0,55), violando, assim, o Art. 10, § 3º, da Lei nº 11.079/04 (0,10);	0,00/0,55/0,65
7. O favorecimento da SPE em troca de apoio financeiro para campanha eleitoral fere o princípio da moralidade **ou** da impessoalidade (0,55), nos termos do Art. 37 da CRFB/88 (0,10) **OU** Configura desvio de finalidade (0,55), nos termos do Art. 2º, "e" da Lei nº 4717/65 (0,10).	0,00/0,55/0,65
Fundamentos para a concessão da medida liminar	
8. A probabilidade do direito está demonstrada pelos fundamentos de mérito da lide (0,20).	0,00/0,20
9. O perigo da demora baseia-se no receio de ineficácia da medida caso aguarde a decisão final de mérito do processo, tendo em vista a iminente materialização do dano consubstanciado pela celebração do contrato (0,20).	0,00/0,20
Pedidos	
10. Concessão de liminar para a suspensão do certame (0,40);	0,00/0,40
11. Citação dos réus (0,10);	0,00/0,10
12. Procedência do pedido para a anulação da licitação (0,40);	0,00/0,40
13. Condenação dos réus ao pagamento das verbas de sucumbência (0,10);	0,00/0,10
14. Requerimento para a produção de provas (0,10);	0,00/0,10
15. Valor da causa (0,10)	0,00/0,10
Fechamento da peça	
16. Local..., Data..., Advogado... e OAB... (0,10)	0,00/0,10

(OAB/Exame Unificado – 2020.2- 2ª fase) No início de 2016, Amália se inscreveu no concurso para Delegado de Polícia do Estado *Ômega*, cujo edital previa a realização de prova escrita e de aptidão física para os candidatos que tivessem sido aprovados na fase anterior. O instrumento convocatório continha cláusula expressa no sentido de que tais exames seriam agendados na mesma data para todos os candidatos, sem a possibilidade de remarcação por circunstâncias pessoais do candidato.

Após inúmeros percalços no certame, que teve anulação da primeira prova escrita, em razão de fraude, além da remarcação da segunda oportunidade de realização, foi finalmente divulgada a lista de aprovados na fase preliminar e agendado o teste de aptidão física.

Amália obteve excelente classificação na prova escrita, mas estava grávida de trinta e duas semanas no momento em que seria realizado o teste físico e precisava ficar em repouso, por ordem médica, em decorrência de complicações na gestação, de modo que não poderia realizá-lo.

Imediatamente após ter sido indeferido o pedido de remarcação do exame de aptidão física pelo Presidente da Comissão do Concurso, Amália impetrou Mandado de Segurança, com o objetivo de remarcar a prova de aptidão física, mediante a apresentação dos argumentos jurídicos pertinentes.

Devidamente processado o Mandado de Segurança, com manifestação de todas as partes e interessados, o Juízo de 1º grau, qual seja, a 1ª Vara da Fazenda Pública da Comarca da Capital, denegou a ordem, sob o fundamento de que se operou a decadência, na medida em que há questionamento de cláusula do edital, divulgado em momento que antecedeu, em muito, os seis meses previstos em lei para a impetração. Opostos embargos de declaração da sentença, houve o desprovimento do recurso por decisão publicada na última sexta-feira.

Em razão disso, Amália procura você, no dia em que publicada a decisão dos Embargos de Declaração, para, na qualidade de advogado(a), tomar as providências cabíveis para reformar a decisão do Juízo de primeiro grau e obter o pronto exame do mérito.

Redija a peça adequada, mediante a exposição de todos os argumentos jurídicos pertinentes. (Valor: 5,00)

Obs.: *a peça deve abranger todos os fundamentos de Direito que possam ser utilizados para dar respaldo à pretensão. A simples menção ou transcrição do dispositivo legal não confere pontuação.*

GABARITO COMENTADO

A peça adequada é a *Apelação em Mandado de Segurança*, na forma do Art. 14 da Lei nº 12.016/09.

A apelação deve ser apresentada ao Juízo que prolatou a sentença (1ª Vara de Fazenda Pública da Comarca da Capital), com as razões recursais dirigidas ao Tribunal que as apreciará.

Na qualificação das partes, deve constar Amália como recorrente e, o Estado *Ômega*, como recorrido.

Na fundamentação, a peça recursal deve:

a. impugnar o fundamento constante da sentença que reconheceu a decadência para a impetração do Mandado de Segurança, na medida em que não há a impugnação de cláusula do edital, mas pleito para o reconhecimento de sua inaplicabilidade decorrente de circunstâncias posteriores, que só se concretizaram quando da definição do exame de aptidão física;

b. apontar a viabilidade de pronto julgamento do feito de acordo com a legislação processual (Art. 1.013, § 4º, do CPC) e da procedência do pedido, diante da violação do direito líquido e certo de obter o adiamento do teste físico em razão da gravidez, pelos seguintes fundamentos:

b1. a proteção à gestação exorbita o âmbito individual da candidata, pois ampara, sobretudo, a maternidade **e/ou** a família **e/ou** o planejamento familiar, na forma do Art. 226 da CRFB/88 **ou** é dever do Estado de proteger a criança, ainda que no ventre da mãe, com prioridade, consoante o Art. 227 da CRFB/88;

b2. a violação ao princípio da acessibilidade ao serviço público, por culminar na impossibilidade de ingresso das grávidas, previsto no Art. 37, inciso I, da CRFB/88;

b3. a violação ao princípio da isonomia, no sentido material, considerando a necessidade de tratamento diferenciado daqueles que se apresentam em circunstâncias diversas dos demais, consagrado no Art. 37, *caput*, da CRFB/88.

Ao final, devem ser pleiteados o conhecimento e o provimento do recurso com a reforma da sentença e o pronto julgamento do mérito, para que seja concedida a segurança, com o fim de determinar a remarcação da prova de aptidão física, para que a impetrante possa prosseguir no concurso público em questão.

Arremata a peça a indicação de local, data, assinatura do(a) advogado(a) e o número de sua inscrição na OAB.

(OAB/2ª FASE – XXXIII) Aproveitando-se da pandemia do novo coronavírus como uma janela de oportunidade para, a qualquer custo, aumentar seus lucros, a sociedade empresária Gama, do ramo farmacêutico, passou a produzir o medicamento XXX, sem as prévias autorizações legais exigidas pelos órgãos competentes. À revelia de qualquer embasamento científico, o intuito da farmacêutica seria anunciar e vender o medicamento, como se eficaz fosse, para a prevenção e tratamento da Covid-19.

Antes que qualquer unidade do medicamento fosse colocada à venda, a indústria farmacêutica foi fiscalizada pela Agência Nacional de Vigilância Sanitária que, agindo com base na legislação de regência e no regular uso de seu poder de polícia, lavrou auto de infração e, após processo administrativo sanitário, aplicou a sanção administrativa cabível à sociedade empresária Gama, diversa da interdição do estabelecimento. Logo após a vistoria, e antes mesmo de concluído o mencionado processo administrativo, levado a cabo pela Anvisa, os sócios administradores da sociedade empresária Gama desistiram de produzir o medicamento XXX, incineraram os produtos irregulares já produzidos e os insumos destinados à produção de novos.

O Ministério Público Federal recebeu representação de farmacêutica concorrente que noticiou estar ocorrendo a produção ilegal de medicamentos para prevenção e tratamento do Covid-19 pela sociedade empresária Gama e informou que a Anvisa não adotou qualquer medida para a fiscalização dos fatos. Mesmo sabedora de que a Anvisa já havia atuado no caso e que a sociedade empresária Gama já havia desistido de produzir e vender o medicamento XXX, a noticiante, dolosamente, omitiu tais informações na notícia de fato que apresentou ao MPF.

Diante da gravidade da situação que lhe foi apresentada, o Ministério Público Federal ajuizou de imediato ação civil pública em face da Anvisa e da sociedade empresária Gama requerendo, em relação a esta última, *inaudita altera pars*, a concessão de tutela provisória de urgência para a interdição de todas as suas atividades, inclusive a produção de outros medicamentos devidamente licenciados, o que foi integralmente deferido pelo juízo da 1ª Vara Federal da Comarca da Capital do Estado Delta.

Imediatamente após receber a citação para responder à ação civil pública e à intimação para cumprimento da tutela provisória deferida, a sociedade empresária Gama procurou você, como advogado(a), para a defender.

Redija o recurso cabível, que possa levar o tema ao segundo grau de jurisdição, com intuito de reformar o mais rápido possível a decisão judicial que decretou a interdição narrada. (Valor: 5,00)

Obs.: a peça deve abranger todos os fundamentos de Direito que possam ser utilizados para dar respaldo à pretensão. A simples menção ou transcrição do dispositivo legal não confere pontuação.

GABARITO COMENTADO

O(A) examinando(a) deve apresentar recurso de Agravo de Instrumento, com fulcro no Art. 1.015, inciso I, do Código de Processo Civil e no Art. 12 da Lei nº 7.347/85, no prazo de 15 dias (Art. 1.003, § 5º, do CPC).

O agravo de instrumento deve ser endereçado ao Exmo. Sr. Presidente do Tribunal Regional Federal da Região que engloba o Estado Delta (Art. 1.016, *caput*, do CPC).

No recurso, deve constar os nomes das partes, sendo recorrente (agravante) a sociedade empresária Gama e recorrido (agravado) o Ministério Público Federal (Art. 1.016, inciso I, do CPC).

Deve constar, ainda, o nome e o endereço do advogado da recorrente e do órgão de execução do Ministério Público que atua no processo (Art. 1.016, inciso IV, do CPC).

No mérito recursal, deve ser alegada a ausência dos dois requisitos legais necessários ao deferimento e manutenção da tutela de urgência, previstos no Art. 300, *caput*, do CPC, quais sejam:

1) A probabilidade do direito, haja vista que a recorrente não está fabricando nem vendendo ilegalmente o medicamento XXX e já foi fiscalizada administrativamente pela Anvisa. O réu já sofreu fiscalização da Anvisa, que detém poder de polícia, o qual já possui o atributo de autoexecutoriedade, via de regra, sendo certo que a Agência instaurou e concluiu processo administrativo sanitário, aplicando-lhe a sanção cabível, diversa da interdição. Ressalta-se que o próprio agravante, voluntariamente (antes mesmo da conclusão do processo administrativo da Anvisa), desistiu de produzir o medicamento XXX e, inclusive, já incinerou aqueles já produzidos e os insumos destinados à produção de novos, sendo certo que nenhuma unidade do medicamento chegou a ser colocada à venda.

2) O perigo de dano ou o risco ao resultado útil do processo, eis que a empresária agravante desistiu de fabricar o medicamento XXX, inclusive já destruiu todo o estoque e a matéria prima necessária para tal.

Deverá o advogado juntar os documentos probatórios da incineração e da atuação da Anvisa, na forma do Art. 1.017, inciso III e § 5º, parte final, do CPC.

Com intuito de reverter o mais rápido possível a decisão judicial que decretou a interdição narrada, o(a) examinando(a) deve requerer ao Desembargador Relator que seja atribuído efeito suspensivo ao Agravo de Instrumento, com base no Art. 1.019, inciso I, do CPC, em antecipação da tutela recursal.

Para tanto, deve o(a) examinando(a) alegar, conforme dispõe o Art. 995, parágrafo único, do CPC, que:

(i) da imediata produção dos efeitos da decisão recorrida de interdição de todas as atividades da sociedade empresária Gama há risco de dano grave, de difícil ou impossível reparação, eis que causará prejuízos econômicos e trabalhistas para a agravante (e seus empregados) e prejuízos sociais decorrentes da proibição de produção e venda de outros medicamentos devidamente licenciados;

(ii) está demonstrada a probabilidade de provimento do recurso, haja vista que a sociedade empresária Gama não mais produz o medicamento XXX e já foi fiscalizada administrativamente pela Anvisa.

Na conclusão da peça processual, a defesa técnica deve requerer ao Tribunal Regional Federal o conhecimento e o provimento do recurso de Agravo de Instrumento, para fins de, confirmando a antecipação de tutela recursal, reformar a decisão recorrida, de maneira a levantar a interdição e autorizar o retorno de todas as atividades da sociedade empresária Gama, inclusive a produção de outros medicamentos devidamente licenciados.

Ao fim, deve ser feito o fechamento da peça.

Distribuição dos Pontos

ITEM	PONTUAÇÃO
Endereçamento	
1. O *recurso de Agravo de Instrumento* deve ser endereçado ao Exmo. Sr. Presidente do Tribunal Regional Federal da Região que engloba o Estado Delta (0,10).	0,00/0,10
2. Recorrente (agravante): a sociedade empresária Gama (0,10); recorrido (agravado): o Ministério Público Federal (0,10).	0,00/0,10/0,20
3. Nome e o endereço do advogado do agravante e do representante do Ministério Público Federal (0,10).	0,00/0,10
4. **Cabimento do recurso**: a decisão atacada, que deferiu a interdição do estabelecimento, é interlocutória e concessiva de tutela de urgência, impugnável por agravo de instrumento (0,20).	0,00/0,20
5. **Tempestividade:** Indicar que o recurso foi interposto dentro do prazo de quinze dias (0,10), conforme o Art. 1.003, § 5°, do CPC (0,10)	0,00/0,10/0,20
Fundamentação: mérito recursal	
6. No mérito recursal, deve ser alegada a ausência dos requisitos legais necessários ao deferimento e manutenção da tutela de urgência (0,20), previstos no Art. 300, *caput*, do CPC (0,10).	0,00/0,20/0,30
6.1. Ausência da probabilidade do direito do autor (agravado) (0,40), uma vez que a agravante já foi fiscalizada administrativamente pela Anvisa (0,10), que detém poder de polícia (o qual em regra já possui o atributo da autoexecutoriedade) e já instaurou e concluiu processo administrativo sanitário, aplicando-lhe a sanção cabível, diversa da interdição (0,10).	0,00/0,10/0,20/ 0,40/0,50/0,60

ITEM	PONTUAÇÃO
6.2 Ausência do perigo de dano ou o risco ao resultado útil do processo (0,40), eis que a sociedade empresária agravante desistiu de fabricar o medicamento XXX, e, inclusive, já destruiu todo o estoque e a matéria-prima necessária para tal (0,10).	0,00/0,10/0,40/0,50
7. Ausência de razoabilidade/proporcionalidade na medida imposta, uma vez que a interdição do estabelecimento é excessiva para a finalidade pretendida (0,40).	0,00/0,40
8. O advogado deverá juntar os documentos probatórios da incineração e da atuação da ANVISA (0,10), na forma do Art. 1.017, inciso III e § 5º, parte final, do CPC (0,10).	0,00/0,10/0,20
Pedido de efeito suspensivo	
9. Com intuito de reverter o mais rápido possível a decisão judicial que decretou a interdição narrada, o examinando deve requerer ao Desembargador Relator que seja atribuído efeito suspensivo ao Agravo de Instrumento **ou** requerer antecipação de tutela recursal (0,30), com base no Art. 1.019, inciso I, do CPC **ou** no Art. 995, parágrafo único, do CPC (0,10).	0,00/0,30/0,40
9.1 A interdição das atividades da sociedade empresária Gama acarretará risco de dano grave, de difícil ou impossível reparação (0,30), eis que causará prejuízos econômicos para a agravante e/ou prejuízos sociais decorrentes da proibição de produção e venda de medicamentos devidamente licenciados (0,20), conforme dispõe o Art. 995, parágrafo único, do CPC (0,10).	0,00/0,20/0,30/ 0,40/0,50/0,60
9.2. O examinando deverá demonstrar a probabilidade de provimento do recurso (0,30), haja vista que a sociedade empresária Gama não mais produz o medicamento XXX e já foi fiscalizada administrativamente pela Anvisa (0,20).	0,00/0,20/0,30/0,50
Conclusão	
10. A defesa técnica deve requerer ao Tribunal Regional Federal o conhecimento **e** o provimento do recurso de *Agravo de Instrumento* (0,20), para fins de reformar a decisão recorrida, de maneira a autorizar o retorno de todas as atividades da sociedade empresária Gama, inclusive a produção de outros medicamentos devidamente licenciados (0,10).	0,00/0,10/0,20/0,30
11. intimação da agravada (0,10).	0,00/0,10
12. Menção aos documentos obrigatórios do Agravo de Instrumento (0,10), na forma do Art. 1.017, inciso I do CPC (0,10)	0,00/0,10/0,20
Fechamento	
13. Local..., Data..., Advogado...e OAB... (0,10).	0,00/0,10

(OAB/2ª FASE – XXXIV) O Estado Beta realizou licitação e formalizou contrato administrativo, com base na Lei nº 14.133/21, para a realização de uma obra de grande relevância para a coletividade, da qual se sagrou vencedora a sociedade Alfa S/A, a qual iniciou a execução do contrato após a mobilização do equipamento necessário para tanto.

Posteriormente, durante o período de validade da avença, verificou-se a existência de irregularidade na respectiva licitação, à qual a sociedade Alfa não concorreu ou deu causa. Em razão disso, a Administração iniciou procedimento administrativo para promover a invalidação do contrato.

No trâmite de tal procedimento, em que respeitado o princípio da ampla defesa e contraditório, questões relevantes foram ponderadas, tais como a impossibilidade de sanar o vício em questão e as consequências de se promover a anulação do contrato, aspecto em que foi especialmente debatido o fato de que eventual invalidação seria contrária ao interesse público, notadamente em razão dos impactos financeiros, econômicos e sociais decorrentes do atraso na fruição do objeto em questão, assim como os custos para a desmobilização e o posterior retorno às atividades.

Não obstante, o Poder Público, por meio de decisão assinada pela autoridade competente, decidiu anular o contrato, com efeitos pretéritos, mediante indenização do contratado pelo que já tinha executado até então e pelos prejuízos comprovados.

A única justificativa invocada para o aludido ato de invalidação foi a violação ao princípio da legalidade, na medida em que, dos atos nulos, não se originam direitos. Não houve menção a qualquer alternativa possível no caso concreto, ou à caracterização de interesse público que justificasse a medida, ou mesmo às consequências práticas, jurídicas e administrativas que decorreriam de tal decisão.

O advogado constituído pelos representantes da sociedade Alfa, tempestivamente, impetrou mandado de segurança, mediante apresentação da prova pré-constituída e dos argumentos jurídicos pertinentes, sendo certo que as normas de organização judiciária estadual apontavam para a competência do Tribunal de Justiça Local, o que ocasionou a regular tramitação do feito perante a câmara competente.

Inicialmente, foi deferida a liminar para suspender os efeitos da decisão de invalidação do contrato, mas sobreveio acórdão, unânime, que revogou a liminar e denegou a segurança, sob o fundamento de que não cabe ao Judiciário verificar a existência de interesse púbico na situação, na medida em que a matéria se submete à discricionariedade administrativa. Foram opostos embargos de declaração, rejeitados por não haver omissão, contradição ou obscuridade a ser sanada, cuja decisão foi publicada na última sexta-feira.

Observando o Art. 105, inciso II, da CRFB/88, redija a petição da medida pertinente à defesa dos interesses da sociedade Alfa contra a decisão prolatada em única instância pelo Tribunal de Justiça estadual, desenvolvendo todos os argumentos jurídicos adequados à admissibilidade do recurso e ao mérito da demanda, considerando a urgência da manifestação jurisdicional. (Valor: 5,00)

Obs.: a peça deve abranger todos os fundamentos de Direito que possam ser utilizados para dar respaldo à pretensão. A simples menção ou transcrição do dispositivo legal não confere pontuação.

GABARITO COMENTADO

A medida cabível é o recurso ordinário em mandado de segurança, na forma do Art. 105, inciso II, alínea b, da CRFB/88, ou do Art. 1.027, inciso II, alínea a, do CPC, com pedido de tutela antecipada recursal (efeito suspensivo ativo).

O recurso deve ser dirigido ao Desembargador Presidente do Tribunal de Justiça do Estado, ou ao Vice- Presidente, de acordo com a respectiva organização judiciária, formulando pedido de remessa ao Superior Tribunal de Justiça, que é o competente para a apreciação do recurso.

Na qualificação das partes, deve constar a sociedade Alfa como recorrente e o Estado Beta como recorrido.

Devem ser apontados os requisitos de admissibilidade recursal: tempestividade no prazo de 15 dias, consoante art. 33, da Lei nº 8.038/90 ou Art. 1.003 § 5º do CPC e preparo.

Deve ser formulado pedido de concessão de tutela antecipada recursal ou de efeito suspensivo ativo, na forma do Art. 294, parágrafo único, ou do Art. 297 ou do Art. 300, todos do CPC, demonstrando-se o fundamento relevante de direito (violação às disposições constantes da Lei nº 14.133/21 e da LINDB) e o fundado receio de ineficácia da medida, caso concedida a segurança apenas ao final do processo (diante da paralisação das obras e iminente necessidade de desmobilização).

Na fundamentação, deve ser impugnado o fundamento da decisão, ao argumento de que a violação do direito líquido e certo da recorrente não se submete à discricionariedade administrativa ou que o ato impugnado está sujeito ao controle de legalidade/juridicidade.

Quanto à reiteração dos fundamentos que deveriam ter constado da inicial, deve ser apontada a violação de direito líquido e certo da impetrante (Art. 5º, inciso LXIX, da CRFB/88 ou Art. 1º da Lei nº 12.016/09), pelos seguintes fundamentos:

a. Impossibilidade de invalidar contrato administrativo sem que fique caracterizado tratar-se de medida de interesse público, para a qual, devem ser ponderados, dentre outros fatores, os impactos financeiros, econômicos e sociais e as despesas inerentes à desmobilização e ao posterior retorno às atividades, na forma do Art. 147 ou do Art. 148, ambos da Lei nº 14.133/21.

b. Violação ao postulado da proporcionalidade e/ou ao princípio da segurança jurídica e/ou eficiência, notadamente diante das disposições do Decreto-Lei nº 4.657/42 – Lei de Introdução às Normas do Direito Brasileiro (LINDB), cuja observância é necessária, inclusive, como expressamente mencionado no Art. 5º, da Lei nº 14.133/21:

   b1. Nulidade da motivação, que não considerou as alternativas possíveis no momento da invalidação, consoante Art. 20, parágrafo único, da LINDB.

   b2. Violação ao Art. 21, da LINDB, na medida em que não foram consideradas as consequências jurídicas e administrativas para decretar a invalidação do contrato.

Ao final, deve ser formulado pedido de concessão da tutela antecipada recursal (OU efeito suspensivo ativo), bem como de conhecimento e provimento do recurso, com a reforma da decisão do Tribunal Estadual, a fim de que seja concedida a segurança para a anulação/invalidação do ato administrativo impugnado.

Deve ser pleiteada, ainda, a condenação em custas.

Arrematam a peça a indicação de local, a data, o espaço para assinatura do advogado e o número de sua inscrição na OAB.

Distribuição dos Pontos

ITEM	PONTUAÇÃO
Endereçamento	
1. Desembargador Presidente/Vice-Presidente do Tribunal de Justiça do Estado Beta) (0,10), com as razões dirigidas ao Superior Tribunal de Justiça (0,10),	0,00/0,10/0,20
Qualificação das partes	
2. Recorrente: sociedade Alfa (0,10).	0,00/0,10
3. Recorrido: Estado Beta (0,10).	0,00/0,10
Cabimento	
4. O recurso cabível é o recurso ordinário em mandado de segurança, na forma do Art. 105, inciso II, alínea *b*, da CRFB/88 **ou** do Art. 1027, inciso II, alínea *a*, do CPC (0,10).	0,00/0,10
5. Tempestividade: prazo de 15 dias (0,10), consoante Art. 33 da Lei nº 8.038/90 **ou** Art.1003, § 5º, do CPC (0,10).	0,00/0,10/0,20
6. Preparo (0,10).	0,00/0,10
Fundamentação	
7. Impugnação ao fundamento da decisão, ao argumento de que a violação do direito líquido e certo da recorrente não se submete à discricionariedade administrativa **ou** que o ato impugnado está sujeito ao controle de legalidade/juridicidade (0,50).	0,00/0,50
8. Violação do direito líquido e certo da impetrante (0,40), conforme Art. 5º, inciso LXIX, da CRFB/88 ou Art. 1º da Lei nº 12.016/09 (0,10).	0,00/0,40/0,50
9. Violação aos princípios do interesse público **ou** da proporcionalidade/razoabilidade **ou** da segurança jurídica **ou** da eficiência (0,50), nos termos do Art. 5º da Lei nº 14.133/21 (0,10).	0,00/0,50/0,60
10. Impossibilidade de invalidar contrato administrativo sem que fique caracterizado tratar-se de medida de interesse público, para a qual devem ser ponderados, dentre outros fatores, os impactos financeiros, econômicos e sociais e as despesas inerentes à desmobilização e ao posterior retorno às atividades (0,60), na forma do Art. 147 **ou** do Art. 148, ambos da Lei nº 14.133/21 (0,10).	0,00/0,60/0,70
11. Nulidade do ato, na medida em que não foram consideradas as consequências jurídicas e administrativas **ou** as alternativas possíveis para decretar a invalidação do contrato (0,60), por violação ao Art. 20, parágrafo único **ou** ao Art. 21, ambos da LINDB (0,10).	0,00/0,60/0,70
Fundamentos para a tutela antecipada recursal (efeito suspensivo ativo)	
12. Fundamento relevante, com base na violação das normas da Lei nº 14.133/21 e da LINDB (0,15).	0,00/0,15
13. Perigo de ineficácia da medida, diante da paralisação das obras e da iminência da desmobilização para a sua execução (0,15).	0,00/0,15

Pedidos	
14. Concessão da tutela antecipada recursal **ou** suspensão dos efeitos da decisão administrativa impugnada (0,20), na forma do Art. 294, parágrafo único ou do Art. 297 ou do Art. 300, todos do CPC (0,10).	0,00/0,20/0,30
15. Conhecimento e provimento do recurso (0,10), com a reforma da decisão do Tribunal Estadual (0,10), a fim de que seja concedida a segurança para a anulação/invalidação do ato administrativo impugnado (0,20).	0,00/0,10/0,20 0,30/0,40
16. Condenação em custas (0,10).	0,00/0,10
Fechamento	
17. Local, data, advogado, OAB. (0,10)	0,00/0,10

(**OAB/2ª FASE – XXXV**) Brian, cidadão americano não naturalizado, que não é eleitor no Brasil, mas reside regularmente no país há mais de dez anos, ajuizou ação popular em face da concessionária Vadeboa S/A. e do Município Alfa, poder concedente, perante a Vara da Fazenda Pública no próprio Município, com vistas a anular o ato de aumento do valor da tarifa de transporte de ônibus intramunicipal.

O demandante assevera que as tarifas foram majoradas de forma desproporcional, no montante de vinte por cento, de modo que se tornaram mais onerosas do que as cobradas nos municípios vizinhos, situação violadora da razoabilidade, considerando que o Município Alfa é o mais pobre da respectiva região. Alega, ainda, afronta ao princípio da isonomia, na medida em que Vadeboa S/A. também é a concessionária responsável pelo serviço de transporte junto ao Município Beta e lá pratica preços muito menores.

Devidamente citada, os representantes da concessionária, na última sexta-feira, procuram você, para, na qualidade de advogado(a), apresentar a medida judicial de defesa dos interesses da sociedade empresária Vadeboa S/A, tendo fornecido documentação demonstrativa de que o novo valor decorre do fato de que as tarifas estavam sem aumento havia mais de três anos e foi feito com o fim de amortizar os efeitos da inflação, apesar da previsão contratual de reajuste anual, e que a majoração foi efetuada nos exatos parâmetros estabelecidos no contrato de concessão, consoante estudo técnico fundamentado. Os representantes afirmam, ainda, estarem convictos de que a lide é temerária e de que o demandante agiu de má-fé, na medida em que já tentou causar prejuízos à demandada anteriormente.

Redija a peça adequada, mediante exposição de todos os argumentos jurídicos pertinentes. (Valor: 5,00)

Obs.: o examinando deve abordar todas os fundamentos de Direito que possam ser utilizados para dar respaldo à pretensão. A mera citação do dispositivo legal não confere pontuação.

GABARITO COMENTADO

A peça pertinente é a contestação, a ser endereçada ao Juízo da Vara da Fazenda Pública da Comarca do Município Alfa.

Devem ser identificados a empresa Vadeboa S/A no polo passivo (contestante) e Brian no polo ativo (autor popular).

O examinando deve indicar a tempestividade da defesa, consoante o Art. 7º, inciso IV, da Lei nº 4.717/65;

Preliminarmente, a peça deve destacar a ilegitimidade ativa de Brian, que não é eleitor, de modo que não é cidadão brasileiro e não poderia se utilizar da ação popular, nos termos do Art. 5º, inciso LXXIII, da CRFB/88 ou do Art. 1º da Lei nº 4.717/65;

Na fundamentação, a contestação deve destacar a legalidade/ legitimidade do aumento efetuado nos termos do contrato de concessão ou a inexistência do binômio lesividade/ ilegalidade ou a razoabilidade/proporcionalidade do reajuste, considerando:

i. o direito da concessionária ao reajuste das tarifas, que constitui cláusula necessária do contrato de concessão, consoante Art. 23, inciso IV, da Lei nº 8.987/95;

ii. a aplicação do princípio da manutenção do equilíbrio econômico e financeiro do contrato, consoante o Art. 37, inciso XXI, da CRFB/88, ou o Art. 10 da Lei nº 8.987/95 (pode ser aceita também menção ao Art. 9º da Lei nº 8.987/95);

iii. quanto ao específico argumento da isonomia, deve ser destacada a impossibilidade de sua aplicação para situações diferentes (Município Alfa e Beta), considerando que cada município corresponde a um poder concedente distinto, que estipula os termos de seus próprios contratos de concessão no âmbito de suas outorgas.

A peça deve conter, ainda, requerimento de juntada de documentos e produção das provas que forem pertinentes, inclusive a pericial, para que, ao final, sejam acolhidas as preliminares ou julgados improcedentes os pedidos constantes da inicial, bem como a condenação do autor ao pagamento das custas e honorários advocatícios, diante de sua má-fé, sendo certo que as custas devem ser fixadas no décuplo em razão de a lide ser temerária.

Arremata a peça a indicação de local, data, assinatura do advogado e inscrição na OAB.

Distribuição de Pontos

ITEM	PONTUAÇÃO
Endereçamento	
1. Juízo da Vara da Fazenda Pública da Comarca do Município Alfa (0,10).	0,00/0,10
Qualificação das partes	
2. Réu: a sociedade empresária Vadeboa S/A. (0,10).	0,00/0,10
3. Autor: Brian (0,10)	0,00/0,10
Tempestividade	
4. Tempestividade da contestação: Apresentação da defesa no prazo de 20 dias, consoante Art. 7º, inciso IV, da Lei nº 4.717/65 (0,20).	0,00/0,20
Preliminar	
5. Ilegitimidade ativa de Brian, que não é eleitor, de modo que não é cidadão brasileiro e não poderia fazer uso da *ação popular* (0,50), nos termos do Art. 5º, inciso LXXIII, da CRFB/88, **ou** do Art. 1º da Lei nº 4.717/65 (0,10).	0,00/0,50/0,60

No mérito	
6. Direito da concessionária ao reajuste do valor das tarifas, que constitui cláusula necessária do contrato de concessão (0,70), consoante o Art. 23, inciso IV, da Lei nº 8.987/95 (0,10).	0,00/0,70/0,80
7. Aplicação do princípio da manutenção do equilíbrio econômico e financeiro do contrato (0,70), consoante o Art. 37, inciso XXI, da CRFB/88, ou o Art. 10 da Lei nº 8.987/95 (pode ser aceita também menção ao Art. 9º da Lei nº 8.987/95) (0,10).	0,00/0,70/0,80
8. Impossibilidade de se aplicar o princípio da isonomia para situações diferentes, considerando que a cada município corresponde um poder concedente distinto, que estipula os termos de seu próprio contrato de concessão no âmbito de suas outorgas (0,80).	0,00/0,80
Pedidos	
9. Juntada de documentos (0,10)	0,00/0,10
10. Produção de provas (0,10).	0,00/0,10
11. Acolhimento da preliminar de ilegitimidade ativa (0,20) o que leva à extinção do processo (0,10), na forma do Art. 485, inciso VI, do CPC (0,10).	0,00/0,10/0,20 0,30/0,40
12. Improcedência dos pedidos formulados na inicial (0,30).	0,00/0,30
13. Condenação do demandante ao pagamento das custas e honorários diante de sua má-fé (0,20), na forma do Art. 5º, inciso LXXIII, da CRFB/88 (0,10).	0,00/0,20/0,30
14. Fixação no décuplo das custas (0,10), em razão de a lide ser temerária, na forma do Art. 13 da Lei nº 4.717/65 (0,10).	0,00/0,10/0,20
Fechamento	
15. Local, data, advogado... OAB... (0,10)	0,00/0,10

MODELOS DE PEÇAS
E ESTRUTURA BÁSICA

1. PETIÇÃO INICIAL

1.1. ESTRUTURA BÁSICA

REQUISITOS	Art. 319, do CPC
COMPETÊNCIA	– Verificar se a competência para conhecer da ação é originária de primeiro grau ou se deve ser aforada em Tribunal. – Quanto à primeira instância, verificar o art. 109 da Constituição, a fim de apurar se a competência é da Justiça Federal. Não sendo, será da Justiça Estadual, desde que não se trate de caso afeto à Justiça especializada (trabalhista – art. 114 da CF, e eleitoral – art. 121 da CF). – No caso de competência da Justiça Federal, verificar se a ação pode ser aforada no Juizado Especial Cível Federal (Lei 10.259/2001). – Verificar lei de organização judiciária local. – A respeito da competência originária dos Tribunais, devem ser observados os dispositivos da Constituição Estadual local e também os da Constituição Federal – arts. 102 (STF), 105 (STJ), 108 (TRFs), 113 e 114 (TRTs), 118 a 121 (TREs).
QUALIFICAÇÃO	Inserir nomes, prenomes, estado civil, profissão, domicílio e residência do autor e do réu.
TRATAMENTO DAS PARTES	a) ações em geral: "autor" e "réu"; não há problema em se repetir várias vezes as palavras "autor" e "réu"; b) ações cautelares: "requerente" e "requerido"; não use essas expressões nas ações em geral, mas apenas nas ações cautelares; c) mandado de segurança: "impetrante" e "impetrado"; este também é chamado de autoridade coatora; d) execução: "exequente" e "executado"; e) ação trabalhista: "reclamante" e "reclamado".
FUNDAMENTOS FÁTICOS E JURÍDICOS	Estes requisitos tratam do seguinte: "DOS FATOS" (fundamentos de fato) e "DO DIREITO" (fundamentos jurídicos). A indicação dos **fundamentos fáticos** consiste na narrativa de fatos que constituam lesão ou ameaça de lesão a direito. Deve-se tomar cuidado para não falar do direito, mas apenas dos fatos que violam o direito.

FUNDAMENTOS FÁTICOS E JURÍDICOS	A indicação dos **fundamentos jurídicos** consiste na exposição dos dispositivos legais em que os fatos narrados se enquadram e que servirão de fundamento para fazer os pedidos, ao final. Assim, deve-se fazer a conexão dos fatos narrados com o direito aplicável. A melhor técnica é primeiro citar os dispositivos legais, e os princípios aplicáveis, para depois trazer a doutrina e a jurisprudência, nessa ordem. A parte dos fundamentos jurídicos ("DO DIREITO") assemelha-se a uma dissertação. Começa com uma tese, passa para o desenvolvimento e termina com uma conclusão, independentemente do pedido que se fará no outro capítulo da petição.
PEDIDO	O pedido deve ser certo e determinado. Mesmo nas ações que pedem dano moral, o autor deve indicar o valor que pretende (em reais, e não em salários mínimos). O pedido deve conter todas as pretensões do autor, pois, de acordo com a lei, "os pedidos são interpretados restritivamente" (art. 322, do CPC).
VALOR DA CAUSA	A lei determina que a toda causa será atribuído um valor certo, ainda que não tenha conteúdo econômico imediato (art. 291, do CPC). O valor deve corresponder ao proveito econômico que o autor terá com a procedência da demanda. Há regras específicas sobre sua atribuição nos arts. 292 e 293, do CPC. Quando se tiver de atribuir um valor da causa apenas para fins de alçada, sem que se tenha como mensurar o proveito econômico que o autor teria com a ação, pode-se indicar o valor do salário mínimo vigente no momento como valor da causa.
PROVAS	O autor deve protestar pela produção de todos os tipos de prova admitidas no Direito, especificando desde já as provas que tem interesse em produzir, tais como testemunhal, documental, pericial etc.
PROVAS	É neste momento em que o autor, em qualquer procedimento, pode pedir a inversão do ônus da prova, cabível quando se está diante de uma relação de consumo. *Vide* art. 6.º, VIII, do CDC (inversão do ônus da prova) e art. 22 também do CDC (aplicação do CDC a órgãos públicos, quanto aos serviços públicos). De acordo com os elementos trazidos no problema ou no caso a resolver, o autor deve indicar com as expressões "DOC.1", "DOC.2" os documentos que detém para provar os fatos constitutivos do seu direito.
CITAÇÃO	O autor deve requerer a citação do réu por oficial de justiça, com os benefícios do art. 212, § 2.º, do CPC.

1.2. MODELO – PETIÇÃO INICIAL

EXCELENTÍSSIMO SENHOR DOUTOR JUIZ DE DIREITO DA ... VARA ... DA COMARCA DE ... – ...

Pular 10 linhas

_____ *(qualificação do autor – nome, estado civil, profissão, endereço, CNPJ, endereço)*, vem mui respeitosamente à presença de Vossa Excelência, por meio de seu advogado e bastante procurador que esta subscreve (doc. 01 – mandato), com fundamento no art. ____ da Lei/Constituição, propor a presente

AÇÃO _____ *(indenizatória, anulatória, declaratória de nulidade, de revisão contratual etc.)*

em face da **FAZENDA DO ESTADO DE** _____, Pessoa Jurídica de Direito Público, com sede na _____, em virtude dos fatos elencados a seguir:

I – DOS FATOS

a) Tentar repetir, ao máximo, os fatos descritos na questão;

b) Relatar os acontecimentos em ordem cronológica, especificando cada ponto;

c) Tentar deixar o mais claro possível;

d) Mostrar de forma evidente o ato/fato causador do dano.

II – DO DIREITO *(Citar a lei, amarrada com os fatos, bem como legislação, doutrina e jurisprudência.)*

1. Da violação ao princípio da legalidade

(...)

2. Da violação ao princípio da moralidade

(...)

3. Da violação ao art. ____ da Lei ____

(...)

III – DO PEDIDO

Ante o exposto, é o presente para requerer a Vossa Excelência o quanto segue:

1. A citação da ré, no endereço declinado no pórtico desta inicial, para, querendo, contestar a presente ação no prazo legal, sob as penas da lei processual civil.
2. A procedência da ação para condenar ou anular ou revisar o contrato etc. ...
3. O protesto pela produção de prova documental e pericial, e de todos os meios probatórios em direito admitidos, ainda que não especificados na Lei processual civil, desde que moralmente legítimos (art.369, CPC).

(Se for o caso, deve-se pedir antecipação de tutela já no primeiro item do pedido.)

(Se for aplicável o CDC – art. 22 e art. 6.º, VIII, deve-se pedir a inversão do ônus da prova.)

(A depender da condição econômica dos autores, deve-se pedir os benefícios da justiça gratuita.)

Dá-se à causa o valor de R$ _____ (valor por extenso).

Termos em que pede deferimento.

Local ..., data...

Advogado ...

OAB ....

2. CONTESTAÇÃO

2.1. ESTRUTURA BÁSICA

REQUISITOS	Arts. 335, e seguintes, do CPC.
ENDEREÇAMENTO	Juízo ou Tribunal que efetivou a citação.
IDENTIFICAÇÃO DO PROCESSO	Indicação das partes, do número do processo e do nome da ação.
TRATAMENTO DAS PARTES	a) ações em geral: "autor" e "réu"; não há problema em se repetir várias vezes as palavras "autor" e "réu"; b) ações cautelares: "requerente" e "requerido"; não use essas expressões nas ações em geral, mas apenas nas ações cautelares; c) mandado de segurança: "impetrante" e "impetrado"; este também é chamado de autoridade coatora; d) execução: "exequente" e "executado"; e) ação trabalhista: "reclamante" e "reclamado".
FUNDAMENTOS FÁTICOS E JURÍDICOS	Estes requisitos tratam do seguinte: "DOS FATOS" (fundamentos de fato) e "DO DIREITO" (fundamentos jurídicos). Quanto à parte "I – DOS FATOS", pode se fazer a seguinte subdivisão: "1) Dos fatos alegados pelo autor" (aqui se faz um breve resumo da petição inicial); "2) Da verdade dos fatos" (aqui se conta a versão do réu sobre os fatos). Essa divisão é pertinente, principalmente quando houver controvérsia sobre como os fatos ocorreram. Quanto à parte "II – DO DIREITO", pode-se fazer a seguinte divisão: 1) Das preliminares; 2) Do mérito. Segundo o art. 337, do CPC é dever do réu discutir as preliminares processuais antes do mérito. As preliminares processuais são as seguintes: Incumbe ao réu, antes de discutir o mérito, alegar: I – inexistência ou nulidade da citação; II – incompetência absoluta e relativa; III – incorreção do valor da causa; IV – inépcia da petição inicial; V – perempção; VI – litispendência; VII – coisa julgada; VIII – conexão; IX – incapacidade da parte, defeito de representação ou falta de autorização; X – convenção de arbitragem; XI – ausência de legitimidade ou de interesse processual; XII – falta de caução ou de outra prestação que a lei exige como preliminar; XIII – indevida concessão do benefício de gratuidade de justiça.

FUNDAMENTOS FÁTICOS E JURÍDICOS	Há outras preliminares processuais no art. 485, do CPC. Em seguida, discutem-se as preliminares de mérito. Nesse ponto deve-se discutir a prescrição e a decadência (elas estão dentro do item "Das preliminares"). Não está incorreto trazer o tema prescrição e decadência para dentro do capítulo "Do mérito". Por último deve o réu tratar do item "Do mérito". O réu deve manifestar-se precisamente sobre os fatos narrados na petição inicial. Cada fato apontado na petição inicial merece comentário, seja para negar o fato, seja para dizer que aquele fato não conduz ao direito que o autor alega ter. Além de se rebater os fatos e o direito alegados pelo autor, deve o réu citar legislação, doutrina e jurisprudência, nessa ordem.
PEDIDO	No caso de o réu alegar preliminares e mérito, deve, primeiro, pedir o reconhecimento da preliminar, com a extinção do processo correspondente e, subsidiariamente, pedir a improcedência da demanda, com extinção do processo com julgamento de mérito.
PROVAS	Nos termos do art. 336, do CPC compete ao réu especificar as provas que pretende produzir. Na verdade, o réu deve desde já apresentar as provas documentais que já existam. Depois da contestação, só poderá apresentar documentos novos (art. 434, do CPC). Já quanto às provas testemunhais e periciais, serão realizadas em momento oportuno.

2.2. MODELO – CONTESTAÇÃO

EXCELENTÍSSIMO SENHOR DOUTOR JUIZ DE DIREITO DA ... VARA ... DA COMARCA DE ...-... .

Pular 10 linhas

_____ *(qualificação do réu – nome, estado civil, profissão, endereço, CNPJ, endereço)*, vem mui respeitosamente à presença de Vossa Excelência, por meio de seu advogado e bastante procurador que esta subscreve (doc. 01 – mandato), oferecer

CONTESTAÇÃO

à ação que lhe promove a **FAZENDA DO ESTADO DE** _____, pessoa jurídica de direito público interno, com sede na _____, nos termos dos fundamentos de fato e de direito a seguir aduzidos.

I – DOS FATOS

1. Dos fatos alegados pelo autor

(...)

2. Da verdade dos fatos

(...)

II – DO DIREITO

1. Das preliminares processuais

(*Vide* arts. 337 e 485, do CPC.)

2. Das preliminares de mérito

(Se houver prescrição ou decadência.)

3. Do mérito

(Citar a lei, amarrada com os fatos, bem como legislação, doutrina e jurisprudência.)

III – DO PEDIDO

Ante o exposto, é o presente para requerer que Vossa Excelência se digne em:

a) extinguir o processo, sem apreciação de mérito, nos termos do art. 485, CPC;

b) subsidiariamente, julgar improcedente a presente demanda, por não existir o direito alegado pelo autor;

c) em qualquer caso, condenar o autor ao pagamento das custas e despesas processuais, bem como dos honorários advocatícios.

(A depender da condição econômica do réu, deve-se pedir os benefícios da justiça gratuita.)

O réu protesta pela produção de prova documental e pericial, e de todos os meios probatórios em direito admitidos, ainda que não especificados no Código de Processo Civil, desde que moralmente legítimos (art. 369, CPC).

Dá-se à causa o valor de R$ _____ (valor por extenso).

Termos em que pede deferimento.

Local ..., data...

Advogado ...

OAB ....

3. RECURSOS

3.1. AGRAVO DE INSTRUMENTO

3.1.1. ESTRUTURA BÁSICA

FUNDAMENTO LEGAL	Art. 1015, e seguintes do CPC.
CABIMENTO	O recurso de agravo é aquele cabível contra decisões interlocutórias (art. 1015 do CPC). Decisão interlocutória é aquela que, sem pôr fim ao processo, resolve alguma questão incidente ou provoca algum gravame à parte ou ao interessado (art. 203, § 2.º, do CPC). Só caberá **agravo de instrumento nas hipóteses taxativas dispostas no art. 1015, CPC:** Cabe agravo de instrumento contra as decisões interlocutórias que versarem sobre: I – tutelas provisórias; II – mérito do processo; III – rejeição da alegação de convenção de arbitragem; IV – incidente de desconsideração da personalidade jurídica; V – rejeição do pedido de gratuidade da justiça ou acolhimento do pedido de Das sua revogação; VI – exibição ou posse de documento ou coisa; VII – exclusão de litisconsorte; VIII – rejeição do pedido de limitação do litisconsórcio; IX – admissão ou inadmissão de intervenção de terceiros; X – concessão, modificação ou revogação do efeito suspensivo aos embargos à execução; XI – redistribuição do ônus da prova nos termos do art. 373, § 1º; XII – (VETADO);XIII – outros casos expressamente referidos em lei. Parágrafo único. Também caberá agravo de instrumento contra decisões interlocutórias proferidas na fase de liquidação de sentença ou de cumprimento de sentença, no processo de execução e no processo de inventário. Cabe agravo de instrumento contra decisões interlocutórias, nas seguintes hipóteses taxativas: 1- tutelas provisórias 2 – mérito do processo 3 – rejeição da alegação de convenção de arbitragem 4 – incidente de desconsideração da personalidade jurídica 5 – rejeição do pedido de gratuidade da justiça ou acolhimento do pedido de sua revogação 6 – exibição ou posse de documento ou coisa 7 – exclusão de litisconsorte 8 – rejeição do pedido de limitação do litisconsórcio 9 – admissão ou inadmissão de intervenção de terceiros 10 – concessão, modificação ou revogação do efeito suspensivo aos embargos à execução 11 – redistribuição do ônus da prova nos termos do art.373, §1º 12 – outros casos expressamente referidos em lei.

	13 – Também, contra decisões interlocutórias proferidas na fase de liquidação de sentença ou de cumprimento de sentença, no processo de execução e no processo de inventário. Poderá haver antecipação de tutela recursal, nas hipóteses previstas no art. 932, II, CPC
PRAZO	15 dias (art. 1.003, § 5º, CPC)
TRATAMENTO DAS PARTES	Agravante e agravado.
AGRAVO RETIDO	Não existe mais previsão de Agravo Retido no Código de Processo Civil de 2015
PETIÇÃO DE INTERPOSIÇÃO DO AGRAVO DE INSTRUMENTO	Será endereçada ao Presidente do Tribunal ao qual competir o conhecimento e o julgamento do recurso, identificará as partes, indicará que se trata de recurso de agravo de instrumento, fará requerimento de atribuição de efeito suspensivo ou tutela antecipada ao recurso e requererá a juntada das guias de custas de preparo, porte de remessa e retorno dos autos, se for o caso (art. 1016, CPC)
MINUTA DE AGRAVO DE INSTRUMENTO	A minuta de agravo de instrumento fará um breve resumo, tratará da possibilidade de interposição do agravo de instrumento no caso), trará as razões para atribuição de efeito suspensivo ou de julgamento de tutela provisória ao recurso, trará as razões de mérito do recurso e conterá pedido para que o recurso seja recebido e processado, concedendo-se de imediato o efeito suspensivo ou ativo, e dando provimento ao recurso para o fim pretendido pelo agravante.
OUTROS REQUISITOS DO AGRAVO DE INSTRUMENTO	O agravante deverá, também, relacionar os documentos que instruem o recurso, bem como descrever o nome e o endereço das partes. Essas informações ficarão depois da assinatura do advogado e poderão constar tanto na Petição de interposição do agravo, como na minuta de Agravo de Instrumento.

3.1.2. MODELO – RECURSO – AGRAVO DE INSTRUMENTO

EXCELENTÍSSIMO SENHOR DOUTOR PRESIDENTE DO EGRÉGIO TRIBUNAL DE JUSTIÇA DO ESTADO DE ....

Pular 10 linhas

_____ *(qualificação – nome, estado civil, profissão, endereço, CNPJ, endereço)*, por meio de seu advogado que este ato subscreve, com escritório na rua _____, CEP _____, na cidade de _____, estado de _____, vem, respeitosamente, à presença de Vossa Excelência, com fulcro nos arts. 1015, e seguintes do Código de Processo Civil, interpor o presente

AGRAVO DE INSTRUMENTO

contra a r. decisão de fls. ..., proferida pelo MM. Juízo da ... Vara ... da Comarca de ..., nos autos da Ação ..., autos nº ..., que lhe promove ... *(qualificação)*, nos termos das razões de fato e de direito apresentadas na minuta em anexo.

Requer, outrossim, a CONCESSÃO DE EFEITO SUSPENSIVO ao presente recurso, nos termos do art. 1.019, do Código de Processo Civil, e das razões em anexo.

Requer, ainda, a juntada das guias de custas de preparo e porte de retorno dos autos, devidamente recolhidas.

Por fim, informa que, no prazo de 3 (três) dias, cumprirá o disposto no art. 1018, do Código de Processo Civil.

Termos em que pede deferimento.

Local / data.

Nome / OAB

PEÇAS QUE INSTRUEM O PRESENTE RECURSO

Peças obrigatórias (art. 1017, do CPC):

procuração do agravante;

procuração do agravado;

cópia da petição inicial;

cópia da decisão agravada de fls.;

cópia da certidão da respectiva intimação ou outro documento oficial que comprove a tempestividade

cópia da contestação

petição que ensejou a decisão agravada

Peças facultativas (art. 1017, II, do CPC):

Outras peças que o agravante reputar úteis

Nome, número de OAB e endereço dos procuradores das partes:

1) Do agravante: _____

2) Do agravado: _____

(A minuta deve ser apresentada na página seguinte.)

RAZÕES DE AGRAVO DE INSTRUMENTO

Agravante: ...

Agravado: ...

Autor nº:...

Vara de origem: ....

EGRÉGIO TRIBUNAL, COLENDA CÂMARA, NOBRES JULGADORES.

I – BREVE RESUMO

(Breve relato do ocorrido na demanda até o momento da decisão recorrida.)

II – DO CABIMENTO DE AGRAVO DE INSTRUMENTO

(Demonstração da existência de uma das hipóteses da parte final do art. 1.015, do CPC.)

III – DAS RAZÕES DE FATO E DE DIREITO

(Fundamentos de fato e de direito que dão suporte ao provimento do recurso.)

IV – DA NECESSIDADE DE CONCESSÃO DE EFEITO SUSPENSIVO AO PRESENTE RECURSO

(Enquadramento do caso a uma das hipóteses do art. 1.019, do CPC; se o objetivo for de conseguir uma decisão nova de urgência em sede de Tutela Antecipada Recursal

V – DO PEDIDO

Ante o exposto, requer que Vossa Excelência se digne de conceder o efeito suspensivo pleiteado, processando-se a irresignação na forma prevista no Código de Processo Civil, para, ao final, dar provimento ao recurso, reformando-se a decisão recorrida para o fim de *(exemplo: indeferir a tutela antecipada ou deferir a tutela antecipada)*.

Termos em que pede deferimento.

Local ..., data...

Advogado ...

OAB ....

3.2. APELAÇÃO

3.2.1. ESTRUTURA BÁSICA

FUNDAMENTO LEGAL	Art. 1009, e seguintes do CPC.
CABIMENTO	O recurso é cabível contra sentença (art. 1.009, do CPC). Para uma decisão ser considerada sentença da qual cabe apelação, ela há de extinguir a relação jurídica processual por inteiro, nos termos dos art. 485, do CPC (art. 203, § 1.º).
PRAZO	15 dias.
TRATAMENTO DAS PARTES	Apelante e apelado.
PETIÇÃO DE INTERPOSIÇÃO	Deve ter os seguintes elementos: – endereçamento ao juízo recorrido; – nomes e qualificação das partes; se já houver qualificação nos autos, pode-se usar a expressão "já qualificado nos autos", para os recorrentes e recorridos; – indicação de que se trata de recurso de apelação; – requerimento para que o recurso seja recebido em ambos os efeitos, com a devida motivação, se for o caso (arts. 1012, do CPC); – requerimento de juntada das guias de custas de preparo, porte de remessa e retorno dos autos, se for o caso.

RAZÕES DE RECURSO	Devem ter os seguintes requisitos (art. 1010, CPC): PPPe breve resumo da demanda; – fundamentos de fato e de direito do recurso; – Pedido de provimento do recurso para reformar ou anular a sentença para algum fim (exemplo: provimento do recurso para reformar a decisão recorrida, julgando improcedente a demanda).

3.2.2. MODELO – RECURSO DE APELAÇÃO

EXCELENTÍSSIMO SENHOR DOUTOR JUIZ DE DIREITO DA ... VARA ... DA COMARCA DE ....

Pular 10 linhas

Autos n.º ....

..., qualificado nos autos, por meio de seu advogado que subscreve a presente, vem, respeitosamente, à presença de Vossa Excelência, com fulcro no art. 1009, e seguintes do Código de Processo Civil, interpor a presente

APELAÇÃO

contra a r. sentença de fls. ..., proferida por esse D. Juízo, na ação promovida por ..., já qualificado, nos termos das razões de fato e de direito apresentadas na minuta em anexo.

Requer, outrossim, que seja o presente recurso recebido nos efeitos devolutivo e suspensivo, intimando-se a parte contrária para, querendo, apresentar suas contrarrazões, no prazo legal.

Requer, em seguida, a remessa dos autos para o E. Tribunal de Justiça para processamento, conhecimento e julgamento.

Por fim, requer a juntada das custas de preparo e porte de remessa e retorno.

Termos em que pede deferimento.

Local ..., data...

Advogado ...

OAB ....

(As razões são na página seguinte)

RAZÕES DE RECURSO DE APELAÇÃO

Apelante: ... .

Apelado: ... .

**EGRÉGIO TRIBUNAL,
COLENDA CÂMARA,
NOBRES JULGADORES.**

I – BREVE RESUMO

(Breve relato do ocorrido na demanda até o momento da decisão recorrida.)

II – DAS RAZÕES DE FATO E DE DIREITO

(Fundamentos de fato e de direito que dão suporte ao provimento do recurso.)

IV – DO PEDIDO

Ante o exposto, requer que Vossa Excelência se digne de processar o presente na forma prevista no Código de Processo Civil para, ao final, dar provimento ao recurso a fim de reformar a sentença proferida pelo D. Juízo *a quo*, julgando procedente o pedido inicial, com a inversão do ônus sucumbencial.

Termos em que pede deferimento.

Local ..., data...

Advogado ...

OAB ....

3.3. RECURSOS EXTRAORDINÁRIO E ESPECIAL

3.3.1. ESTRUTURA BÁSICA

FUNDAMENTO LEGAL	Recurso extraordinário: art. 102, III, da CF;
	Recurso especial: art. 105, III, da CF.
CABIMENTO	O **recurso extraordinário**, a ser julgado pelo STF, cabe nas causas decididas em única ou última instância, quando a decisão recorrida (art. 102, III, da CF): a) contrariar dispositivo da Constituição; b) declarar a inconstitucionalidade de tratado ou lei federal; c) julgar válida lei ou ato de governo local contestado em face da Constituição; d) julgar válida lei local contestada em face de lei federal. O **recurso especial**, a ser julgado pelo STJ, cabe nas causas decididas em única ou última instância pelos TRFs ou TJs quando a decisão recorrida (art. 105, III, da CF): a) contrariar tratado ou lei federal, ou negar-lhes vigência; b) julgar ato de governo local contestado em face de lei federal; c) der a lei federal interpretação divergente da que lhe haja atribuído outro tribunal.
PRAZO	15 dias.
TRATAMENTO DAS PARTES	Recorrente e recorrido.

RAZÕES DE RECURSO	Devem ter os seguintes requisitos (art. 1010, CPC): PPPe breve resumo da demanda; – fundamentos de fato e de direito do recurso; – Pedido de provimento do recurso para reformar ou anular a sentença para algum fim (exemplo: provimento do recurso para reformar a decisão recorrida, julgando improcedente a demanda).

3.2.2. MODELO – RECURSO DE APELAÇÃO

EXCELENTÍSSIMO SENHOR DOUTOR JUIZ DE DIREITO DA ... VARA ... DA COMARCA DE ....

Pular 10 linhas

Autos n.º ....

..., qualificado nos autos, por meio de seu advogado que subscreve a presente, vem, respeitosamente, à presença de Vossa Excelência, com fulcro no art. 1009, e seguintes do Código de Processo Civil, interpor a presente

APELAÇÃO

contra a r. sentença de fls. ..., proferida por esse D. Juízo, na ação promovida por ..., já qualificado, nos termos das razões de fato e de direito apresentadas na minuta em anexo.

Requer, outrossim, que seja o presente recurso recebido nos efeitos devolutivo e suspensivo, intimando-se a parte contrária para, querendo, apresentar suas contrarrazões, no prazo legal.

Requer, em seguida, a remessa dos autos para o E. Tribunal de Justiça para processamento, conhecimento e julgamento.

Por fim, requer a juntada das custas de preparo e porte de remessa e retorno.

Termos em que pede deferimento.

Local ..., data...

Advogado ...

OAB ....

(As razões são na página seguinte)

RAZÕES DE RECURSO DE APELAÇÃO

Apelante: ... .

Apelado: ... .

> **EGRÉGIO TRIBUNAL,
> COLENDA CÂMARA,
> NOBRES JULGADORES.**
>
> **I – BREVE RESUMO**
>
> *(Breve relato do ocorrido na demanda até o momento da decisão recorrida.)*
>
> **II – DAS RAZÕES DE FATO E DE DIREITO**
>
> *(Fundamentos de fato e de direito que dão suporte ao provimento do recurso.)*
>
> **IV – DO PEDIDO**
>
> Ante o exposto, requer que Vossa Excelência se digne de processar o presente na forma prevista no Código de Processo Civil para, ao final, dar provimento ao recurso a fim de reformar a sentença proferida pelo D. Juízo *a quo*, julgando procedente o pedido inicial, com a inversão do ônus sucumbencial.
>
> Termos em que pede deferimento.
>
> Local ..., data...
>
> Advogado ...
>
> OAB ....

3.3. RECURSOS EXTRAORDINÁRIO E ESPECIAL

3.3.1. ESTRUTURA BÁSICA

FUNDAMENTO LEGAL	Recurso extraordinário: art. 102, III, da CF;
	Recurso especial: art. 105, III, da CF.
CABIMENTO	O **recurso extraordinário**, a ser julgado pelo STF, cabe nas causas decididas em única ou última instância, quando a decisão recorrida (art. 102, III, da CF): a) contrariar dispositivo da Constituição; b) declarar a inconstitucionalidade de tratado ou lei federal; c) julgar válida lei ou ato de governo local contestado em face da Constituição; d) julgar válida lei local contestada em face de lei federal. O **recurso especial**, a ser julgado pelo STJ, cabe nas causas decididas em única ou última instância pelos TRFs ou TJs quando a decisão recorrida (art. 105, III, da CF): a) contrariar tratado ou lei federal, ou negar-lhes vigência; b) julgar ato de governo local contestado em face de lei federal; c) der a lei federal interpretação divergente da que lhe haja atribuído outro tribunal.
PRAZO	15 dias.
TRATAMENTO DAS PARTES	Recorrente e recorrido.

PETIÇÃO DE INTERPOSIÇÃO	Deve ter os seguintes elementos: – endereçamento ao presidente do tribunal recorrido; – nomes e qualificação das partes; se já houver qualificação nos autos, pode-se usar a expressão "já qualificado nos autos" para os recorrentes e recorridos; – indicação de que se trata de recurso extraordinário ou de recurso especial; – indicação de que preenche os pressupostos de admissibilidade, conforme as razões em anexo; – requerimento para que seja o recorrido intimado para apresentar contrarrazões, no prazo legal; – requerimento para que o recurso seja devidamente processado, em virtude de preencher os pressupostos de admissibilidade, remetendo-se os autos ao E. Supremo Tribunal Federal ou ao E. Superior Tribunal de Justiça para julgamento; – requerimento de juntada das guias de custas de preparo, porte de remessa e retorno dos autos.
RAZÕES DE RECURSO	Devem ter os seguintes requisitos: – breve resumo da demanda; – demonstração do cabimento do recurso; aqui, deve-se enquadrar o recurso numa das hipóteses dos arts. 102, III, se for recurso extraordinário, e 105, III, se for recurso especial; – em se tratando de **recurso extraordinário**, demonstração da existência de repercussão geral, nos termos do art. 1035, do CPC; considera-se de repercussão geral as "questões relevantes do ponto de vista econômico, político, social ou jurídico, que ultrapassem os limites subjetivos da causa" (§ 1.º); haverá repercussão geral "sempre que o recurso impugnar decisão contrária a súmula ou jurisprudência dominante do Tribunal" (§ 3.º); – demonstração da existência de prequestionamento, ou seja, que a matéria levada à apreciação já foi debatida na esfera jurisdicional inferior; indicação do fato de que não se quer julgamento sobre questão de fato, mas sobre questão de direito; – razões fáticas e jurídicas do pedido de reforma da decisão recorrida; neste ponto, está-se diante do "Mérito"; – pedido de nova decisão (exemplo: provimento do recurso para decisão recorrida, julgando improcedente a demanda).

3.3.2. MODELO – RECURSO EXTRAORDINÁRIO

EXCELENTÍSSIMO SENHOR DOUTOR DESEMBARGADOR PRESIDENTE DO E. TRIBUNAL DE JUSTIÇA DO ESTADO DE ... .

Pular 10 linhas

Recurso n.º ... .

..., qualificado nos autos, por meio de seu advogado que subscreve a presente, vem, respeitosamente, à presença de Vossa Excelência, com fulcro no art. 102, III, alínea "___", da Constituição Federal, interpor o presente

RECURSO EXTRAORDINÁRIO

contra o v. acórdão de fls...., proferido por esse D. Tribunal de Justiça, no recurso em epígrafe, em que figura como *recorrido (ou recorrente)* ..., já qualificado, nos termos das razões de fato e de direito apresentadas na minuta em anexo.

Requer, outrossim, que seja o presente recurso devidamente recebido e processado, intimando-se a parte contrária para que ofereça, dentro do prazo legal, as contrarrazões.

Em seguida, requer que seja o recurso admitido, por preencher os requisitos legais e constitucionais, conforme demonstração nas razões em anexo, remetendo-se os autos ao Colendo Supremo Tribunal Federal.

Por fim, requer a juntada das custas de preparo, e porte de remessa e retorno.

Termos em que pede deferimento.

Local ..., data...

Advogado ...

OAB ....

(As razões são na página seguinte)

RAZÕES DE RECURSO EXTRAORDINÁRIO

Recorrente: ....

Recorrido: ....

SUPREMO TRIBUNAL FEDERAL
COLENDA TURMA

I – BREVE RESUMO

(Breve relato do ocorrido na demanda até o momento da decisão recorrida.)

II – DO CABIMENTO DO RECURSO

(Aqui, deve-se enquadrar o recurso numa das hipóteses do art. 102, III, da CF.)

III – DA EXISTÊNCIA DE REPERCUSSÃO GERAL

(Aqui, há de se demonstrar a existência de repercussão geral, nos termos do art. 1.035, CPC; considera-se de repercussão geral as "questões relevantes do ponto de vista econômico, político, social ou jurídico, que ultrapassem os limites subjetivos da causa (§ 1.º); haverá repercussão geral "sempre que o recurso impugnar decisão contrária a súmula ou jurisprudência dominante do Tribunal")

IV – DA EXISTÊNCIA DE PREQUESTIONAMENTO

(Aqui, há de se demonstrar que a matéria levada à apreciação já foi debatida na esfera jurisdicional inferior.)

V – DAS RAZÕES DE FATO E DE DIREITO

(fundamentos de fato e de direito que dão suporte ao provimento do recurso, deixando claro que não se quer modificar a moldura fática delineada pela instância anterior, mas apenas discutir questão de Direito)

VII – DO PEDIDO

Ante o exposto, requer que Vossa Excelência se digne de processar o presente na forma prevista no Código de Processo Civil para, ao final, dar provimento ao recurso, reformando-se (ou anulando-se) a r. decisão recorrida para o fim de julgar improcedente (ou procedente) a demanda.

Termos em que pede deferimento.

Local ..., data...

Advogado ...

OAB ....

3.3.3. MODELO – RECURSO ESPECIAL

EXCELENTÍSSIMO SENHOR DOUTOR DESEMBARGADOR PRESIDENTE DO E. TRIBUNAL DE JUSTIÇA DO ESTADO DE ... .

Pular 10 linhas

Recurso n.º ....

Nome ..., qualificado nos autos, por meio de seu advogado que subscreve a presente, vem, respeitosamente, à presença de Vossa Excelência, com fulcro no art. 105, III, alínea "___", da Constituição Federal, interpor o presente

RECURSO ESPECIAL

contra o v. acórdão de fls. ..., proferido por esse D. Tribunal de Justiça, no recurso em epígrafe, em que figura como recorrido (ou recorrente) ..., já qualificado, nos termos das razões de fato e de direito apresentadas na minuta em anexo.

Requer, outrossim, que seja o presente recurso devidamente recebido e processado, intimando-se a parte contrária para que ofereça, dentro do prazo legal, as contrarrazões.

Em seguida, requer que seja o recurso admitido, por preencher os requisitos legais e constitucionais, conforme demonstração nas razões em anexo, remetendo-se os autos ao Colendo Superior Tribunal de Justiça.

Por fim, requer a juntada das custas de preparo, e porte de remessa e retorno.

Termos em que pede deferimento.

Local ..., data...

Advogado ...

OAB ....

(As razões são na página seguinte)

RAZÕES DE RECURSO ESPECIAL

Recorrente: ....

Recorrido: ....

SUPERIOR TRIBUNAL DE JUSTIÇA
COLENDA TURMA

I – BREVE RESUMO

(Breve relato do ocorrido na demanda até o momento da decisão recorrida.)

II – DO CABIMENTO DO RECURSO

(Aqui, deve-se enquadrar o recurso numa das hipóteses do art. 105, III, da CF.)

III – DA EXISTÊNCIA DE PREQUESTIONAMENTO

(Aqui, há de se demonstrar que a matéria levada à apreciação já foi debatida na esfera jurisdicional inferior.)

IV – DAS RAZÕES DE FATO E DE DIREITO

(Fundamentos de fato e de direito que dão suporte ao provimento do recurso, deixando claro que não se quer modificar a moldura fática delineada pela instância anterior, mas apenas discutir questão de Direito.)

V – DO PEDIDO

Ante o exposto, requer que Vossa Excelência se digne de processar o presente na forma prevista no Código de Processo Civil, para, ao final, dar provimento ao recurso, reformando-se (ou anulando-se) a r. decisão recorrida, para o fim de julgar improcedente (ou procedente) a demanda.

Termos em que pede deferimento.

Local ..., data...

Advogado ...

OAB ....

3.4. RECURSO ORDINÁRIO CONSTITUCIONAL

3.4.1. ESTRUTURA BÁSICA

FUNDAMENTO LEGAL	arts. 102, II, e 105, II, da CF.
CABIMENTO	O recurso ordinário constitucional, **a ser julgado pelo STF** cabe nas causas que julgarem crime político e no *habeas corpus*, mandado de segurança, *habeas data* e mandado de injunção decididos em única instância pelos Tribunais Superiores, se denegatória a decisão (art. 102, II, da CF); Já o recurso ordinário constitucional, **a ser julgado pelo STJ**, cabe para este julgar (art. 105, II, da CF): a) os *habeas corpus* decididos em única ou última instância pelos TRFs ou pelos TJs quando a decisão for denegatória; b) os mandados de segurança decididos em única instância pelos TRFs ou pelos TJs quando denegatória a decisão; c) as causas em que forem partes Estado estrangeiro ou organismo internacional, de um lado, e, do outro, Município ou pessoa residente ou domiciliada no País.
PRAZO	15 dias.
TRATAMENTO DAS PARTES	Recorrente e recorrido.
PETIÇÃO DE INTERPOSIÇÃO	Devem ter os seguintes elementos: – endereçamento ao presidente do tribunal recorrido; – nomes e qualificação das partes; se já houver qualificação nos autos, pode-se usar a expressão "já qualificado nos autos" para os recorrentes e recorridos; – indicação de que se trata de "recurso ordinário em (....)"; pode ser "em mandado de segurança", "em *habeas corpus*", "em *habeas data*" etc. – indicação de que preenche os pressupostos de admissibilidade, conforme as razões em anexo; – requerimento para que seja o recorrido intimado para apresentar contrarrazões, no prazo legal; – requerimento para que o recurso seja devidamente processado, em virtude de preencher os pressupostos de admissibilidade, remetendo-se os autos ao E. Supremo Tribunal Federal ou ao E. Superior Tribunal de Justiça para julgamento; – requerimento de juntada das guias de custas de preparo, porte de remessa e retorno dos autos.
RAZÕES DE RECURSO	Devem ter os seguintes requisitos: – breve resumo da demanda; – demonstração do cabimento do recurso; aqui, deve-se enquadrar o recurso numa das hipóteses dos arts. 102, II, se for de competência do STF, e 105, III, se for de competência do STJ; – razões fáticas e jurídicas do pedido de reforma da decisão recorrida; neste ponto, está-se diante do "Mérito"; – pedido de nova decisão (exemplo: provimento do recurso para reformar a decisão recorrida, concedendo a segurança).

3.4.2. MODELO – RECURSO ORDINÁRIO CONSTITUCIONAL

EXCELENTÍSSIMO SENHOR DOUTOR PRESIDENTE DO E. ... *(verificar o tribunal que julgou a ação em única instância).*

Pular 10 linhas

Ação n.º _____.

Nome ..., qualificado nos autos, por meio de seu advogado que subscreve a presente, vem, respeitosamente, à presença de Vossa Excelência, com fulcro no artigo *(102, II, "a" ou 105, II, alínea "b")* da Constituição Federal, interpor o presente

RECURSO ORDINÁRIO CONSTITUCIONAL

contra o v. acórdão de fls. ..., proferido por esse D. Tribunal, na ação em epígrafe, em que figura *no polo passivo* ..., já qualificado, nos termos das razões de fato e de direito apresentadas na minuta em anexo.

Requer, outrossim, que seja o presente recurso devidamente recebido e processado, intimando-se a parte contrária para que ofereça, dentro do prazo legal, as contrarrazões, remetendo-se, ao final, os autos ao Colendo *(STF ou STJ)*.

Por fim, requer a juntada das despesas.

Termos em que pede deferimento.

Local ..., data...

Advogado ...

OAB ....

(As razões são na página seguinte)

RAZÕES DE RECURSO ORDINÁRIO CONSTITUCIONAL

Recorrente: ... .

Recorrido: ... .

SUPREMO TRIBUNAL FEDERAL
(OU SUPERIOR TRIBUNAL DE JUSTIÇA)
COLENDA TURMA

I – BREVE RESUMO

(Breve relato do ocorrido na demanda até o momento da decisão recorrida.)

II – DO CABIMENTO DO RECURSO

(Aqui, deve-se enquadrar o recurso numa das hipóteses dos arts. 102, II, ou 105, II, da CF.)

III – DAS RAZÕES DE FATO E DE DIREITO

(Fundamentos de fato e de direito que dão suporte ao provimento do recurso, deixando claro que não se quer modificar a moldura fática delineada pela instância anterior, mas apenas discutir questão de Direito.)

IV – DO PEDIDO

Ante o exposto, requer que Vossa Excelência se digne de processar o presente na forma prevista no Código de Processo Civil para, ao final, dar provimento ao recurso, reformando-se (ou anulando-se) a r. decisão recorrida para conceder a segurança para o fim de ... .

Termos em que pede deferimento.

Local ..., data...

Advogado ...

OAB ....

4. AÇÃO RESCISÓRIA

4.1. ESTRUTURA BÁSICA

COMPETÊNCIA	a) do Tribunal competente para o julgamento da apelação contra a sentença; b) do STF e do STJ, em caráter originário, quanto às ações rescisórias de suas decisões (arts. 102, I, *j*, e 105, I, *e*, ambos da CF).
PARTES	a) tratamento: autor e réu; b) legitimidade: art. 967, do CPC.
HIPÓTESES DE CABIMENTO	São necessários os seguintes requisitos: a) sentença (ou acórdão) de mérito; b) trânsito em julgado; c) presença de uma das hipóteses do art. 966, do CPC.
PRAZO	O direito de propor ação rescisória se extingue em 2 anos, contados do trânsito em julgado da decisão (art. 975, CPC); O STF entendeu inconstitucional prazo diferenciado para a Fazenda Pública.
FUNDAMENTO LEGAL	Art. 966, do CPC.
PEDIDO	a) liminar cautelar ou tutela antecipada, quando couber (art. 969, do CPC); b) citação; c) procedência para: rescindir a sentença ou o acórdão (pedido rescindendo ou de rescisão); novo julgamento da demanda (pedido rescisório); d) juntada da guia de 5% sobre o valor da causa (art. 968, II, do CPC).
PROVAS	Protestar pela produção de provas que puderem demonstrar a veracidade dos fatos alegados.
VALOR DA CAUSA	Valor da sentença rescindenda.

4.2. MODELO – PETIÇÃO INICIAL DE AÇÃO RESCISÓRIA

EXCELENTÍSSIMO SENHOR DOUTOR DESEMBARGADOR PRESIDENTE DO E. TRIBUNAL DE JUSTIÇA DO ESTADO DE ... .

(verificar se não se trata da competência de algum TRF ou do STF ou do STJ)

Pular 10 linhas

Nome...... *(qualificação do autor – nome, estado civil, profissão, endereço, CNPJ, endereço)*, vem mui respeitosamente à presença de Vossa Excelência, por meio de seu advogado e bastante procurador que esta subscreve (doc. 01 – mandato), com fundamento no art. 485 e seguintes do Código de Processo Civil, propor a presente

AÇÃO RESCISÓRIA

da r. sentença de mérito transitada em julgado, prolatada no bojo da *ação indenizatória ....*, promovida pelo autor em face da FAZENDA DO ESTADO DE _____, Pessoa Jurídica de Direito Público, com sede na _____, em virtude dos fatos elencados a seguir:

I – DOS FATOS

a) Tentar repetir, ao máximo, os fatos descritos na questão.
b) Relatar os acontecimentos em ordem cronológica, especificando cada ponto.
c) Tentar deixar o mais claro possível.
d) Mostrar de forma evidente o ato/fato que dá ensejo a uma das hipóteses do art. 966, do CPC, sem fazer a qualificação jurídica, por enquanto.

II – DA TEMPESTIVIDADE

Explicar que ação está sendo promovida no prazo previsto no art. 975, do CPC.

III – DO DIREITO

(Citar a lei, amarrada com os fatos, bem como legislação, doutrina e jurisprudência.)

1. Do pedido rescindendo

(Explicar por que a sentença ou o acórdão deve ser objeto de rescisão, enquadrando o fato narrado a uma das hipóteses do art. 966, do CPC.)

2. Do pedido de novo julgamento

(Explicar o que se quer e as razões do pedido de novo julgamento.)

IV – DO PEDIDO

Ante o exposto, é o presente para requerer a Vossa Excelência o quanto segue:

1. A citação da ré, no endereço declinado no pórtico desta inicial, para, querendo, contestar a presente ação no prazo legal sob as penas da lei processual civil;

2. A procedência da ação para rescindir a r. sentença de mérito proferida pelo _____, promovendo-se novo julgamento para o fim de condenar ou anular ou revisar o contrato etc....

3. O protesto pela produção de provas admitidas em direito.

4. A juntada da guia de depósito na importância de 5% do valor da causa, nos termos do art.968, II, do CPC.

(Se for o caso, deve-se pedir antecipação de tutela já no primeiro item do pedido.)

(Se for aplicável o CDC – art. 22 e art. 6.º, VIII, deve-se pedir a inversão do ônus da prova.)

(A depender da condição econômica dos autores, deve-se pedir os benefícios da justiça gratuita.)

Dá-se à causa o valor de R$ ... (valor por extenso).

Termos em que pede deferimento.

Local ..., data...

Advogado ...

OAB ....

5. AÇÕES ESPECÍFICAS

5.1. DESAPROPRIAÇÃO

5.1.1. ESTRUTURA BÁSICA – PETIÇÃO INICIAL DE AÇÃO DE DESAPROPRIAÇÃO

COMPETÊNCIA	O foro competente para o julgamento de ação de desapropriação é o da situação da área desapropriada. No caso da Justiça Federal, a regra permanece, ou seja, é competente o juízo federal onde se situa o imóvel objeto da demanda.
TRATAMENTO DAS PARTES	Autor e réu.
FUNDAMENTOS FÁTICOS E JURÍDICOS	A petição inicial conterá: a) preenchimento dos requisitos previstos no art. 319, do CPC; b) oferta do preço; c) exemplar do contrato, ou do jornal oficial, em que foi publicado o decreto (serve cópia autenticada); d) planta ou descrição do bem e suas confrontações. Deve-se indicar o caso de utilidade pública, necessidade pública ou interesse social que fundamenta a desapropriação – vide art. 5.º do Dec.-lei 3.365/41, art. 2.º da Lei 4.132/62, art. 2.º da Lei 8.629/93, art. 8.º da Lei 10.257/2001, e os dispositivos constitucionais pertinentes; arts. 5.º, XXIV, 182 e 183.

PEDIDO	Procedência da presente ação para o fim de decretar-se por sentença a desapropriação da área descrita na planta juntada aos autos, com sua consequente incorporação ao patrimônio do ente, condenando-se o réu ao pagamento das custas e despesas processuais, inclusive honorários advocatícios.
VALOR DA CAUSA	Deve ser o valor da oferta feita pelo Poder Público.
PROVAS	Deve-se protestar pela produção de prova documental e pericial, e de todos os meios probatórios em direito admitidos, ainda que não especificados no CPC, desde que moralmente legítimos (CPC, art. 369).
CITAÇÃO	O autor deve requerer a citação do réu.

5.2. MODELO – PETIÇÃO INICIAL DE AÇÃO DE DESAPROPRIAÇÃO

EXCELENTÍSSIMO SENHOR DOUTOR JUIZ DE DIREITO DA ... VARA DA FAZENDA PÚBLICA DA COMARCA DE ... – ... .

Pular 10 linhas

MUNICIPALIDADE DE ..., pessoa jurídica de direito público interno, com sede na ..., vem mui respeitosamente à presença de Vossa Excelência, por meio de seu procurador que esta subscreve (doc. 01), com fundamento no art. 5.º, XXIV, da Constituição Federal, e no art. 5.º do Decreto-lei 3.365/41 *(indicar o caso de utilidade pública, necessidade pública ou interesse social que fundamenta a desapropriação – vide art. 5.º do Dec-lei 3.365/41, art. 2.º da Lei 4.132/62, art. 2.º da Lei 8.629/93, art. 8.º da Lei 10.257/2001, e os respectivos dispositivos constitucionais)* propor a competente

AÇÃO DE DESAPROPRIAÇÃO

em face de _____, qualificação (nome, *estado civil, profissão, endereço e documentos)*, proprietário do imóvel sito na rua _____, em virtude dos fatos elencados a seguir:

I – DOS FATOS

1) *Tentar repetir, ao máximo, os fatos descritos na questão.*

2) *Relatar os acontecimentos em ordem cronológica, especificando cada ponto.*

Conforme o Decreto Municipal n.º _____, foi declarado de utilidade pública, para fins de desapropriação (doc. 2 – Diário Oficial), o imóvel urbano sito na _____, objeto do registro na matrícula n.º _____, do ___ Registro de Imóveis desta Capital (doc. 3 – Certidão do Registro de Imóveis).

O imóvel é de propriedade dos expropriados, conforme referida documentação (doc. 3).

A área expropriada é necessária para a realização de abertura de via pública, conforme o novo Plano Viário Municipal.

Segue, em anexo, planta com descrição do bem e de suas confrontações (doc. 4).

Conforme laudo de avaliação, o preço ofertado para o imóvel em tela é de R$ _____ (doc. 5).

Tentou-se composição amigável com os réus, o que resultou infrutífero (doc. 6).

Por outro lado, a Municipalidade necessita urgente de se imitir na posse do imóvel para efetuar o melhoramento público referido.

II – DO DIREITO

1. Da desapropriação

Nos termos do art. 5.º do Decreto-lei 3.365/41, considera-se caso de utilidade pública: *"i) a abertura, conservação e melhoramento de vias ou logradouros públicos; a execução de planos de urbanização, o parcelamento do solo, com ou sem edificação, para sua melhor utilização econômica, higiênica ou estética; a construção ou ampliação de distritos industriais."* (g.n.)

O Decreto Expropriatório apresentou os três requisitos da declaração de utilidade pública: a) o fundamento legal que embasa a desapropriação (art. 5.º, *i*, do Decreto-lei 3.365/41), b) a destinação específica a ser dada ao bem (abertura da rua X, nos termos do novo Plano Viário da Cidade); e c) a identificação do bem expropriado (conforme certidão e planta apresentadas).

A petição inicial está em termos. Cumpre os requisitos do art. 319, do CPC. Traz o Diário Oficial com a publicação do decreto expropriatório, a planta com a descrição do bem (e de suas confrontações) e a oferta de preço para aquisição do imóvel (docs. 3 a 5).

Também ficou demonstrado o interesse de agir, com a recusa do expropriado à proposta formulada pela autora (doc. 6).

2. Da imissão provisória na posse

Nos termos do art. 15, *caput*, do Decreto-lei 3.365/41 há dois requisitos para que seja deferido o pedido de imissão provisória na posse, em favor do expropriante. São eles: a) alegação de urgência; b) depósito da quantia arbitrada.

Quanto ao primeiro requisito, o decreto expropriatório declarou urgência para fins de imissão provisória na posse *(caso não haja declaração no decreto, pode-se alegar urgência na própria petição inicial)*.

Quanto ao segundo requisito, a Municipalidade apresenta oferta consistente no valor venal do imóvel, oferta que requer que seja acolhida por esse D. Juízo, eis que em acordo com o art. 15, § 1.º, do Decreto-lei 3.365/41 *(caso não haja especificação da oferta apresentada, deve-se dizer que "a Municipalidade apresenta oferta que requer seja acolhida por esse D. Juízo, eis que em acordo com o art. 15, § 1.º, do Decreto-lei 3.365/41")*.

Assim sendo, o pedido preenche os requisitos previstos em lei.

III – DO PEDIDO

Ante o exposto, é o presente para requerer a Vossa Excelência o quanto segue:

1) A citação da ré, no endereço declinado no pórtico desta inicial, para, querendo, contestar a presente ação no prazo legal, sob pena de confissão e revelia.

2) O deferimento do pedido de imissão provisória na posse, expedindo-se o respectivo mandado.
3) O protesto pela indicação oportuna de seu assistente técnico e os quesitos pertinentes.
4) A procedência da presente ação, para o fim de decretar-se por sentença a desapropriação da área descrita na planta juntada aos autos, com sua consequente incorporação ao patrimônio da Municipalidade de _____, condenando-se a requerida ao pagamento das custas e despesas processuais, inclusive honorários advocatícios.
5) O protesto pela produção de prova documental e pericial, e de todos os meios probatórios em direito admitidos, ainda que não especificados no CPC, desde que moralmente legítimos (CPC, art. 369).

Dá-se à causa o valor de R$ ...*(valor da oferta escrito por extenso)*.

Termos em que pede deferimento.

Local ..., data...

Advogado ...

OAB ....

5.3. ESTRUTURA BÁSICA – CONTESTAÇÃO EM AÇÃO DE DESAPROPRIAÇÃO

ENDEREÇAMENTO	Juízo que efetivou a citação.
TRATAMENTO DAS PARTES	Autor e réu.
FUNDAMENTOS FÁTICOS E JURÍDICOS	O réu na ação expropriatória só poderá apresentar os seguintes fundamentos (art. 20 do Dec.-lei 3.365/41): a) vício do processo judicial; b) indenização injusta, ou seja, insuficiente; c) direito de extensão da área a ser desapropriada, quando a área que restará da expropriação se tornar inútil ou de difícil utilização. Outras questões devem ser discutidas em ação própria, salvo situações de patente desvio de finalidade.
PEDIDO	Dependerá do fundamento da defesa. Se só houver impugnação do preço, deve-se pedir a fixação de indenização no valor que for apurado em perícia, com todos os consectários legais.
PROVAS	Deve-se protestar pela produção de prova documental e pericial, e de todos os meios probatórios em direito admitidos, ainda que não especificados no CPC, desde que moralmente legítimos (CPC, art. 369).

5.4. MODELO – CONTESTAÇÃO EM AÇÃO DE DESAPROPRIAÇÃO

EXCELENTÍSSIMO SENHOR DOUTOR JUIZ DE DIREITO DA ... VARA DA FAZENDA PÚBLICA DA COMARCA DE ... – ....

Pular 10 linhas

Processo n.º ....

Ação de Desapropriação.

Nome ... *(qualificação do autor – nome, estado civil, profissão, endereço, CNPJ, endereço)*, por seu advogado adiante assinado, (doc.1 – mandato), com escritório profissional na Rua _____, nesta cidade, onde recebe intimações e notificações, vem, respeitosamente, à presença de V. Exa., oferecer, no tempo e modo devido, sua

CONTESTAÇÃO

à AÇÃO DE DESAPROPRIAÇÃO em epígrafe, que lhe promove a MUNICIPALIDADE DE ..., pessoa jurídica de direito público interno, já qualificada na inicial, pelos motivos de fato e de direito a seguir aduzidos.

I – DOS FATOS

A autora alega que expediu decreto expropriatório, com o cumprimento dos requisitos legais, declarando de utilidade pública o imóvel sito na _____, de propriedade do ora contestante, para fins de realização de abertura de via pública, conforme o novo Plano Viário Municipal.

A autora também aduz que ofertou, extrajudicialmente, valor suficiente para indenizar o réu pela perda da propriedade, valor esse que novamente oferece em juízo.

Todavia, há dois fatos extremamente relevantes que não foram narrados na petição inicial.

O primeiro diz respeito ao valor do metro quadrado calculado pela autora para o local. Essa quantia, como se demonstrará nesta demanda, está muito aquém do valor do metro quadrado para a região, mormente se considerarmos as condições especiais do imóvel do réu. Para se ter ideia da diferença, *vide* as cotações feitas por imobiliárias locais (doc. 2 – avaliações). *(verificar na questão que tipo de elemento se tem para contrariar o valor oferecido pelo autor)*

(Aqui, há de se verificar, também, se não há outros danos emergentes e lucros cessantes a serem inseridos na indenização; exemplo: mudança, fundo de comércio do proprietário etc.)

O segundo ponto diz respeito a fato de a declaração de utilidade pública ter abarcado apenas parte do imóvel do réu, ou seja, está-se diante de desapropriação parcial. E a parte que remanescerá ao ora contestante ficará esvaziada economicamente, pois não terá utilidade, dado seu reduzido tamanho e sua localização *(inserir essa defesa para o caso de realmente existir desapropriação parcial, com direito de extensão; o esvaziamento econômico pode decorrer do tamanho, da localização encravada, da topografia, da geometria etc.)*

(Aqui é o momento de trazer à tona eventual "vício do processo judicial", "vício no decreto expropriatório", neste caso desde que estejam patentemente comprovados.)

II – DO DIREITO

1. Da justa indenização

A Constituição Federal, em seu art. 5.º, XXIV, dispõe o seguinte:

"*XXIV – a lei estabelecerá o procedimento para desapropriação por necessidade ou utilidade pública, ou por interesse social, mediante justa e prévia indenização em dinheiro, ressalvados os casos previstos nesta Constituição.*" (g.n.)

O art. 27 do Decreto-lei 3.365/41, por sua vez, assevera o seguinte:

"*Art. 27. O juiz indicará na sentença os fatos que motivaram o seu convencimento e deverá atender, especialmente, à estimação dos bens para efeitos fiscais; ao preço de aquisição e interesse que deles aufere o proprietário; à sua situação, estado de conservação e segurança; ao valor venal dos da mesma espécie, nos últimos 5 (cinco) anos, à valorização ou depreciação de área remanescente, pertencente ao réu.*" (g.n.)

Ora, da leitura do texto constitucional percebe-se que a indenização não pode levar em conta somente o valor venal do imóvel. O texto constitucional exige indenização justa, ou seja, indenização que reflita o real valor de mercado do imóvel, e que contemple, também, os demais consectários previstos em lei.

No caso em tela, a oferta apresentada não está de acordo com o valor de mercado do imóvel, seja porque o valor venal não corresponde ao valor de mercado da região, seja porque não se levou em conta as características particulares do imóvel em tela, consistente na sua localização privilegiada na região e no seu estado de conservação, circunstâncias que, segundo o art. 27 do Decreto-lei citado, devem ser levadas em conta pelo juiz na fixação do *quantum* indenizatório.

Assim, não pode prevalecer o valor ofertado pela autora, que contraria tanto o texto constitucional, como o texto da Lei de Desapropriações, conforme avaliações ora apresentadas e conforme também será demonstrado por ocasião da prova pericial.

2. Do direito de extensão

Não bastasse o valor incorreto no metro quadrado do imóvel do ora contestante, a desapropriação em curso também afeta outro direito do réu, qual seja, o direito de extensão.

Isso porque, como se viu, a desapropriação é parcial e a área remanescente ficará esvaziada economicamente, em virtude de seu reduzido tamanho e do fato de ter ficado encravada, inviabilizando, assim, qualquer tipo de aproveitamento.

Para esse tipo de situação a doutrina e a jurisprudência vêm reconhecendo o direito de extensão, pelo qual a desapropriação deve abarcar todo o imóvel, com a indenização correspondente.

O fundamento jurídico desse direito também é a norma constitucional que determina a fixação da justa indenização (art. 5.º, XXIV). Isso porque, caso o expediente da desapropriação parcial com esvaziamento econômico da área remanescente não fosse impedido, a justa indenização, por vias transversas, estaria sendo prejudicada.

III - DO PEDIDO

Ante o exposto, é o presente para requerer a Vossa Excelência o quanto segue:

1. A realização de prova pericial para determinar o valor da justa indenização *prova que deverá levar em conta a totalidade do imóvel, e não só a parte prevista no decreto expropriatório (esta segunda parte só existirá se houver o direito de extensão).*
2. O protesto pela indicação oportuna de seu assistente técnico e dos quesitos pertinentes.
3. A fixação de indenização que leve em conta os critérios legais e as avaliações ora apresentadas, que apontam para o valor de R$ _____ para a totalidade do imóvel, e, subsidiariamente, para o valor de R$ _____ para a parte do imóvel prevista no decreto expropriatório, julgando a demanda parcialmente procedente, com a fixação de:

- juros compensatórios pela imissão provisória no imóvel, juros esses devidos desde a imissão provisória na posse e que devem ser de 6% ao ano, conforme o art. 15-A do Decreto-lei 3.365/41, reputado constitucional pelo STF (ADI 2.332); conforme a mesma decisão do STF, a base de cálculo dos juros compensatórios deve ser a diferença eventualmente apurada entre 80% do preço ofertado em juízo e o valor do bem fixado na sentença *(fazer esse pedido para o caso de ter sido realizada imissão provisória na posse)*;
- juros moratórios, na forma do art. 100, § 12, da Constituição Federal;
- correção monetária, contada desde a realização do laudo pericial que fixar o valor do bem expropriado;
- custas e despesas processuais, bem como honorários advocatícios, estes no valor máximo de 5% da diferença entre o valor oferecido pelo Poder Público e o valor fixado pelo Poder Judiciário, sem qualquer limitação do valor apurado;
- os juros compensatórios serão calculados sobre o valor total da indenização, corrigido monetariamente (Súmula 113 do STJ);
- os honorários advocatícios incidirão, também, sobre as parcelas relativas aos juros compensatórios e moratórios, devidamente corrigidos (Súmula 131 do STJ).

4. O protesto pela produção de prova documental e pericial, e de todos os meios probatórios em direito admitidos, ainda que não especificados no CPC, desde que moralmente legítimos (CPC, art. 369).

Termos em que pede deferimento.

Local ..., data...

Advogado ...

OAB ....

5.5. ESTRUTURA BÁSICA – PETIÇÃO INICIAL DE AÇÃO DE INDENIZAÇÃO POR DESAPROPRIAÇÃO INDIRETA

COMPETÊNCIA	O foro competente para o julgamento de ação de desapropriação é o do local do imóvel.
TRATAMENTO DAS PARTES	Autor e réu.
FUNDAMENTOS FÁTICOS E JURÍDICOS	Deve-se narrar que o autor é o legítimo proprietário e que o Poder Público se apropriou de seu imóvel, ao nele ingressar e implantar atividade de interesse público, o que gerou o direito à indenização pleiteada. O fundamento desse direito é o próprio art. 35 do Dec.-lei 3.365/41, que assegura que "os bens expropriados, uma vez incorporados à Fazenda Pública, não podem ser objeto de reivindicação, ainda que fundada em nulidade do processo de desapropriação. Qualquer ação, julgada procedente, resolver-se-á em perdas e danos". Trata-se do princípio do fato consumado. Também fundamentam o instituto o art. 5.º, XXIV, da CF, e o art. 15, § 3.º, do Dec.-lei 3.365/41.
PEDIDO	Procedência da presente ação, para o fim de condenar o Poder Público a pagar a indenização apurada em perícia.
VALOR DA CAUSA	Deve ser o valor das avaliações extrajudiciais feitas pelo autor da ação.
PROVAS	Deve-se protestar pela produção de prova documental e pericial, e de todos os meios probatórios em direito admitidos, ainda que não especificados no CPC, desde que moralmente legítimos (CPC, art. 369).
CITAÇÃO	O autor deve requerer a citação do réu.

5.6. MODELO – PETIÇÃO INICIAL DE AÇÃO DE INDENIZAÇÃO POR DESAPROPRIAÇÃO INDIRETA

EXCELENTÍSSIMO SENHOR DOUTOR JUIZ DE DIREITO DA ... VARA DA COMARCA DE ... – ....

Pular 10 linhas

NOME ... *(qualificação do autor – nome, estado civil, profissão, endereço, CNPJ, endereço)*, vem mui respeitosamente à presença de Vossa Excelência, por meio de seu advogado e bastante procurador que esta subscreve (doc. 01 – mandato), com fundamento no art. 5.º, XXIV, da Constituição Federal, e nos arts. 15-A, § 3.º, e 35 do Decreto-lei 3.365/41, propor a competente

AÇÃO DE INDENIZAÇÃO POR DESAPROPRIAÇÃO INDIRETA

em face da **MUNICIPALIDADE DE** _____, Pessoa Jurídica de Direito Público, com sede na _____ em virtude dos fatos elencados a seguir:

I – DOS FATOS

a) Tentar repetir, ao máximo, os fatos descritos na questão.
b) Relatar os acontecimentos com uma ordem cronológica, especificando cada ponto.
c) Tentar deixar o mais claro possível.
d) Mostrar de forma evidente o ato/fato causador do dano.

No dia _____, o autor, ao comparecer no imóvel sito na rua _____, número _____, de sua propriedade (doc. 2 – documento comprobatório da propriedade), constatou que a Municipalidade tinha invadido o bem, nele fazendo obras de pavimentação para alargar a citada rua.

A constatação de que o Poder Público havia se apropriado do bem, ainda que de modo irregular e abusivo, fez com que o autor buscasse a Municipalidade para receber indenização cabal pelos prejuízos sofridos.

Todavia, o autor não logrou êxito nesse intento, o que o leva a propor a presente ação indenizatória.

II – DO DIREITO

1. Do fundamento jurídico da presente ação indenizatória

É pacífico na doutrina e na jurisprudência que, quando o Poder Público se apropria de bem particular, sem observância dos requisitos do processo de indenização, o lesado tem direito de buscar a devida indenização junto ao Poder Judiciário.

O fundamento maior desse direito é o art. 5.º, XXIV, que dispõe que a desapropriação requer pagamento de prévia e **justa** indenização em dinheiro.

O art. 35 do Decreto-lei 3.365/41, por sua vez, assevera que "os bens expropriados, uma vez incorporados à Fazenda Pública, não podem ser objeto de reivindicação, ainda que fundada em nulidade do processo de desapropriação". O mesmo dispositivo dispõe que eventuais problemas devem ser resolvidos por meio de indenização por perdas e danos. Esse dispositivo deixa claro que a única alternativa para um caso como o presente é intentar ação indenizatória, já que, uma vez incorporado o bem ao patrimônio público, não é possível desfazer essa situação.

Por fim, o § 3.º do art. 27 do Decreto-lei 3.365/41, parágrafo acrescentado pela Medida Provisória 2.183-56/01, dispõe que a disciplina dos juros compensatórios, em matéria de desapropriação, vale também para "as ações ordinárias de indenização por apossamento administrativo ou desapropriação indireta". Essa disposição assume expressamente o dever de indenizar quando ocorre a desapropriação indireta.

Por fim, a responsabilidade objetiva do Estado prevista no art. 37, § 6.º, da CF, também reclama indenização por prejuízos causados por conduta estatal, independentemente de culpa ou dolo.

Assim, os fundamentos jurídicos expressos acima demonstram, cabalmente, que é devida indenização no caso presente, em que o Poder Público se apropriou de imóvel do autor, sem cumprir as formalidades previstas em lei.

2. Das verbas indenizatórias devidas

A indenização devida deve contemplar diversas parcelas e não só o valor de mercado do bem expropriado. Assim, há de se fixar as seguintes verbas indenizatórias:

a) **valor de mercado do bem (art. 5.º, XXIV, da CF, e 27 do Decreto-lei 3.365/41)**: para tanto, requer que seja fixado valor conforme as avaliações ora apresentadas (doc. 3 – avaliações do imóvel) e conforme também será demonstrado por ocasião da prova pericial;

b) **danos emergentes e lucros cessantes**: observar o mesmo item, na desapropriação indireta; *(Aqui, há de se verificar, também, se não há outros danos emergentes e lucros cessantes a serem inseridos na indenização; exemplo: mudança, fundo de comércio do proprietário etc.)*

c) **juros compensatórios**: aqui, os juros compensatórios são devidos desde a ocupação do imóvel pelo Poder Público; os juros incidirão sobre o total de indenização, uma vez que, diferente da desapropriação direta, não há diferença entre o valor fixado na sentença e o valor ofertado, pois aqui não se fala em valor ofertado; os juros compensatórios correspondem a 6% ao ano, conforme o art. 15-A do Decreto-lei 3.365/41, reputado constitucional pelo STF (ADI 2.332);

d) **juros moratórios**: na forma do art. 100, § 12, da Constituição Federal;

e) **correção monetária**: contada desde a realização do laudo pericial que fixar o valor do bem expropriado;

f) **custas e despesas processuais**: deverá ser de responsabilidade do Poder Público, inclusive quanto ao adiantamento das quantias para fazer frente aos honorários periciais (STJ, REsp 788.817, j. 19/06/2007);

g) **honorários advocatícios**: o Decreto-lei 3.365/41 dispõe que, à moda do que ocorre na desapropriação direta, os honorários serão fixados entre 0,5 e 5% da diferença entre o valor oferecido pelo Poder Público e o valor fixado pelo Poder Judiciário (art. 27, §§ 1.º e 3.º, do Dec.-lei, com a redação dada pela MP 2.183-56/2001); todavia, como não há diferença entre valor fixado pelo juiz e valor ofertado pelo Poder Público, já que este se apoderou do bem sem seguir os trâmites legais, deve incidir os honorários sobre o valor total da condenação, prevalecendo os parâmetros previstos no art. 85, § 2.º, do CPC (entre 10% e 20% do valor da condenação), conforme lição de José dos Santos Carvalho Filho (*Manual de direito administrativo*, 18.ª edição, Rio de Janeiro: Lumen Juris, 2007, p. 767.).

III – DO PEDIDO

Ante o exposto, é o presente para requerer a Vossa Excelência o quanto segue:

1. A citação da ré, no endereço declinado no pórtico desta inicial, para, querendo, contestar a presente ação no prazo legal, sob as penas da lei processual civil.

2. A realização de prova pericial para determinar o valor da justa indenização *prova que deverá levar em conta a totalidade do imóvel, e não só a parte apropriada pela ré (esta segunda parte só existirá se houver o direito de extensão).*

3. O protesto pela indicação oportuna de seu assistente técnico e dos quesitos pertinentes.

4. A procedência da ação com a fixação de indenização que leve em conta os critérios legais e as avaliações ora apresentadas, que apontam para o valor de R$ _____ para a totalidade do imóvel, e, subsidiariamente, para o valor de R$ _____ para a parte do imóvel prevista no decreto expropriatório com a fixação de:

- juros compensatórios pela imissão provisória no imóvel, juros esses devidos desde a apropriação do imóvel pela ré, ocorrida em _____; os juros devem ser de 6% ao ano e incidir sobre a totalidade do valor indenizatório;
- juros moratórios, na forma do art. 100, § 12, da Constituição Federal;
- correção monetária, contada desde a realização do laudo pericial que fixar o valor do bem expropriado;
- custas e despesas processuais, bem como honorários advocatícios, estes no valor de 20% sobre o total da condenação;
- os juros compensatórios serão calculados sobre o valor total da indenização, corrigido monetariamente (Súmula 114 do STJ);
- os honorários advocatícios incidirão, também, sobre as parcelas relativas aos juros compensatórios e moratórios, devidamente corrigidos (Súmula 131 do STJ).

5. O protesto pela produção de prova documental e pericial, e de todos os meios probatórios em direito admitidos, ainda que não especificados no CPC, desde que moralmente legítimos (CPC, art. 369).

Dá-se à causa o valor de R$ _____ (valor por extenso). *(Valor das avaliações feitas.)*

Termos em que, pede deferimento.

Local ..., data...

Advogado ...

OAB ....

6. AÇÃO DE COBRANÇA

6.1. ESTRUTURA BÁSICA

COMPETÊNCIA	A competência para conhecer da ação de cobrança é do lugar onde a obrigação deva ser satisfeita (art. 53, IV, *d, do CPC*), que, no caso, é local onde o pagamento do credor é realizado, observadas as normas sobre competência para conhecer de ação em que figure como parte pessoa de direito público. Quando o réu for a União, entidade autárquica ou empresa pública federal, compete à Justiça Federal processar e julgar a causa (art. 109, I, da CF). Quanto à Justiça Federal, há mais duas regras que incidem quanto à competência (art. 109 da CF): "§ 1.º As causas em que a União for autora serão aforadas na seção judiciária onde tiver domicílio a outra parte. § 2.º As causas intentadas contra a União poderão ser aforadas na seção judiciária em que for domiciliado o autor, naquela onde houver ocorrido o ato ou fato que deu origem à demanda ou onde esteja situada a coisa, ou, ainda, no Distrito Federal". Repare que, de acordo com o § 2.º da CF, o autor pode aforar a demanda, também, em seu domicílio.
TRATAMENTO DAS PARTES	Autor e réu.
FUNDAMENTOS FÁTICOS E JURÍDICOS	A fundamentação legal envolverá o contrato e os dispositivos legais pertinentes (estes estarão presentes na Lei 8.666/93, no Código Civil, no Código do Consumidor e em leis especiais que tratarem de contratos). No que concerne ao Código Civil, os contratos estão regulamentados nos arts. 421 a 853, o inadimplemento nos arts. 389 a 401 e as consequências do inadimplemento nos arts. 402 a 420. No que concerne à Lei 8.666/93, as cláusulas essenciais dos contratos estão previstas no art. 55 da lei e a inexecução dos contratos e as consequências do inadimplemento estão reguladas nos arts. 77 a 80. E quanto ao CDC, os arts. 12 a 54 tratam da responsabilidade contratual. A revisão contratual está prevista, no CC, nos arts. 478 a 480 e no art. 317; na Lei 8.666/93, no art. 65, II; e no CDC, no art. 6.º, V. Também merece referência a nova lei de licitações e contratos (Lei 14.133/21).
PEDIDO	A procedência da ação para condenar a ré no pagamento da quantia de _____, relativa ao contrato administrativo n.º _____, devendo incidir sobre as parcelas, a partir do 1.º dia útil do mês seguinte à realização dos respectivos serviços e até o devido pagamento, o índice de remuneração básica e de juros da poupança (art. 1º-F da Lei 9.494/97), condenando-se a ré no pagamento das custas e despesas processuais e de honorários advocatícios no montante de 20% do valor total da condenação. No que tange à correção monetária, aplicável índice que espelhe o fenômeno inflacionário (como o IPCA, como já decidiu o STJ)1.

---

1 No início de 2013, o STF proferiu importantes decisões no âmbito das ADIs 4.357 e 4.425. Numa delas, decidiu que fere o princípio da igualdade a correção monetária do precatório pelo índice da poupança, pois esse índice não recompõe as perdas inflacionárias. Essa decisão se referiu especificamente ao regime do precatório (art. 100, § 12, da CF). Posteriormente, em 2019, o STF julgou inconstitucional o art. 1º-F da Lei 9.494/97 (alterado pela Lei 11.960/2009), pelas mesmas razões.

VALOR DA CAUSA	Deve ser o valor da cobrança feita.
PROVAS	Deve-se protestar pela produção de prova documental e pericial, e de todos os meios probatórios em direito admitidos, ainda que não especificados no CPC, desde que moralmente legítimos (CPC, art. 369).
CITAÇÃO	O autor deve requerer a citação do réu.

6.2. MODELO – PETIÇÃO INICIAL DE AÇÃO DE COBRANÇA

EXCELENTÍSSIMO SENHOR DOUTOR JUIZ DE DIREITO DA ... VARA DA COMARCA DE ... – ....

Pular 10 linhas

_____ *(qualificação do autor – nome, estado civil, profissão, endereço, CNPJ, endereço)*, vem, respeitosamente, à presença de Vossa Excelência, por meio de seu advogado e bastante procurador que esta subscreve (doc. 01 – mandato), com fundamento nos arts. 389, 404 e 406 do Código Civil, propor a competente

AÇÃO DE COBRANÇA

em face da **MUNICIPALIDADE DE** _____, Pessoa Jurídica de Direito Público, com sede à _____ em virtude dos fatos elencados a seguir:

I – DOS FATOS

a) Tentar repetir, ao máximo, os fatos descritos na questão.
b) Relatar os acontecimentos em ordem cronológica, especificando cada ponto.
c) Tentar deixar o mais claro possível.
d) Mostrar de forma evidente o ato/fato causador do dano

A autora, após se sagrar vencedora da Concorrência Pública n.º _____, celebrou o Contrato Administrativo n.º _____ com a ré, com vistas à execução de obra pública (doc. 2).

Ficou acertado que o contratante receberia sua remuneração segundo as medições a serem feitas nas datas previstas no contrato. Todavia, as últimas quatro medições feitas não foram objeto de pagamento pela Municipalidade (doc. 3).

O autor tomou todas as providências possíveis para receber, extrajudicialmente, as faturas que lhes são devidas (doc. 4). Em que pese as tentativas, não logrou êxito nesse intento, o que o leva a propor a presente ação indenizatória.

II – DO DIREITO

Ao celebrar o contrato administrativo em tela a Municipalidade se comprometeu a fazer pagamentos periódicos ao autor, sempre no primeiro dia útil do mês seguinte à realização de cada etapa da obra *(verificar se a questão trata das datas de vencimento; se não tratar, utilizar o critério acima)*. Todavia, nos quatro últimos meses do contrato, o autor não recebeu as quantias objeto de medição. Essa circunstância faz incidir as disposições do art. 389 do Código Civil. Confira:

"Art. 389. *Não cumprida a obrigação, responde o devedor por perdas e danos, mais juros e atualização monetária segundo índices oficiais, regularmente estabelecidos, e honorários advocatícios.*"

Por se tratar de obrigação de pagamento em dinheiro, outro dispositivo que serve como fundamento da presente demanda é o art. 404 do mesmo Código:

"*Art. 404. As perdas e danos, nas obrigações de pagamento em dinheiro, serão pagas com atualização monetária segundo índices oficiais regularmente estabelecidos, abrangendo juros, custas e honorários de advogado, sem prejuízo da pena convencional*".

Perceba que os dois dispositivos determinam, além da prestação principal devida, que o inadimplente arque com as seguintes verbas: a) correção monetária; b) juros moratórios; c) multa, se for convencionada; e d) custas judiciais e honorários advocatícios.

Os valores da prestação principal já se encontram delimitados, inclusive pela própria ré, conforme doc. 3.

A correção monetária deverá incidir desde o momento em que cada prestação era exigível, no caso, a partir do 1.º dia útil do mês seguinte à realização das parcelas da obra. Mesmo não havendo previsão contratual da correção monetária, existe previsão legal nesse sentido (arts. 389 e 404 acima citados) e a jurisprudência do STJ é pacífica quanto à sua incidência. Confira:

"*A mora no pagamento do preço avençado em contrato administrativo, constitui ilícito contratual. Inteligência da Súmula 43 do STJ. A correção monetária, ainda que a lei ou o contrato não a tenham previsto, resulta da integração ao ordenamento do princípio que veda o enriquecimento sem causa e impõe o equilíbrio econômico-financeiro do contrato. O termo inicial para a incidência da correção monetária nos contratos administrativos de obra pública, na hipótese de atraso no pagamento, não constando do contrato regra que estipule a data para o efetivo pagamento do preço avençado, deverá corresponder ao 1.º (primeiro) dia útil do mês subsequente à realização da obra, apurada pela Administração Pública mediante critério denominado medição. Precedentes do STJ (REsp 71127/SP, REsp 61817/SP). O retardamento em pagar medições de obras já efetuadas configura violação do contrato e a inadimplência de obrigação juridicamente pactuada, com consequências que se impõem ao contratante público*" (REsp 679.525/SC, Rel. Min. Luiz Fux, Primeira Turma, julgado em 12.05.2005, DJ 20.06.2005, p. 157).

Os juros legais também deverão incidir desde o momento em que cada prestação era exigível, no caso, a partir do 1.º dia útil do mês seguinte à realização das parcelas da obra. Mesmo não havendo previsão contratual dos juros moratórios, existe previsão legal nesse sentido (os mesmos arts. 389 e 404 acima citados) e a jurisprudência do STJ é pacífica quanto à sua incidência. Confira:

"*A jurisprudência da c. Primeira Seção desta eg. Corte de Justiça é firme no sentido de que o termo inicial para a contagem dos juros moratórios, em se tratando de relação contratual, é o do vencimento de cada obrigação. Precedentes: REsp 465.836/RJ, Rel. Min. Denise Arruda, DJ de 19/10/2006; EDcl no REsp 535.858/RJ, Rel. Min. Eliana Calmon, DJ de 15/03/2004; REsp 402.423/RO, Rel. Min. Castro Meira, DJ de 20/02/2006; REsp 419.266/SP, Rel. Min. Humberto Gomes de Barros, DJ de*

08/09/2003. Em relação ao percentual de incidência, também se firmou no sentido de que os respectivos juros relativos à mora ocorrida em período anterior ao novo Código Civil são devidos nos termos do mesmo Codex de 1916, e os relativos ao período posterior regem-se por normas supervenientes. Precedentes: REsp 803.567/ PE, Rel. Min. Teori Albino Zavascki, DJ de 30.11.06; AgRg no REsp 848.431/SP, Rel. Min. José Delgado, DJ de 20.11.06. III – Agravo improvido" (AgRg no REsp 917.419/MG, Rel. Min. Francisco Falcão, Primeira Turma, julgado em 15.05.2007, DJ 11.06.2007, p. 295).

Quanto ao montante de juros deve-se aplicar o disposto no art. 1º-F da Lei 9.494/97, que estabelece o índice de remuneração básica e de juros da poupança, como aplicável para fins de remuneração de capital e compensação pela mora. No que tange à correção monetária, deve-se aplicar índice que espelhe o fenômeno inflacionário (como o IPCA-E, como já definido pelo STJ).

III – DO PEDIDO

Ante o exposto, é o presente para requerer a Vossa Excelência o quanto segue:

1. A citação da ré, no endereço declinado no pórtico desta inicial, para, querendo, contestar a presente ação no prazo legal, sob as penas da lei processual civil.

2. A procedência da ação para condenar a ré no pagamento das quatro últimas parcelas de medição do contrato administrativo n.º _____, devendo incidir sobre as parcelas, a partir do 1.º dia útil do mês seguinte à realização dos respectivos serviços o índice de que trata o art. 1º-F da Lei 9.494/97, aplicando-se o disposto no art. 100, § 12, da Constituição Federal, tudo sem prejuízo da condenação da ré no pagamento das custas e despesas processuais e de honorários advocatícios no montante de 20% do valor total da condenação. No que tange à correção monetária, deve-se aplicar índice que espelhe o fenômeno inflacionário (como o IPCA-E, como já definido pelo STJ).

3. O protesto pela produção de prova documental e pericial, e de todos os meios probatórios em direito admitidos, ainda que não especificados no Código de Processo Civil, desde que moralmente legítimos (CPC, art. 369).

Dá-se à causa o valor de R$ _____ (valor por extenso). *(Valor das faturas feitas.)*

Termos em que pede deferimento.

Local ..., data...

Advogado ...

OAB ....

7. AÇÃO DE RESPONSABILIDADE EXTRACONTRATUAL

7.1. ESTRUTURA BÁSICA

COMPETÊNCIA	A competência é do lugar do ato ou fato que causar o dano à vítima (art. 53, IV, *ä*", do CPC). Quando o réu for a União, entidade autárquica ou empresa pública federal, compete à Justiça Federal processar e julgar a causa (art. 109, I, da CF). Quanto à Justiça Federal, há mais duas regras que incidem quanto à competência (art. 109 da CF): "§ 1.º As causas em que a União for autora serão aforadas na seção judiciária onde tiver domicílio a outra parte. § 2.º As causas intentadas contra a União poderão ser aforadas na seção judiciária em que for domiciliado o autor, naquela onde houver ocorrido o ato ou fato que deu origem à demanda ou onde esteja situada a coisa, ou, ainda, no Distrito Federal". Repare que o autor, no que concerne à responsabilidade civil, tem duas opções: a) seu domicílio; b) lugar onde houver ocorrido o ato ou fato que deu origem à demanda.
TRATAMENTO DAS PARTES	Autor e réu.
PEDIDO	A procedência da ação para condenar o réu ao pagamento da quantia de _____, referentes aos danos materiais, e de _____, referente aos danos morais. Quanto ao dano material, há de se diferenciar os danos emergentes dos lucros cessantes. Os primeiros dizem respeito a danos que decorrem diretamente da ação lesiva (por exemplo, conserto do carro, despesas com medicamentos etc.), ou seja, dizem respeito ao que já se perdeu. Já os segundos dizem respeito ao que razoavelmente deixou-se de lucrar. São exemplos de lucros cessantes os dias em que a pessoa deixou de trabalhar, as quantias que o falecido deixou de levar para casa para cuidar de sua família (pedido de pensão). Já quanto aos danos morais, é importante fazer pedido de valor certo (por exemplo: pedido de R$ 150.000,00; o STJ não admite a fixação de danos morais em salários mínimos – REsp 419.059/SP, rel. Min. Eliana Calmon, DJ de 29/11/2004).
VALOR DA CAUSA	Deve ser o valor total do pedido indenizatório.
PROVAS	Deve-se protestar pela produção de prova documental e pericial, e de todos os meios probatórios em direito admitidos, ainda que não especificados no CPC, desde que moralmente legítimos (CPC, art.369).
CITAÇÃO	O autor deve requerer a citação do réu.

7.2. MODELO – PETIÇÃO INICIAL DE AÇÃO INDENIZATÓRIA – RESPONSABILIDADE CIVIL EXTRACONTRATUAL

EXCELENTÍSSIMO SENHOR DOUTOR JUIZ DE DIREITO DA ... VARA DA FAZENDA PÚBLICA DA COMARCA DE ... – ....

Pular 10 linhas

AUTORA 1 (esposa do falecido), qualificação, domicílio, AUTOR 2 (primeiro filho do falecido), qualificação, domicílio, AUTOR 2 (segundo filho do falecido), qualificação, domicílio,(SEGUNDO EXEMPLO ADOTADO PARA O MODELO) os dois últimos autores representados pela primeira autora, vem mui respeitosamente à presença de Vossa Excelência, por meio de seu advogado e bastante procurador que esta subscreve (doc. 01 – mandato), com fundamento nos art. 37, § 6.º, da Constituição Federal, e no art. 948 do Código Civil, propor a presente

AÇÃO INDENIZATÓRIA

em face da FAZENDA ESTADUAL DE _____, Pessoa Jurídica de Direito Público, com sede na _____ em virtude dos fatos elencados a seguir:

I – DOS FATOS

a) Tentar repetir, ao máximo, os fatos descritos na questão.

b) Relatar os acontecimentos em ordem cronológica, especificando cada ponto.

c) Tentar deixar o mais claro possível.

d) Mostrar de forma evidente o ato/fato causador do dano.

(Segundo exemplo adotado para o modelo)

No dia _____, _____, marido da primeira autora e pai dos demais autores (doc. 2 – certidões de casamento e de nascimento), quando trafegava pela rua _____, nesta Comarca, foi atingido por projétil disparado por arma de fogo de policial militar do Estado ré, que disparava diversos tiros na perseguição de bandidos que haviam roubado banco nas proximidades (doc.3 – cópia do inquérito policial).

O tiro atingiu a cabeça de _____, que faleceu a caminho do hospital (DOC. 4 – certidão de óbito).

_____ ganhava aproximadamente R$ 1.200,00 mensais, conforme demonstra documentação juntada ao presente (doc. 5 – recibos de pagamento).

Os autores dependiam totalmente do trabalho do falecido para sobreviver. Sua esposa era dona de casa e seus filhos têm sete e cinco anos.

Além da perda da receita, a esposa do falecido teve de arcar com as despesas do funeral do *de cujus*, no montante de R$ 1.500,00 (doc. 6 – notas fiscais).

Os autores buscaram indenização junto à Fazenda Pública. Em que pesem as tentativas, não lograram êxito nesse intento, o que os levaram a propor a presente ação indenizatória.

II – DO DIREITO

1. Da responsabilidade objetiva do Estado

A Constituição Federal, em seu art. 37, § 6.º, consagra a responsabilidade objetiva do estado por danos causados a terceiros. Confira:

> "§ 6.º As pessoas jurídicas de direito público e as de direito privado prestadoras de serviço público responderão pelos danos que seus agentes, nessa qualidade, causarem a terceiros, assegurado o direito de regresso contra o responsável, nos casos de dolo ou culpa."

Os fatos narrados na petição inicial enquadram-se perfeitamente na hipótese de incidência prevista no dispositivo constitucional citado, pelos seguintes motivos: a) o policial militar atuava nessa qualidade, além de usar arma da corporação; b) o policial militar é agente de pessoa jurídica de direito público (responsabilidade do Estado); c) a conduta estatal – disparo de arma de fogo – é comissiva e, portanto, enseja a responsabilidade objetiva do Estado; d) o marido e pai dos autores faleceu em virtude do tiro feito pelo policial militar; e) os autores tiveram danos materiais e morais.

Por outro lado, não ocorre no caso presente qualquer das causas excludentes da responsabilidade estatal.

A jurisprudência vem reconhecendo a responsabilidade objetiva do Estado em casos como o presente, infelizmente muito comuns nos dias de hoje. Confira:

> "Processual civil e administrativo. Falecimento de menor atingido por disparo de arma de policial militar. Responsabilidade civil do Estado" (STJ, REsp 727.439/BA, rel. Min. Eliana Calmon, DJ de 14/11/2005).

Demonstrada a responsabilidade objetiva do Estado no caso presente, de rigor, agora, tratar das verbas indenizatórias devidas aos autores.

2. Das verbas indenizatórias devidas

O art. 948 do Código Civil tem o seguinte teor:

> "Art. 948. No caso de homicídio, a indenização consiste, sem excluir outras reparações:
> I – no pagamento das despesas com o tratamento da vítima, seu funeral e o luto da família;
> II – na prestação de alimentos às pessoas a quem o morto os devia, levando-se em conta a duração possível da vida da vítima."

Por outro lado, a Constituição Federal, em seu art. 5.º, V e X, e o Código Civil, em seus arts. 186 (ato ilícito) e 944 ("a indenização mede-se pela extensão do dano") impõem que os danos morais também devem ser indenizados.

Considerando que houve despesas comprovadas de funeral, que os autores dependiam economicamente do falecido e que o dano moral é consequência natural e imediata do falecimento do marido e dos filhos dos autores, independendo de comprovação, segundo a jurisprudência, os autores fazem jus às seguintes verbas indenizatórias:

a) danos materiais, consistentes no ressarcimento das despesas de funeral e na fixação de pensão aos autores;

b) danos morais, devidos a cada um dos autores.

2.1. Da pensão

Nos termos da jurisprudência do STJ, a pensão devida aos filhos deve se estender até a idade de 24 anos, quando presumidamente estes encerrarão sua formação escolar, podendo ingressar no mercado de trabalho em melhores condições para prover sua subsistência. Confira:

> "A pensão pela morte do pai será devida até o limite de vinte e quatro anos de idade, quando, presumivelmente, os beneficiários da pensão terão concluído sua formação, inclusive curso universitário, não mais subsistindo vínculo de dependência" (STJ, Resp. 142.526/RS, rel. Min. Cesar Asfor Rocha, DJ 17/09/01).

Já a pensão devida à esposa, deve ser paga até que esta perfaça 70 anos, tendo em vista o aumento da expectativa de vida do brasileiro que hoje é, em média, de 71,9 anos. Confira:

> "Possibilidade de determinar como termo final do pagamento da pensão, a data em que a vítima completaria 70 (setenta) anos de idade, em função do caso concreto. Precedentes: REsp 164.824/RS e REsp 705.859/SP" (REsp 895.225/RN, Rel. Min. Francisco Falcão, Primeira Turma, julgado em 13.03.2007, DJ 09.04.2007, p. 242).

Já quanto ao *quantum* devido, as decisões do STJ vêm fixando a pensão em 2/3 da remuneração que recebia o *de cujus*. Confira:

> "Responsabilidade civil do Estado. Acidente de trânsito com vítima fatal. Adequada a fixação do valor da pensão em 2/3 (dois terços) dos rendimentos da vítima, deduzindo que o restante seria gasto com seu sustento próprio" (STJ, REsp 603.984/MT, rel. Min. Francisco Falcão, DJ de 16/11/2004).

O mesmo Tribunal também vem entendendo ser cabível o direito de acrescer aos demais autores, na medida em que os filhos do falecido forem completando a idade que não mais permite o recebimento da pensão (STJ, REsp 625.161/RJ, rel. Min. Aldir Passarinho Junior, DJ 17/12/2007).

Por fim, é importante ressaltar que tanto a correção monetária como os juros moratórios das parcelas devidas a título de indenização por danos materiais devem incidir desde a data do evento danoso (STJ, REsp 705.859/SP, rel. Min. Jorge Scartezzini, DJ de 21/03/2005).

Como o art. 406 do Código Civil determina a aplicação da taxa Selic e esta abarca juros e correção monetária, estes incidirão com a simples aplicação da taxa referencial (STJ, REsp 897.043/RN, rel. Min. Eliana Calmon, 2ª T., j. 03-05-2007, DJU 11-05-2007, p. 392).

2.2. Dos danos morais

O STJ vem entendendo que não se pode fixar o valor do dano moral tomando como critério o salário mínimo. Deve-se fixar esta verba em valor certo, valor esse que, em caso de homicídio, vem sendo fixado na quantia de R$ 190 mil. Confira o seguinte caso:

> "CIVIL E PROCESSUAL. AÇÃO DE INDENIZAÇÃO. ACIDENTE DE TRÂNSITO COM VÍTIMA FATAL, ESPOSO E PAI DOS AUTORES. DANO MORAL. FIXAÇÃO. MAJORAÇÃO. Dano moral aumentado, para amoldar-se aos parâmetros usualmente adotados pela Turma. R$ 190 mil para esposa e filhos" (STJ, REsp 625.161/RJ, rel. Min. Aldir Passarinho Júnior, DJ 17/12/07).

Em matéria de dano moral, a correção monetária é devida desde a data da fixação de seu valor, ou seja, desde a data da decisão judicial que fixar a indenização por dano moral. Já os juros moratórios são calculados tendo-se em conta a data do evento danoso (Súmula 54 do STJ: "os juros moratórios fluem a partir do evento danoso, em caso de responsabilidade extracontratual").

2.3. Dos honorários advocatícios

Segundo o STJ, os honorários devem incidir da seguinte forma: *"para efeito de cálculo da verba honorária, a condenação é constituída pelo somatório de todas as prestações vencidas, além das demais verbas já definidas (dano moral, pensão, juros etc.), e doze das vincendas, inaplicável o disposto no § 5.º do art. 20 do CPC (atual art. 85, §9º, CPC)"* (STJ, REsp 625.161/RJ, rel. Min. Aldir Passarinho Júnior, DJ 17/12/2007).

III – DO PEDIDO

Ante o exposto, é o presente para requerer a Vossa Excelência o quanto segue:

1. A citação da ré, no endereço declinado no pórtico desta inicial, para, querendo, contestar a presente ação no prazo legal, sob as penas da lei processual civil.

2. A procedência da ação para condenar a ré no pagamento: a) da quantia de R$ _____, relativa às despesas com funeral; b) de pensão mensal de R$ 800,00, devida aos autores desde o evento danoso, sendo que os filhos receberão até completarem 25 anos e a esposa, até completar 70 anos, com direito de extensão para a segunda, na medida em que os filhos não forem mais recebendo a pensão; c) de indenização por dano moral no valor de R$ 190 mil, para os três autores; d) de correção monetária e juros legais, que, quanto aos danos materiais (itens "a" e "b"), incidirão a partir do evento danoso, e quanto aos danos morais, incidirão a partir da data de sua fixação (a correção monetária) e a partir do evento danoso (quanto aos juros legais); e) honorários advocatícios de 20%, incidentes sobre o somatório de todas as prestações vencidas, além das demais verbas já definidas (dano moral, pensão, juros etc.) e doze das vincendas.

3. O protesto pela produção de prova documental e pericial, e de todos os meios probatórios em direito admitidos, ainda que não especificados no Código de Processo Civil, desde que moralmente legítimos (art. 369, CPC).

(Se o quantum dos danos não estiver determinado, deve-se requer sua apuração em liquidação de sentença.)

(A depender da condição econômica dos autores, deve-se pedir os benefícios da justiça gratuita.)

Dá-se à causa o valor de R$ _____ (valor por extenso).

Termos em que pede deferimento.

Local ..., data...

Advogado ...

OAB ....

8. MANDADO DE SEGURANÇA

8.1. MANDADO DE SEGURANÇA – INDIVIDUAL

8.1.1. ESTRUTURA BÁSICA

COMPETÊNCIA	De acordo com a sede da autoridade coatora e a sua categoria funcional.
PARTES	Impetrante: pessoa física ou jurídica. Impetrado: autoridade pública.
HIPÓTESES DE CABIMENTO	Para proteção de direito individual, líquido e certo, não amparado por *habeas data* ou *habeas corpus*, lesado ou ameaçado de lesão, por ato de autoridade pública ou agente de pessoa jurídica no exercício de atribuições do Poder Público.
PRAZO	120 dias a contar do conhecimento oficial do ato.
FUNDAMENTO LEGAL	– Constituição Federal: art. 5.º, LXIX. – Lei 12.016/09.
FUNDAMENTAÇÃO JURÍDICA	Ilegalidade do ato da autoridade coatora violando direito líquido e certo do impetrante.
PEDIDO	a) concessão da liminar, se for o caso; b) notificação da autoridade coatora para prestar informações; c) o pedido de notificação de litisconsortes passivos, conforme o caso; d) intimação da pessoa jurídica à qual está vinculada a autoridade coatora, para contestar; e) oitiva do representante do Ministério Público; f) concessão da segurança.
PROVAS	É vedada em sede de mandado de segurança a produção de prova. Dessa forma, só cabe a ação se houver prova pré-constituída.
HONORÁRIOS	Súmula 512 do STF: "Não cabe condenação em honorários de advogado na ação de mandado de segurança".
CUSTAS	De acordo com a lei local.
VALOR DA CAUSA	Para fins de alçada.

8.1.2. MODELO – PETIÇÃO INICIAL DE MANDADO SEGURANÇA INDIVIDUAL

EXCELENTÍSSIMO SENHOR DOUTOR JUIZ FEDERAL DA ___ VARA CÍVEL DE VITÓRIA – SEÇÃO JUDICIÁRIA DO ESPÍRITO SANTO – ES.

[Deixe espaço de aproximadamente 10 cm para eventual despacho ou decisão do juiz.]

Ricardo ..., estado civil, profissão, residente e domiciliado em ..., portador do RG ... e do CPF ...., por seu advogado que firma a presente (procuração anexada – doc.1), com escritório para recebimento de intimações na ... (art. 36, I, CPC) vem à presença de Vossa Excelência, respeitosamente, impetrar em face do Senhor Diretor de Gestão de Pessoal, do Departamento de Polícia Federal, o presente

MANDADO DE SEGURANÇA COM PEDIDO DE LIMINAR

nos termos do artigo 5º, inciso LXIX, da Constituição Federal e da Lei nº 12.016/2009, pelas razões a seguir aduzidas:

I – DOS FATOS

O impetrante fez inscrição no concurso público para provimento de cargos de delegado de polícia federal, atendendo a edital publicado em 30/04/04 (doc. 2).

Ocorre que, consultando o edital quanto à regulação da prova de títulos, o impetrante verificou que eram atribuídos dois pontos para cada ano de trabalho em atividade policial exercida no Departamento de Polícia Federal e apenas um ponto para cada ano de trabalho em atividade policial exercida em outros órgãos públicos (doc. 3).

O impetrante, policial militar do Espírito Santo com vários anos de experiência (doc. 4), considerando inconstitucional esse tratamento desigual, resolveu insurgir-se contra a previsão do edital, ingressando com pedido administrativo de modificação da regra editalícia mencionada.

O pedido administrativo foi indeferido em 30/06/04, por decisão do diretor de gestão de pessoal do Departamento de Polícia Federal, agente público competente para elaborar e modificar editais de concurso público (doc. 5).

Dessa forma, não resta outra alternativa ao impetrante que não a de ingressar com o presente mandado de segurança.

II – DO DIREITO

1. Do cabimento do mandado de segurança

1.1. Existência de ato de autoridade

O edital ora impugnado é ato de autoridade pública, no caso ato emanado pelo diretor de gestão de pessoal do Departamento de Polícia Federal.

Dessa forma, o mandado de segurança é cabível quanto a esse aspecto (art. 5º, LXIX, da CF e art. 1º da Lei 12.016/09).

1.2. Existência de prova pré-constituída

Os fatos que dão suporte ao direito alegado pelo impetrante estão comprovados de plano, por meio da prova documental ora juntada, consistentes nos seguintes documentos: a) comprovante de inscrição no concurso público; b) edital do concurso público impugnado; c) requerimento administrativo de modificação do edital, acompanhado da respectiva decisão.

Assim, também está cumprido o requisito de prova pré-constituída, essencial para o cabimento do mandado de segurança.

1.3. Respeito ao prazo decadencial de 120 dias

O prazo decadencial para ingressar com o presente *mandamus* também é requisito que está cumprido. Isso porque, segundo o Superior Tribunal de Justiça, esse prazo é contado da publicação do edital do concurso público. E o edital impugnado foi publicado no dia 30/04/04, ou seja, data que, contada até a data dessa impetração, não supera os 120 dias previstos na lei.

Assim sendo, o requisito temporal também está ordem.

1.4. Inexistência de outros impedimentos legais ou jurisprudenciais para a propositura do mandado de segurança

Por fim, não se configura no presente quaisquer outros impedimentos legais (arts. 1º e 5º da Lei 12.016/09) e jurisprudenciais ao manejo do presente remedido constitucional.

2. Da legitimidade ativa e passiva

A legitimidade ativa está em ordem, pois o impetrante defende, em nome próprio, direito próprio decorrente da violação ao princípio da isonomia no edital de concurso no qual está inscrito.

A autoridade coatora também está corretamente indicada, uma vez que o diretor de gestão de pessoal do Departamento de Polícia Federal, agente público competente para elaborar e modificar editais de concurso público, enquadra-se no requisito legal, no sentido de que é "autoridade coatora aquela que tenha praticado o ato impugnado ou da qual emane a ordem para a sua prática" (art. 6º, § 3º, da Lei 12.016/09).

3. Do direito líquido e certo violado

O impetrante tem direito de ver respeitado os princípios da isonomia (art. 5º da CF) e da razoabilidade (art. 2º, *caput*, da Lei 9.784/99), violados no presente caso.

Com efeito, o edital não poderia dar tratamento diferenciado, para efeito de atribuição de títulos, ao exercício de cargo de policial estadual ou federal.

Isso porque as experiências em atividades policiais, sejam elas estaduais ou federais, têm a mesma relevância, uma vez que tanto a polícia federal como a polícia estadual estão voltadas à defesa da segurança pública, ao combate ao crime, à preservação da ordem pública e da incolumidade das pessoas e do patrimônio, conforme o disposto no art. 144 da Constituição Federal aplicável às duas carreiras referidas.

A discriminação é também atentatória do princípio da razoabilidade, uma vez que não faz sentido considerar a atividade de policial federal 100% mais importante, para fins de títulos, que a atividade de policial militar, também pelas razões já explicitadas. O fato de a primeira atividade ter pontuação dobrada em relação à segunda revela a desproporção na forma de atuar da autoridade coatora, desproporção essa que deverá ser desfeita, de modo a proteger direito líquido e certo do impetrante. No caso, a única forma de prestigiar os princípios citados é atribuir ao impetrante a mesma pontuação atribuída pelo edital aos candidatos que tiverem trabalho na polícia federal, ou seja, é atribuir ao impetrante dois pontos por ano de trabalho na polícia militar do Espírito Santo.

E tal medida reclama a modificação no edital, em face da indivisibilidade da cláusula impugnada.

III – DA LIMINAR

Excelência, a prova do concurso impugnado deverá ocorrer entre 30 e 60 dias contados da data presente e o resultado final do certame deve sair entre 5 e 6 meses, também contados da data presente.

Tal situação revela que a melhor medida a ser tomada é determinar que a autoridade competente modifique a cláusula editalícia impugnada desde já, a fim de que conste no novo edital a atribuição da mesma pontuação, quanto aos títulos, pelo exercício de atividades policiais federais ou estaduais.

Tal medida, que implicará a reabertura de prazo para a inscrição no exame, impedirá que, no futuro, qualquer interessado que tenha desistido do certame por não concordar com os critérios dos títulos, possa pedir a anulação do concurso.

Caso não seja deferida a liminar pleiteada, haverá grande prejuízo não só ao impetrante, como a todos os candidatos, tendo em vista que a concessão dessa medida ao final poderá implicar a anulação de todo o certame, por influir em regra do edital que pode ter afastado interessados de participar da disputa pública.

Ademais, a discriminação efetuada importa nítido desrespeito a direito líquido e certo do impetrante, nos termos do art. 5º da Constituição Federal, não podendo ser recusada a determinação para modificação imediata do edital, sob pena de dano irreversível.

O *periculum in mora* inverso não existe, pois o fato de se modificar o edital, possibilitando a participação de novos candidatos no exame, com a ciência de todos de que a questão está *sub judice*, não impede que, no futuro, se for o caso, atribua-se mais ou menos pontos a policiais estaduais que participarem do exame.

Sendo assim, o impetrante requer que seja deferida a medida liminar antes mesmo da notificação da autoridade coatora, nos termos do art. 7º, III, da Lei 12.016/2009, para que seja determinado à autoridade coatora que modifique imediatamente o edital do concurso em tela para o fim de atribuir aos policiais estaduais a mesma pontuação atribuída aos policiais federais no que se refere aos títulos pelo exercício de tempo de serviços nessas atividades, tendo em vista a relevância do fundamento (aparência do bom direito – *fumus boni iuri*) e o perigo na demora da decisão (*periculum in mora*).

IV – DO PEDIDO

Por todo o exposto, o impetrante requer que seja:

a) deferida a medida liminar para que seja determinado à autoridade coatora que modifique imediatamente o edital do concurso em tela, atribuindo-se aos policiais estaduais a mesma pontuação atribuída aos policiais federais no que se refere aos títulos pelo exercício de tempo de serviços nessas atividades (art. 7º, III, da Lei 12.016/2009);

b) determinada a notificação da autoridade coatora, enviando-lhe todas as cópias dos documentos que instruem a inicial, para que preste todas as informações necessárias no prazo de 10 dias (art. 7º, I, da Lei 12.016/2009);

c) dada ciência ao órgão de representação judicial da União Federal, enviando-lhe cópia da inicial para que, querendo, ingresse no feito (art. 7º, II, da Lei 12.016/2009);

d) ouvido o representante do Ministério Público para que opine no prazo de 10 dias (art. 12 da Lei 12.016/2009);

e) ao final, confirmada a liminar deferida, concedendo-se definitivamente a segurança pleiteada para que seja reconhecido ao impetrante, quanto aos títulos para o concurso, o direito de receber a mesma pontuação atribuída aos policiais federais pelo exercício da atividade policial.

[Obs.: toda a prova deve ser juntada à inicial, pois o direito é líquido e certo e não se admite dilação probatória. Não há condenação em honorários advocatícios em mandado de segurança: Súmulas 512/STF 105/STJ]

Dá-se à causa o valor de R$ 1.000,00.

Termos em que pede deferimento.

Local ..., data...

Advogado ...

OAB ....

8.2. MANDADO DE SEGURANÇA – COLETIVO

8.2.1. ESTRUTURA BÁSICA

COMPETÊNCIA	De acordo com a sede da autoridade coatora e sua categoria funcional.
PARTES	Impetrante: partido político com representação no Congresso Nacional, organismo sindical, entidade de classe e associação legalmente constituída e em funcionamento há pelo menos um ano, em defesa dos interesses de seus membros ou associados. Impetrado: autoridade pública. Se os associados estiverem sob a área de atuação de autoridades diferentes, a impetrada será a que estiver sobre todos, ainda que não tenha praticado o ato.
HIPÓTESES DE CABIMENTO	O mandado de segurança coletivo pode ser impetrado por partido político com representação no Congresso Nacional, na defesa de seus interesses legítimos relativos a seus integrantes ou à finalidade partidária, ou por organização sindical, entidade de classe ou associação legalmente constituída e em funcionamento há, pelo menos, 1 (um) ano, em defesa de direitos líquidos e certos da totalidade, ou de parte, dos seus membros ou associados, na forma dos seus estatutos e desde que pertinentes às suas finalidades, dispensada, para tanto, autorização especial.

	Os direitos protegidos pelo mandado de segurança coletivo podem ser: I – coletivos, assim entendidos, para efeito desta Lei, os transindividuais, de natureza indivisível, de que seja titular grupo ou categoria de pessoas ligadas entre si ou com a parte contrária por uma relação jurídica básica; II – individuais homogêneos, assim entendidos, para efeito desta Lei, os decorrentes de origem comum e da atividade ou situação específica da totalidade ou de parte dos associados ou membros do impetrante.
PRAZO	120 dias a contar do conhecimento oficial do ato.
FUNDAMENTO LEGAL	– Constituição Federal: art. 5.º, LXIX. – Lei 12.016/09
FUNDAMENTAÇÃO JURÍDICA	Ilegalidade do ato da autoridade coatora violando direito líquido e certo do impetrante.
PEDIDO	a) concessão da liminar, se for o caso (verificar o 22, § 2º, da Lei 12.016/09); b) notificação da autoridade coatora para prestar informações; c) intimação da pessoa jurídica à qual está vinculada a autoridade coatora, para contestar (art. 7º, II, da Lei 12.016/09); d) oitiva do representante do Ministério Público; e) concessão da segurança.
PROVAS	É vedado em sede de mandado de segurança a produção de prova. Dessa forma, só cabe a ação se houver prova pré-constituída.
HONORÁRIOS	Súmula 512 do STF: "Não cabe condenação em honorários de advogado na ação de mandado de segurança".
CUSTAS	De acordo com a lei local.
VALOR DA CAUSA	Para fins de alçada.

8.2.2. MODELO – PETIÇÃO INICIAL DE MANDADO DE SEGURANÇA COLETIVO

EXCELENTÍSSIMO SENHOR DOUTOR JUIZ DE DIREITO DA ... VARA -- ... DA COMARCA DE ... – ....

_____ *(Qualificação do impetrante – nome, endereço, CNPJ)*, vem respeitosamente à presença de Vossa Excelência, por meio de seu advogado e bastante procurador infra-assinado (doc. 01), com fundamento no art. 5.º, LXIX, da Constituição Federal e nos arts. 21 e 22 da Lei 12.016/09 impetrar o presente

MANDADO DE SEGURANÇA COLETIVO

contra ato praticado pelo Sr. ..... (indicar o cargo da autoridade coatora), qualificação ...., segundo as razões de fato e de direito a seguir expostas.

I – DOS FATOS

II – DO DIREITO

1. Do cabimento do mandado de segurança coletivo

1.1. Existência de ato de autoridade

O edital ora impugnado é ato de autoridade pública, no caso ato emanado pelo diretor de gestão de pessoal do Departamento de Polícia Federal.

Dessa forma, o mandado de segurança é cabível quanto a esse aspecto (art. 5º, LXIX, da CF e art. 1º da Lei 12.016/09).

1.2. Existência de prova pré-constituída.

Os fatos que dão suporte ao direito alegado pelo impetrante estão comprovados de plano, por meio da prova documental ora juntada, consistentes em ...

Assim, também está cumprido o requisito de prova pré-constituída, essencial para o cabimento do presente mandado de segurança.

1.3. Respeito ao prazo decadencial de 120 dias

O prazo decadencial para ingressar com o presente *mandamus* também é requisito que está cumprido. Isso porque não houve superação do prazo de 120 dias previstos na lei entre a data da publicação do ato impugnado e a presente data.

Assim sendo, o requisito temporal também está ordem.

1.4. Inexistência de outros impedimentos legais ou jurisprudenciais para a propositura do mandado de segurança

Por fim, não se configura no presente quaisquer outros impedimentos legais (arts. 1º e 5º da Lei 12.016/09) e jurisprudenciais ao manejo do presente remedido constitucional.

2. Da legitimidade ativa e passiva

(...)

3. Do direito líquido e certo da impetrante

(Explicar os fundamentos jurídicos da ação.)

III – DA LIMINAR

(Tratar do *periculum in mora* e *fumus boni iuris*.)

IV – DO PEDIDO

Ante todos os fatos e o direito acima expostos, requer a Vossa Excelência:

a) após a oitiva, no prazo de 72 horas, da pessoa jurídica a qual se encontra vinculada à autoridade impetrada (art. 22, § 2º, da Lei 12.016/08), a concessão da liminar para determinar a suspensão do ato lesivo ...

b) determinada a notificação da autoridade coatora, enviando-lhe todas as cópias dos documentos que instruem a inicial para que preste todas as informações necessárias no prazo de 10 dias (art. 7º, I, da Lei 12.016/2009);

c) dada ciência ao órgão de representação judicial da União Federal, enviando-lhe cópia da inicial para que, querendo, ingresse no feito (art. 7º, II, da Lei 12.016/2009);

d) ouvido o representante do Ministério Público para que opine no prazo de 10 dias (art. 12 da Lei 12.016/2009);

e) ao final, confirmada a liminar deferida, concedendo-se definitivamente a segurança pleiteada para que seja reconhecido ao impetrante o direito de...

[Obs.: toda a prova deve ser juntada à inicial, pois o direito é líquido e certo e não se admite dilação probatória. Não há condenação em honorários advocatícios em mandado de segurança: Súmulas 512/STF 105/STJ.]

Dá-se à causa o valor de R$ 1.000,00.

Termos em que pede deferimento.

Local ..., data...

Advogado ...

OAB ...

9. AÇÃO POPULAR

9.1. ESTRUTURA BÁSICA

COMPETÊNCIA	Mesmo quando houver réu que tem, na esfera criminal, foro por prerrogativa de função, o Juízo de 1.º grau é competente para conhecer da ação popular (art. 5.º da Lei 4.717/65).
PARTES	Autor: cidadão (art. 1.º da Lei 4.717/65).
	Réu (art. 6.º da Lei 4.717/65): I) as pessoas cujo patrimônio se pretende proteger; II) aqueles que causaram a lesão; III) beneficiários diretos.
HIPÓTESES DE CABIMENTO	– lesão ao patrimônio público, à moralidade administrativa, ao meio ambiente ou ao patrimônio histórico e cultural – Arts. 2.º, 3.º e 4.º da Lei 4.717/65.
PRAZO	Prescreve em 5 anos.
FUNDAMENTO LEGAL	– Art. 5.º, LXXIII, da CF/88. – Lei 4.717/65.
FUNDAMENTAÇÃO JURÍDICA	– o ato viciado deve estar elencado nos arts. 2.º, 3.º ou 4.º da Lei 4.717/65. – demonstrar a ilegalidade e a lesividade.

PEDIDO	a) citação dos réus para apresentar defesa sob pena de revelia; b) intimação do Ministério Público; c) concessão de liminar; d) procedência do pedido, decretando-se a nulidade dos atos impugnados; e) sucumbência.
PROVAS	Todo tipo de prova admitida em direito.
CUSTAS	O autor é isento de custas judiciais e do ônus da sucumbência, salvo comprovada má-fé.
VALOR DA CAUSA	Fins de alçada.

9.2. MODELO – PETIÇÃO INICIAL DE AÇÃO POPULAR

EXCELENTÍSSIMO SENHOR DOUTOR JUIZ DE DIREITO DA ... VARA DA FAZENDA PÚBLICA DA COMARCA DE ... – ... .

[Deixe espaço de aproximadamente 10 cm para eventual despacho ou decisão do juiz.]

João Paulo, brasileiro, maior de idade, professor de universidade pública, estado civil, profissão, residente e domiciliado em ..., portador do RG ... e do CPF ..., portador do Título Eleitoral nº ..., cidadão em pleno gozo de seus direitos (doc. 01) vem, mui respeitosa e tempestivamente à presença de Vossa Excelência, por meio de seu advogado e bastante procurador infra-assinado (doc. 02) com endereço na ..., com fundamento no artigo 5º, LXXIII da Constituição Federal e Lei 4.717 de 29 de junho de 1965 aforar a presente

AÇÃO POPULAR

em face do Estado ..., pessoa jurídica de direito público, com sede ..., na pessoa de seu representante legal ..., e de ..., Secretário Estadual dos Transportes, qualificação..., e Empresa de Transportes Coletivos ..., qualificação ..., nos termos do art. 6º, da Lei 4.717/65, com sede de suas atividades na ..., pelas razões de fato e de direito a seguir aduzidas:

1. DOS FATOS

Conforme noticiado no Jornal ..., periódico de grande circulação no ..., o Estado ..., ora réu, por meio do Secretário Estadual de Transportes, ora também réu, resolveu, no dia 04/03/2007, renovar por mais 20 anos contrato de permissão de serviço público de transporte coletivo intermunicipal em face de todos os municípios do estado, em favor da Empresa de Transportes Coletivos ..., também ré na presente ação.

Ocorre que tanto o primeiro contrato, celebrado em 05/03/87, como o segundo contrato foram celebrados sem a prévia realização de licitação pública. Ademais, a renovação contratual se deu mediante a inclusão de algumas cláusulas contratuais, por vontade do contrato.

Diante dessa situação, e do fato de que o sistema de transporte no estado não é satisfatório, que as tarifas são muito elevadas e que os ônibus são velhos e sempre atrasam o transporte, o autor requereu pessoalmente, do órgão responsável, o acesso aos documentos necessários para a propositura da presente ação.

Todavia, esse pedido foi negado.

Os fatos noticiados acima justificam a propositura da presente ação popular, sendo certo que o autor se valerá da prerrogativa contida no art. 1º, § 7º, da Lei 4.717/65, propondo a ação desacompanhada dos documentos contidos nos processos administrativos que tratam das contratações referidas, uma vez que, como noticiado, tais documentos tiveram seu acesso negado pelo órgão responsável.

2. DO DIREITO

2.1. Da legitimidade ativa

A Constituição Federal estabelece que *"qualquer cidadão é parte legítima para propor ação popular que vise a anular ato lesivo ao patrimônio público ou de entidade de que o Estado participe ..."* (art. 5º, LXXIII).

Assim, o autor, que é cidadão brasileiro, e encontra-se quite com a Justiça Eleitoral (doc. X), está legitimado para a propositura da presente ação, que tem por fim desfazer a lesão ao patrimônio público e à moralidade administrativa.

2.2. Da lesão ao patrimônio público e ao princípio da moralidade

De acordo com o art. 175 da Constituição Federal, a concessão e a permissão de serviço público dependem de licitação para serem outorgadas.

Repetindo a regra constitucional, a Lei 8.987/95 também exige licitação tanto para a concessão como para a permissão de serviço público (arts. 2º, II e IV, e 14).

Aliás, a Lei 8.987/95 admite que sejam mantidas concessões outorgadas sem licitação anteriormente à Constituição de 1988, impedindo, todavia, a renovação do contrato, que, uma vez findo, deve dar lugar à prestação do serviço pela própria Administração ou por terceiro, mediante novo contrato (art. 42, § 1º), o qual, nos termos da Lei 8.987/95, depende de licitação, como se viu.

Nesse ponto, cumpre destacar que o fato de a empresa ré ter feito investimentos e ter experiência no serviço prestado não é argumento que encontre guarida na Lei 8.987/95 para propiciar a renovação do contrato sem licitação.

Há de se lembrar que a doutrina e a jurisprudência são uníssonas no sentido de que delegações de grande vulto, como é a de transporte coletivo, reclamam outorga de concessão, e não de mera permissão de serviço público, de natureza precária, de modo que não calha qualquer argumento no sentido de que a precariedade da permissão justifica a ausência de licitação.

O fato é que os descumprimentos escancarados da lei e da Constituição no caso presente revelam violação à moralidade administrativa e ao patrimônio público, valores protegidos pela ação popular. O primeiro valor é violado, pois não é crível que um secretário estadual de transportes e uma empresa do porte da ré não conheçam as comezinhas normas do direito das concessões e permissões de serviço público quanto à obrigatoriedade de licitação. E o segundo valor é violado na medida em que a ausência de licitação propicia que não se busque a melhor proposta para a Administração, o que, de acordo com o tipo de concessão a ser realizada, pode gerar menos ou mais recursos em favor do Poder Público.

2.3. Da nulidade do ato de renovação da permissão

O artigo 2º da lei 4.717/65 estabelece que são nulos os atos lesivos ao patrimônio público do Estado, por vício de competência, forma, ilegalidade de objeto, inexistência de motivos e desvio de finalidade.

No caso em tela, requisitos procedimentais foram descumpridos, configurando ilegalidade não passível de ser sanada, uma vez que a obrigatoriedade de licitação, no caso, é prevista tanto na Constituição como na Lei de Concessão de Serviços Público, conforme dispositivos já mencionados no presente.

Destarte, de rigor a declaração de nulidade do contrato celebrado, com a consequente determinação para que o Estado-réu promova a realização de licitação pública para a concessão do serviço público em questão.

2.4. Da requisição de documentos

Conforme já relatado, o autor requereu pessoalmente a extração de cópia dos processos administrativos nos quais se deram a primeira contratação e sua renovação.

Todavia, o pedido foi negado, o que propiciou a propositura da presente demanda com os benefícios do art. 1º, § 7º, da Lei 4.717/65.

Dessa forma, de rigor que esse D. Juízo se digne de, ao se despachar a petição inicial, requisitar ao Estado-réu cópias dos processos administrativos de que tratam as duas permissões de serviço público outorgadas à empresa-ré, providência a ser cumprida no prazo de 15 dias, tendo em vista a facilidade na obtenção desses documentos (art. 7º, I, "b", da Lei 4.717/65).

Tão logo os documentos estejam juntados aos autos, o autor fará pedido de liminar, nos termos do art. 5º, § 4º, a fim de suspender a renovação da permissão e de determinar a realização imediata de processo licitatório para que outros interessados possam participar do certame com vistas à concessão do serviço público respectivo em condições de igualdade.

3. DO PEDIDO

Por todo o exposto, o autor requer que seja:

a) determinada a citação dos réus para responder aos termos da presente ação, sob pena de serem tidos por verdadeiros os fatos aqui narrados;

b) determinada a intimação do representante do Ministério Público para acompanhar a presente ação;

c) requisitado do Estado-réu, na pessoa do Secretário Estadual dos Transportes, também réu na presente demanda, cópia integral dos processos administrativos que tratam da outorga de permissão de serviço público e de sua renovação;

d) julgada procedente a presente ação para o fim de declarar a nulidade do ato de renovação da permissão de serviço público de transporte coletivo intermunicipal em face de todos os municípios do estado, bem como para condenar o Estado-réu a promover a devida licitação para que outras empresas ou empresários possam participar do certame com vistas à concessão do serviço público respectivo em condições de igualdade.

Requer, outrossim, a condenação dos réus nas custas e honorários advocatícios, em montante a ser arbitrado por Vossa Excelência, na forma do artigo 85, do CPC.

Protesta pela produção de todos os meios de prova em direito admitidos, sem exclusão de nenhuma delas, especialmente oitiva dos depoimentos pessoais dos representantes das entidades rés, bem como depoimentos de testemunhas, cujo rol será oferecido oportunamente.

Requer, também, a isenção de custas para o recebimento e processamento da presente ação, nos moldes do inciso LXXIII, do artigo 5º da Constituição Federal.

Dá à causa, apenas para efeito de alçada, o valor de R$ 10.000,00.

Termos em que pede deferimento.

Local ..., data...

Advogado ...

OAB ....

10. HABEAS DATA

10.1. ESTRUTURA BÁSICA

COMPETÊNCIA	a) STF: contra atos do Presidente da República, das Mesas da Câmara dos Deputados e do Senado Federal, do Tribunal de Contas da União, do Procurador-Geral da República e do próprio Supremo Tribunal Federal (art. 102, I, *d*, da CF/88); b) STJ: contra atos de Ministro de Estado, dos Comandantes da Marinha, Exército e Aeronáutica ou do próprio Tribunal (art. 105, I, *b*, da CF/88); c) TRF: contra atos do próprio Tribunal ou de juiz federal (art. 108, I, *c*, da CF/88); d) juízes federais: contra ato de autoridade federal, excetuados os casos de competência dos tribunais federais (art. 109, VIII, da CF/88); e) juízes do trabalho: contra ato questionado que envolva matéria sujeita à sua jurisdição (art. 114, IV, da CF/88); f) tribunais estaduais: segundo o disposto na Constituição do Estado; g) juiz estadual, nos demais casos.
RECURSO	a) STF: quando a decisão denegatória for proferida em única instância pelos Tribunais Superiores (art. 102, II, *a*, da CF/88); b) STJ: quando a decisão for proferida por um tribunal estadual ou por um TRF em apelação (art. 105, III, da CF/88); c) STJ: quando a decisão for proferida em única instância pelos Tribunais Regionais Federais; d) TRF: quando a decisão for proferida por juiz federal; e) Tribunais Estaduais e o do Distrito Federal: conforme dispuserem a respectiva Constituição e a lei que organizar a Justiça do Distrito Federal; f) TSE: quando o *habeas data* for negado pelo Tribunal Regional Eleitoral (art. 121, § 4.º, V, da CF/88).
PARTES	Impetrante: titular do direito, pessoa física ou jurídica. Impetrado: quem detém a informação que se pretende obter, retificar ou anotar.

HIPÓTESES DE CABIMENTO	a) acesso aos registros; b) retificação dos registros; c) anotação/complementação dos registros.
PRAZO	Não há prazo.
FUNDAMENTO LEGAL	Art. 5.º, LXXII, da CF/88. Lei 9.507/97.
FUNDAMENTAÇÃO JURÍDICA	Recusa da apresentação/retificação/complementação de informações por parte da autoridade.
PEDIDO	a) notificação do coator para, querendo, apresentar as informações no prazo de 10 dias; b) determinar a remessa dos autos para o representante do MP para emitir parecer; c) procedência do pedido, marcando dia e hora para que as informações sejam prestadas ao impetrante.
PROVAS	Não admite dilação probatória.
VALOR DA CAUSA	Fins de alçada.

10.2. MODELO – PETIÇÃO INICIAL DE *HABEAS DATA*

EXCELENTÍSSIMO SENHOR PRESIDENTE DO COLENDO SUPERIOR TRIBUNAL DE JUSTIÇA

[Deixe espaço de aproximadamente 10 cm para eventual despacho ou decisão do juiz.]

José, cidadão estrangeiro, estado civil, profissão, residente e domiciliado em ..., portador do RG ... e do CPF ..., por seu advogado que firma a presente (procuração anexada – doc.), com escritório para recebimento de intimações na ... (art. 106, I, CPC) vem, respeitosamente, à presença de Vossa Excelência, impetrar, em face do Ministro do Ministério X o presente

HABEAS DATA

nos termos do artigo 5º, inciso LXXII, da Constituição Federal e da Lei nº 9.507/97, pelas razões a seguir aduzidas.

I – DOS FATOS

O impetrante é cidadão estrangeiro. Porém, durante trinta anos, residiu no Brasil. Em seguida passou os últimos trinta anos de sua vida no exterior, sem visitar o Brasil.

Agora, decidiu retornar a este país e fixar residência no Brasil.

Certo dia, numa conversa com um de seus mais diletos amigos, este lhe informou que ouvira um rumor de que constaria dos assentamentos do Ministério X que José havia se envolvido em atividade terrorista realizada no território brasileiro, trinta e cinco anos atrás.

José decidiu averiguar a informação e apresentou uma petição ao Ministério X, requerendo cópia de todos os documentos de posse do referido ministério em que constasse seu nome.

Dentro do prazo legal, José obteve várias cópias de documentos. A cópia do processo entregue a José apresentava-o inicialmente como suspeito de participar de reuniões do grupo subversivo em questão. Porém, ao conferir a cópia que lhe foi entregue, José percebeu que, além de faltarem folhas no processo, este continha folhas não numeradas.

Suspeitando de que as folhas faltantes no processo pudessem esconder outro documento em que constasse seu nome, José formulou novo pedido ao Ministério X. Desta vez, novamente dentro do prazo legal, José recebeu comunicado de uma decisão que indeferia seu pedido, assinada pelo próprio ministro da Pasta X, em que este afirmava categoricamente que o peticionário já recebera cópias de todos os documentos pertinentes.

Irresignado, José resolveu impetrar o presente *habeas data* a fim de tomar conhecimento dos documentos que lhe foram sonegados.

II – DO DIREITO

1. Da legitimidade ativa e passiva e da competência do órgão julgador

O ato atacado – recusa de informações a respeito do impetrante, decidida pelo Ministro do Ministério X –, faz com que a competência para processar e julgar o presente seja originária do Superior Tribunal de Justiça, conforme determina expressamente o art. 105, I, "c", da CF.

O impetrante é legitimado ativo para a presente ação, já que pede, em nome próprio, a efetivação de direito constitucional, consistente em receber informações a seu respeito.

Quanto à legitimidade passiva para o habeas data, a Lei 9.507/97, diferentemente do que ocorre com a Lei 12.016/09 (Lei de Mandado de Segurança), não usa a expressão autoridade coatora, e sim a expressão coator, e não determina a cientificação da pessoa jurídica correspondente, mas sim a notificação do coator.

Nesse sentido, a doutrina entende que é possível que se indique como coator, não só a autoridade que praticou o ato, como também o próprio órgão ou entidade que o praticou.

No caso presente, preferiu-se indicar a própria autoridade que praticou o ato, mas poderia ter sido indicado como coator o "Ministério X" ou mesmo a "União Federal".

2. Do cabimento do habeas data e do cumprimento dos requisitos para a sua concessão

O art. 5º, LXXII, da Constituição Federal estabelece que é cabível o habeas data quando se tem os seguintes objetivos: a) para assegurar o conhecimento de informações relativas à pessoa do impetrante, constantes de registro ou bancos de dados de entidades governamentais ou de caráter público; b) para a retificação de dados, quando não se prefira fazê-lo por processo sigiloso, judicial ou administrativo.

A garantia do habeas data está regulamentada na Lei 9.507/97, lei essa que estabelece uma série de requisitos para o cabimento e a concessão da medida, sem prejuízo de outros requisitos de ordem doutrinária e jurisprudencial.

Em resumo, são requisitos para o cabimento do habeas data e a concessão da ordem respectiva, os seguintes: a) necessidade de acesso, retificação ou anotação de informações ou dados constantes de registro ou bancos de dados públicos; b) informações ou dados relativos à pessoa do impetrante; c) prova da recusa da autoridade em dar o acesso ou proceder à retificação ou anotação; d) violação a direito do impetrante, comprovada de plano.

O requisito "a" está cumprido, pois as informações desejadas estão constantes de registro ou banco de dados de entidade governamental, no caso o Ministério X da União.

O requisito "b" está cumprido, pois as informações solicitadas dizem respeito à própria pessoa do impetrante.

O requisito "c" também está cumprido, pois o impetrante fez pedido formal de acesso aos documentos cujas folhas foram retiradas do processo e tal pedido foi expressamente negado pela autoridade coatora.

E o requisito "d" também está cumprido, pois as provas documentais juntadas comprovam de plano os requisitos anteriores. Ademais, não é mero capricho do impetrante o desejo de conhecer as informações a seu respeito, tratando-se de legítimo interesse, já que tais informações lhe causam, no mínimo, graves prejuízos de ordem moral.

Não bastasse, não há necessidade de se manter em sigilo eventuais informações dessa natureza, por não existir procedimento investigativo sigiloso em curso.

No caso em tela, foi negado ao impetrante acesso a documentos que dizem respeito à sua pessoa. Tais documentos, como seu viu, constam de registros de entidade governamental, no caso, de ministério da União,

Assim, estão cumpridos todos os requisitos para a concessão da ordem de habeas data.

III – DO PEDIDO

Ante o exposto requer que Vossa Excelência se digne de:

a) determinar a notificação do coator para, querendo, apresentar as informações no prazo de 10 (dez) dias.

b) após, determinar a remessa dos autos para o representante do Ministério Público para emitir parecer, nos termos do art. 12 da Lei 9.507/97.

c) em seguida, julgando procedente o pedido, marcar dia e hora para que as informações sejam prestadas ao impetrante, advertindo o coator das responsabilidades decorrentes de eventual descumprimento de tal determinação judicial.

d) condenar a União Federal ao pagamento de honorários advocatícios, segundo o prudente arbítrio desse C. Tribunal, vez que, diferentemente do que ocorre com a Lei 12.016/09 (Lei de Mandado de Segurança), não há proibição à fixação de honorários na Lei 9.507/97.

Dá à causa o valor de R$ 1.000,00.

Local ..., data...

Advogado ...

OAB ....

11. AÇÃO CIVIL PÚBLICA

11.1. ESTRUTURA BÁSICA

COMPETÊNCIA	No foro do local onde ocorrer o dano (arts. 2.º e 4.º da Lei 7.347/85).
PARTES	Legitimado ativo: Ministério Público, entes da Administração Direta e Indireta, associações com pertinência temática e constituídas há pelo menos um ano (associações em sentido amplo, englobando partidos políticos e sindicatos), órgãos públicos, defensoria pública e OAB. Legitimado passivo: qualquer pessoa, física ou jurídica.
HIPÓTESES DE CABIMENTO	Ações de responsabilidade por danos morais e patrimoniais causados a interesses difusos, coletivos ou individuais homogêneos (*vide* definições no art. 81, p. único, do CDC).
PRAZO	É imprescritível em dois casos: a) reparação de danos ao meio ambiente (STJ); b) reparação do patrimônio público lesado por ato ilícito (STF). Nos demais casos, verificar o prazo previsto em lei.
FUNDAMENTO LEGAL	Lei 7.347/85.

11.2. MODELO – PETIÇÃO INICIAL DE AÇÃO CIVIL PÚBLICA

EXCELENTÍSSIMO SENHOR DOUTOR JUIZ DE DIREITO DA ... VARA DA FAZENDA PÚBLICA DA COMARCA DE ... – ... .

[Deixe espaço de aproximadamente 10 cm para eventual despacho ou decisão do juiz.]

ASSOCIAÇÃO DE DEFESA DO CIDADÃO, pessoa jurídica de direito privado, inscrita no CNPJ sob n. ...., com sede na rua ..., nº ...., município de ..., conforme cópia de seu estatuto (doc. 1), por meio de seu advogado e bastante procurador infra-assinado (doc. 2), com endereço ..., com fundamento no artigo 1º da Lei 7.347/85, vem respeitosamente à presença de Vossa Excelência propor a presente

AÇÃO CIVIL PÚBLICA COM PEDIDO DE LIMINAR

em face do Estado ..., pessoa jurídica de direito público interno, com sede ..., na pessoa de seu representante legal .... e da Empresa X, pessoa jurídica de direito privado, com sede de suas atividades na ..., pelas razões de fato e de direito a seguir aduzidas.

1. DOS FATOS

2. DO DIREITO

2.1. Do cabimento da ação civil pública

(Interesses difusos, coletivos ou individuais homogêneos; vide definições no art. 81, p. único, da Lei 8.078/90.)

2.2. Da legitimidade ativa

(No caso de associação, demonstrar o cumprimento do disposto no art. 5º, V, "a" e "b", da Lei 7.347/85); verificar se não é o caso de fazer o requerimento previsto no § 4º do art. 5º da referida lei – dispensa do requisito temporal).

2.3. Da lesão ao interesse

(Explicitar o direito que foi violado; aqui, deve-se reforçar a ideia de que se trata de interesse difuso, coletivo ou individual homogêneo, mas com um *plus*, qual seja, o de explicar qual lei foi violada; exemplos: dano ao meio ambiente, dando ensejo à reparação ambiental; dano a consumidores que adquiriram dado produto, ensejando obrigação de indenizar).

3. DA ANTECIPAÇÃO DE TUTELA [ou DA LIMINAR]

(fazer referência aos arts. 12 e 21 da LACP, 84 do CDC e 461 do CPC)

4. DO PEDIDO

Por todo o exposto, o autor requer que seja:

a) concedida tutela antecipada, com amparo nas normas constantes do arts. 294 e 297, do CPC, 84 do CDC e 12 da Lei 7.347/85 para determinar a suspensão .... (ou a obrigação de ...)

b) determinada a citação dos réus para responder aos termos da presente ação, sob pena de serem tidos por verdadeiros os fatos aqui narrados;

c) determinada a intimação do representante do Ministério Público para acompanhar a presente ação;

d) julgada procedente a presente ação para o fim de declarar a nulidade do ....(e/ou para o fim de que se condene os réus a ....).

Requer, outrossim, a condenação dos réus nas custas e honorários advocatícios, em montante a ser arbitrado por Vossa Excelência, na forma do artigo 85, do CPC.

Protesta pela produção de todos os meios de prova em direito admitidos, sem exclusão de nenhuma delas, especialmente oitiva dos depoimentos pessoais dos representantes das entidades rés, bem como depoimentos de testemunhas, cujo rol será oferecido oportunamente.

Requer, também, a isenção de custas e demais despesas, nos termos do art. 18 da Lei 7.347/85.

Dá à causa o valor de R$ 10.000,00.

Termos em que pede deferimento.

Local ..., data...

Advogado ...

OAB ....

12. AÇÃO DE IMPROBIDADE

> **Atenção!**
> **O novo regramento da improbidade administrativa ***
> Em 25 de outubro de 2021 foi editada a Lei 14.230, que alterou substancialmente o regime da improbidade administrativa incorporado na Lei 8.429/1992 (LIA). Diversos aspectos do regramento anterior foram alterados, como elemento subjetivo, modalidades de improbidade, regime sancionatório, processo judicial, prescrição etc.

* Breves comentários sobre o novo regime da improbidade administrativa (*vide* página XXX).

12.1. ESTRUTURA BÁSICA – PETIÇÃO INICIAL EM AÇÃO DE IMPROBIDADE

COMPETÊNCIA	Justiça Comum Estadual ou Justiça Federal caso se inclua nas hipóteses do art. 109 da CF/88.
	A ação deve ser proposta perante o foro do local onde ocorrer o dano ou da pessoa jurídica prejudicada (art. 17, § 4º-A, da LIA).
RECURSO	Comuns para toda ação.
PARTES	Autor: pessoa jurídica lesada ou Ministério Público.
	Réu: agentes públicos, servidores ou não e até mesmo particulares que induziram ou concorreram para a prática do ato de improbidade, bem como os que se beneficiaram.
HIPÓTESES DE CABIMENTO	Ato de imoralidade qualificada pela lei que importa em enriquecimento ilícito do agente, prejuízo ao erário e/ou violação dos princípios da Administração Pública.
PRAZO PRESCRICIONAL	Ato de improbidade prescreve em 8 anos, contados a partir da ocorrência do fato ou, no caso de infrações permanentes, do dia em que cessou a permanência.
	– Hipótese de suspensão do prazo: instauração de inquérito civil ou de processo administrativo para apuração dos ilícitos; suspensão por, no máximo, 180 dias corridos, recomeçando a correr após a sua conclusão ou, caso não concluído o processo, esgotado o prazo máximo de suspensão.
	– Hipóteses de interrupção do prazo: i) pelo ajuizamento da ação de improbidade administrativa; ii) pela publicação da sentença condenatória; iii) pela publicação de decisão ou acórdão de Tribunal de Justiça (ou Tribunal Regional Federal), do STJ ou do STF que confirma sentença condenatória ou que reforma sentença de improcedência.
	– Interrompida a prescrição, o prazo recomeça a correr do dia da interrupção, pela metade do prazo de 8 anos (ou seja, 4 anos).
FUNDAMENTO LEGAL	– Constituição Federal, em seu art. 37, § 4.º. – Lei 8.429/92.
FUNDAMENTAÇÃO JURÍDICA	– uma das condutas (enriquecimento ilícito do agente, prejuízo ao Erário e/ou violação dos princípios da Administração Pública). – elemento subjetivo: somente o dolo (não existe mais improbidade culposa).

PEDIDO	a) seja determinada a citação do réu para que, querendo, responda a ação; b) que seja intimado o ilustre representante do Ministério Público para que intervenha no feito, conforme determinação legal; c) que seja o pedido julgado procedente para condenar o réu pela prática de atos de improbidade administrativa previstos no art. *(9.º ou 10 ou 11)* da citada lei, aplicando-lhe as seguintes sanções: *(depende do artigo onde o ato foi enquadrado)*; d) que seja condenado o réu ao pagamento das custas, demais despesas processuais e honorários advocatícios.
PROVAS	Protestar por provas que poderão demonstrar a veracidade do alegado.
VALOR DA CAUSA	Fins de alçada.

12.2. MODELO – PETIÇÃO INICIAL DE AÇÃO DE IMPROBIDADE

EXCELENTÍSSIMO SENHOR DOUTOR JUIZ DE DIREITO DA ... VARA CÍVEL DA COMARCA DE ... – ... .

(No caso de Juiz Federal):

EXCELENTÍSSIMO SENHOR DOUTOR JUIZ FEDERAL DA ... VARA DA SEÇÃO JUDICIÁRIA DE ... – ... .

Pular 10 linhas

_____*(qualificação do autor – nome, endereço, CNPJ)*, neste ato representado por _____ *(pessoa que representa a pessoa jurídica. Exemplo: Prefeito)* (*qualificação – nome, endereço, CPF*), vem, mui respeitosamente à presença de Vossa Excelência, por meio de seu advogado e bastante procurador infra-assinado (doc. 01) com endereço na Rua _____, com fundamento na Lei 8.429/92, impetrar a presente

AÇÃO DE IMPROBIDADE ADMINISTRATIVA

(Deixar sempre destacado.)

em face de *(nome da parte e demais dados possíveis)*, *(endereço)* pelas razões de fato e de direito a seguir aduzidas:

I – DOS FATOS

a) Tentar repetir ao máximo os fatos descritos na questão.
b) Relatar os acontecimentos em ordem cronológica, especificando cada ponto.
c) Procurar deixar o mais claro possível.
d) Mostrar de forma evidente a ocorrência de uma das condutas dos arts. 9.º, ou 10 ou 11 da Lei 8.429/92.

II – DO DIREITO

O art. 37 da Constituição brasileira, em seu *caput* e § 4º determina que:

> *"Art. 37.* **A administração pública** *direta e indireta de qualquer dos Poderes da União, dos Estados, do Distrito Federal e dos Municípios* **obedecerá aos princípios de legalidade, impessoalidade, moralidade, publicidade e eficiência e,** *também, ao seguinte:*
> (...)
>
> *"§ 4.º* **Os atos de improbidade administrativa importarão a suspensão dos direitos políticos, a perda da função pública, a indisponibilidade dos bens e o ressarcimento ao erário,** *na forma e gradação previstas em lei, sem prejuízo da ação penal cabível." (grifei.)*

Seria ocioso insistir em que a conduta do réu ao _____ *(dizer o que o réu fez e enquadrar a conduta de acordo com o caso: enriquecimento ilícito, prejuízo ao Erário ou violação de princípios).*

ENRIQUECIMENTO ILÍCITO

A atitude do réu importou em enriquecimento ilícito por parte deste com evidente ilegalidade em sua conduta.

Ao _____ não se importou com o exercício de sua função pública, preferindo auferir vantagem pessoal em evidente prejuízo à coletividade.

Ademais, caracterizada a presença do elemento subjetivo doloso, consistente na vontade livre e consciente de alcançar o resultado ilícito tipificado no art. 9º da Lei 8.429/92.

PREJUÍZO AO ERÁRIO

Ao _____ o réu trouxe evidente prejuízo à *res publica*, dilapidando bens que não lhe pertencem, em uma atitude reprovável e que deve ser devidamente apurada e punida.

Além disso, caracterizada a presença do elemento subjetivo doloso, consistente na vontade livre e consciente de alcançar o resultado ilícito tipificado no art. 9º da Lei 8.429/92.

VIOLAÇÃO DE PRINCÍPIOS

A atitude do réu contraria todos os princípios da Administração Pública, previstos expressamente no art. 37, *caput*, da Constituição brasileira.

É claro que foi violado o princípio da _____.

Verifica-se que a conduta reputada como ímproba está tipificada no art. 11, inciso _____ *[enquadrar a conduta em um dos incisos do art. 11]*, que assim dispõe:

> *"Art. 11. Constitui ato de improbidade administrativa que atenta contra os princípios da administração pública a ação ou omissão dolosa que viole os deveres de honestidade, de imparcialidade e de legalidade, caracterizada por uma das seguintes condutas:*
> *[colocar um dos incisos do art. 11]*
> *" (Grifo nosso.)*

Tais atos além de visivelmente ilícitos, pois ofendem a lei, constituem também atos imorais, pois _____.

III – DO PEDIDO

Ante todos os fatos e o direito acima expostos, requer de Vossa Excelência que:

a) seja determinada a citação do réu para que responda a ação;

b) seja intimado o ilustre representante do Ministério Público para que intervenha no feito, conforme determinação legal;

c) seja o pedido julgado procedente, condenando o réu na forma do art. 12, inciso *I ou II ou III*, da Lei 8.429, pela prática de atos de improbidade administrativa previstos no art. *9.º ou 10 ou 11* da citada lei, aplicando-lhe as seguintes sanções (*depende do ato*);

d) seja condenado o réu, ao pagamento das custas, demais despesas processuais e honorários advocatícios, na forma da Lei.

Protesta e requer provar o alegado por todos os meios de provas em direito permitidos, se necessário for, inclusive juntada posterior de documentos.

Dá-se à causa, apenas para efeito de alçada, o valor de R$ _____ (_____).

Termos em que pede deferimento.

Local ..., data...

Advogado ...

OAB ....

12.3. ESTRUTURA BÁSICA – CONTESTAÇÃO EM AÇÃO DE IMPROBIDADE

ENDEREÇAMENTO	Juízo que efetivou a citação.
TRATAMENTO DAS PARTES	Autor e réu.
FUNDAMENTOS FÁTICOS E JURÍDICOS	Deve-se dizer que não se configurou quaisquer das modalidades de ato de improbidade prevista na lei. Necessário apontar a ausência de dolo específico, requisito para a configuração da improbidade, nos termos do regime instituído pela Lei 14.230/2021. Essa categoria de dolo representa a vontade livre e consciente de alcançar o resultado ilícito tipificado nos arts. 9º, 10 e 11 da Lei 8.429/92, não bastando a voluntariedade do agente. Deve-se argumentar que as sanções previstas na lei não podem ser aplicadas cumulativamente, indistintamente.
PEDIDO	Deve-se requerer ao Juízo que julgue improcedente a presente demanda. Subsidiariamente, para o caso de reconhecimento da prática de ato de improbidade administrativa, deve-se requerer que seja aplicada apenas a sanção de multa civil, no mínimo legal.
PROVAS	Deve-se protestar pela produção de prova documental e pericial, e de todos os meios probatórios em direito admitidos, ainda que não especificados no CPC, desde que moralmente legítimos (art. 369, CPC).

12.4. MODELO – CONTESTAÇÃO EM AÇÃO DE IMPROBIDADE

EXCELENTÍSSIMO SENHOR DOUTOR JUIZ DE DIREITO DA ... VARA DA FAZENDA PÚBLICA DE ... – ... .

Pular 10 linhas

Autos n.º _____.
Ação de Improbidade Administrativa

_____, estado civil, profissão, residente e domiciliado em ..., portador do RG ... e do CPF ...., por meio de seu advogado (doc. 1), vem, respeitosamente, oferecer

CONTESTAÇÃO

na ação em epígrafe, promovida pelo **MINISTÉRIO PÚBLICO DO ESTADO DE** _____ em face de _____ e da **EMPRESA** _____, já qualificada nos autos, pelos motivos de fato e de direito que a seguir passa a aduzir.

I – DOS FATOS

1. Dos fatos alegados pelo autor

(...)

2. Da verdade dos fatos

(...)

II – DO DIREITO

1. Da inexistência de ato de improbidade

1.1. Considerações gerais

Como é de conhecimento de todos, para configurar-se um ato de improbidade não basta que o ato seja ilegal. É necessário que, além da contrariedade ao Direito, o ato tenha outras características que o faça um ato ímprobo.

Para isso, o ato deve se revestir do que a doutrina chama de imoralidade qualificada, sendo necessário que preencha precisamente outros requisitos previstos nos tipos de improbidade administrativa.

A afirmação de que "não basta o ato ser ilegal" para ser ímprobo é de fundamental importância. Aliás, se assim não fosse, um juiz que prolatasse uma sentença e depois esta fosse reformada pelo Tribunal por entender que a sentença não estava de acordo com a lei, esse juiz teria cometido um ato de improbidade.

É por isso que, além de o ato ser ilegal (contrário ao Direito), o ato, para ser ato de improbidade, deve também preencher outros requisitos.

Faz-se essa observação para lembrar que os atos praticados pelo réu sequer cumpriram o primeiro requisito para estarmos diante de um ato de improbidade.

Os atos praticados pelo réu, como se viu no item I, sequer são ilegais.

1.2. O tipo do art. 9º exige obtenção de vantagem patrimonial indevida e dolo específico

O art. 9º da Lei 8.429/92 tem o seguinte teor, na parte indicada pelo autor:

Art. 9º Constitui ato de improbidade administrativa importando em enriquecimento ilícito auferir, mediante a prática de ato doloso, qualquer tipo de vantagem patrimonial indevida em razão do exercício de cargo, de mandato, de função, de emprego ou de atividade nas entidades referidas no art. 1º desta Lei, e notadamente:

[inserir o inciso apontado pelo autor]

Verifica-se a necessidade de comprovação de uma vantagem patrimonial indevida, bem como do elemento subjetivo doloso, mais precisamente o dolo específico. Ocorre que nenhuma dessas condições foi demonstrada, o que afasta a caracterização de improbidade.

1.3. O tipo do art. 10 exige perda patrimonial e dolo específico

O art. 10 da Lei 8.429/92 tem o seguinte teor, na parte indicada pelo autor:

Art. 10. Constitui ato de improbidade administrativa que causa lesão ao erário qualquer ação ou omissão dolosa, que enseje, efetiva e comprovadamente, perda patrimonial, desvio, apropriação, malbaratamento ou dilapidação dos bens ou haveres das entidades referidas no art. 1º desta Lei, e notadamente:

[inserir o inciso apontado pelo autor]

Verifica-se a necessidade de demonstração de lesão ao erário, bem como do elemento subjetivo doloso, mais precisamente o dolo específico. Ocorre que nenhuma dessas condições foi demonstrada, o que afasta a caracterização de improbidade.

1.4. O tipo do art. 11 exige dolo

O art. 11 da Lei 8.429/92 tem o seguinte teor, na parte indicada pelo autor:

Art. 11. Constitui ato de improbidade administrativa que atenta contra os princípios da administração pública a ação ou omissão dolosa que viole os deveres de honestidade, de imparcialidade e de legalidade, caracterizada por uma das seguintes condutas:

[inserir o inciso apontado pelo autor]

Verifica-se a necessidade de demonstração de um tipo específico contido no art. 11, já que se trata de rol taxativo. Além disso, imprescindível a comprovação do elemento subjetivo doloso, mais precisamente o dolo específico.

Ocorre que nenhuma dessas condições foi demonstrada, o que afasta a caracterização de improbidade.

3. Da impossibilidade de cumulação das sanções

O Ministério Público pede a aplicação cumulativa das sanções previstas na Lei de Improbidade.

Todavia, é pacífico no Superior Tribunal de Justiça que as sanções não podem ser aplicadas indistintamente de modo cumulativo. Há de se observar o princípio da proporcionalidade. Confira: *"Consoante a jurisprudência desta Corte, as penas do art. 12 da Lei 8.429/92 não são aplicadas necessariamente de forma cumulativa, do que decorre a necessidade de se fundamentar o porquê da escolha das penas aplicadas, bem como da sua cumulação. Para as sanções pecuniárias se faz necessária a motivação da sua aplicação além do mínimo legal"* (REsp 713.146/PR, Rel. Min. Eliana Calmon, Segunda Turma, julgado em 13.03.2007, DJ 22.03.2007, p. 324).

Assim, e considerando o princípio da eventualidade, caso seja reconhecida a prática de ato de improbidade, requer que seja afastada a aplicação das sanções previstas na lei, aplicando-se apenas a sanção de multa civil no mínimo legal, mormente porque não há prova de que o réu agiu com dolo no caso presente, o que impede a aplicação das sanções tanto de modo cumulativo, como além do nível mínimo.

III – DO PEDIDO

Ante o exposto, requer que Vossa Excelência se digne de julgar **improcedente** a presente demanda. Subsidiariamente, para o caso de reconhecimento da prática de ato de improbidade administrativa, requer que seja aplicada apenas a sanção de multa civil, no mínimo legal.

Protesta pela produção de todo tipo de **prova** admitida em Direito, principalmente documental, testemunhal e pericial.

Termos em que pede deferimento.

Local ..., data...

Advogado ...

OAB ....

13. PROCESSOS ADMINISTRATIVOS

13.1. MODELO – RECURSO EM PROCESSO LICITATÓRIO

ILUSTRÍSSIMO SENHOR PRESIDENTE DA COMISSÃO DE LICITAÇÃO DA ... (inserir a modalidade de licitação; exemplo: Concorrência) nº ...

EMPRESA ..., qualificação ..., representada por seu advogado que subscreve a presente (doc. 1 – procuração), vem, com fundamento no art. 109 da Lei 8.666/93 [ou art. 165 da Lei 14.133/2021], interpor o presente

RECURSO ADMINISTRATIVO

requerendo que, após o processamento previsto na lei, sejam as razões em anexo encaminhadas para a autoridade competente ... .

Termos em que pede deferimento.

Local ..., data...

Advogado ...

OAB ....

quebra de página

RAZÕES DE RECURSO ADMINISTRATIVO

ILUSTRÍSSIMO SENHOR .... (autoridade competente; por exemplo, Secretário Municipal de Saúde)

I – DOS FATOS

Relatar tudo o que aconteceu, até a decisão impugnada.

II – DO DIREITO

Apresentar os fundamentos jurídicos que deverão levar à anulação ou à reforma da decisão impugnada.

III – DO PEDIDO

Ante o exposto, requerer que seja o recurso conhecido, atribuindo-lhe efeito suspensivo (verificar as hipóteses do art. 109, § 2º, da Lei 8.666/93) [ou citar o art. 168 da Lei 14.133/2021], e provido para o fim de .....(exemplo: reformar a decisão impugnada, habilitando-se o recorrente).

Termos em que pede deferimento.

Local ..., data...

Advogado ...

OAB ....

13.2. MODELO – IMPUGNAÇÃO EM PROCESSO LICITATÓRIO

ILUSTRÍSSIMO SENHOR PRESIDENTE DA COMISSÃO DE LICITAÇÃO DA ... (inserir a modalidade de licitação; exemplo: Concorrência) nº ...

EMPRESA ..., qualificação ..., representada por seu advogado que subscreve a presente (doc. 1 – procuração), vem, com fundamento no § 2º, do art. 41, da Lei nº 8666/93 [ou art. 164 da Lei 14.133/2021], apresentar

IMPUGNAÇÃO

aos termos do edital referido em epígrafe, pelos motivos de fato e direito a seguir:

I – DOS FATOS

A impugnante, tendo interesse em participar da licitação mencionada, adquiriu o respectivo Edital (doc. 1).

Ocorre que, ao analisar as condições para participação no certame, deparou-se com a exigência formulada no item ..., que tem o seguinte teor ....

Essa exigência, como se verá, é absolutamente ilegal, o que ensejou a presente impugnação.

II – DO DIREITO

De acordo com art. 3º, § 1º, I, da Lei nº 8.666/93, é vedado aos agentes públicos: "admitir, prever, incluir ou tolerar, nos atos de convocação, cláusulas ou condições que comprometam, restrinjam ou frustrem o seu caráter competitivo e estabeleçam preferências ou distinções em razão da naturalidade, da sede ou domicílio dos licitantes ou de qualquer outra circunstância impertinente ou irrelevante para o específico objeto do contrato" (g.n.).

(....)

III – DO PEDIDO

Diante do exposto, requer-se que seja a presente IMPUGNAÇÃO aceita, para os seguintes fins:

a) declarar nulo o item ... do Edital;

b) determinar nova publicação do Edital, reabrindo o prazo inicialmente previsto, conforme § 4º, do art. 21, da Lei nº 8666/93.

Termos em que pede deferimento.

Local ..., data...

Advogado ...

OAB ....

14. PARECER

14.1. ESTRUTURA BÁSICA

PARTES DO PARECER	a) número do parecer; b) interessado; c) assunto; d) ementa; e) relatório; f) fundamentação; g) conclusão.

14.2. MODELO – PARECER

Parecer nº ... (a numeração é típica de pareceres nas Procuradorias)

Interessado: .

Assunto: Solicitação de parecer sobre a possibilidade de sociedade de economia mista que desenvolve atividade econômica sem monopólio adquirir, sem prévia licitação, produto ligado à sua atividade fim.

Ementa: Administrativo. Licitação. Contratação direta. Sociedade de economia mista. Produto ligado diretamente à atividade fim da empresa. Não incidência de hipótese de dispensa ou inexigibilidade. *Particularidades da atividade de exploração da atividade econômica. Art. 173, § 1º, da CF. Contratação de produto ligado à atividade fim da empresa. Ausência de *pressuposto jurídico* para a licitação. Possibilidade da contratação direta. (* dessa marcação para frente é possível escrever por extenso)

1. Relatório

Trata-se de consulta formulada pelo ___, que solicita parecer sobre a possibilidade de sociedade de economia mista que desenvolve atividade econômica sem monopólio adquirir, sem prévia licitação, produto ligado à sua atividade fim, mesmo não incidindo hipótese de dispensa ou de inexigibilidade de licitação. (...)

É o relatório.

2. Fundamentação

(...)

3. Conclusão

Ante o exposto, nosso parecer é no sentido da possibilidade de sociedade de economia mista que desenvolve atividade econômica sem monopólio adquirir, sem prévia licitação, produto ligado diretamente à sua atividade fim, mesmo não incidindo hipótese de dispensa ou inexigibilidade de licitação, e desde que a realização do certame possa impedir que a empresa atue no mercado em condições paritárias com as demais empresas.

À consideração superior. (aqui pode ser "É nosso parecer, salvo melhor juízo" ou "É nosso parecer, s. m. j").

Local e data.

Nome, cargo e OAB do procurador (verificar quando for advogado privado).

15. DEFESA DA ADMINISTRAÇÃO

15.1. MODELO – INFORMAÇÕES EM MANDADO DE SEGURANÇA

EXCELENTÍSSIMO SENHOR DOUTOR JUIZ ...

Autos nº ...

Mandado de Segurança

O **XX (AUTORIDADE COATORA)**, prestando as **INFORMAÇÕES** requisitadas por meio de ofício, e a **UNIÃO FEDERAL**, por seu procurador, <u>requerendo o seu ingresso na condição de assistente litisconsorcial</u> e apresentando **CONTESTAÇÃO**, nos autos do **mandado de segurança** impetrado por XXXXXXXX, vêm expor e requerer o quanto segue:

(Obs.: verificar se o enunciado da questão quer que se apresente somente informações ou se também quer que a pessoa jurídica assine junto, apresentando sua contestação)

I – DOS FATOS

(...)

II – DAS PRELIMINARES

1. Da ilegitimidade de parte

(Indicação da autoridade coatora errada, por exemplo, porque não tem poder de decisão.)

2. Do não cabimento pela impossibilidade de dilação probatória

(Explicar que o tipo de questão trazida pelo autor depende de dilação probatória, o que não é cabível em MS; aqui não é para dizer que a prova não conduz ao direito alegado, pois isso é questão de mérito.)

3. Da existência de impedimento legal ao manejo de mandado de segurança

(Olhar lei e súmulas do STF; por exemplo: não cabe MS como substitutivo de ação de cobrança; não cabe MS contra ato disciplinar etc.)

III – DO MÉRITO

Rebater cada fundamento jurídico utilizado pelo impetrante e trazer novos fundamentos, se for possível.

Cada fundamento deve ser tratado num item (1, 2, 3 etc.).

IV – DA CONCLUSÃO

Diante do exposto, requer que se digne Vossa Excelência **julgar extinto o feito**, sem julgamento do mérito, nos termos do artigo 267, inciso ____ do Código de Processo Civil, tendo ...., ou, caso não seja este o entendimento, (b) **denegar a ordem**, uma vez demonstrada a fragilidade das alegações da inicial e, ainda a ausência de direito líquido e certo para fundamentar a concessão da segurança impetrada, impondo ao impetrante os ônus sucumbenciais cabíveis.

Termos em que pede deferimento.

Local ..., data...

_____

Autoridade Coatora

_____

Advogado ...

OAB ....

15.2. MODELO – PEDIDO DE SUSPENSÃO DE LIMINAR OU DE SEGURANÇA

EXCELENTÍSSIMO SENHOR DESEMBARGADOR PRESIDENTE DO EGRÉGIO TRIBUNAL REGIONAL FEDERAL DA ... REGIÃO.

A **UNIÃO FEDERAL**, por seu procurador, vem à presença de Vossa Excelência, com fundamento no art. 15 da Lei 12.016/09, promover o presente **PEDIDO DE SUSPENSÃO DE EXECUÇÃO DA LIMINAR** proferida nos autos do mandado de segurança impetrado por XXXXXXXX, contra ato do XXXXXXXXX (AUTORIDADE COATORA) – autos nº _____, em trâmite perante a ____ Vara da _____ – pelos motivos de fato e direito que passa a expor.

I – DOS FATOS

Relatar o ocorrido até o momento.

II – DO DIREITO

1. Da lesão à ordem pública

(E/ou à saúde pública, à segurança pública, à economia pública.)

Explicar a repercussão da decisão no serviço público.

2. Do desacerto da decisão atacada

Embora em sede de pedido de suspensão não se possa avaliar o mérito da decisão concessiva da ordem, aferindo seu desacerto ou legalidade, a teor do que dispõe o artigo 15º da Lei 12.016/09, mister salientar que a decisão....

(Tratar da ilegalidade dela e reforçar a lesão à ordem pública...)

III – DO PEDIDO DE SUSPENSÃO

Nos elementos aqui trazidos demonstram estar presentes os requisitos para a concessão da suspensão dos efeitos da liminar.

Diante de todo o exposto resta demonstrado o risco à ordem pública que será proporcionado com a execução da decisão ora impugnada, razão pela qual requer a União Federal _____ requer que V. Exa. determine a suspensão da execução da liminar, (por exemplo: "permitindo-se o prosseguimento do processo de licitação nº _____ .....").

Termos em que pede deferimento.

Local ..., data...

Advogado ...

OAB ...

PEÇAS PROCESSUAIS
MODELOS COMPLEMENTARES

1. EXCEÇÃO DE IMPEDIMENTO

1.1. Estrutura Básica

REQUISITOS	Art. 146, do CPC. A exceção é processada em apenso.
ENDEREÇAMENTO	Juízo ou Tribunal que efetivou a citação.
IDENTIFICAÇÃO DO PROCESSO	Indicação das partes, do número do processo e do nome da ação.
TRATAMENTO DAS PARTES	Excipiente (quem propõe a exceção) e excepto (que no caso da exceção de impedimento é o próprio juiz)
FUNDAMENTOS FÁTICOS E JURÍDICOS	Narrar o ocorrido, mas sem debater o mérito da ação, apenas desenvolvendo os fundamentos jurídicos com base em uma das hipóteses do art. 144, do CPC.
PEDIDO	O excipiente deverá pedir o recebimento e processamento da exceção para que o juiz se declare impedido e remeta os autos ao seu substituto legal.
PROVAS	O excipiente deverá protestar pela produção de provas capazes de comprovar os fatos alegados.

1.2. Modelo – Exceção de Impedimento

Excelentíssimo Senhor Doutor Juiz De Direito Da ... Vara ... Da Comarca De ... .

Pular 10 linhas

_____(qualificação do réu – nome, estado civil, profissão, endereço, CNPJ, endereço)*, vem mui respeitosamente a presença de Vossa Excelência, por meio de seu advogado e bastante procurador que esta subscreve (doc. 01 – mandato), com fundamento no art. 146, do CPC, oferecer **EXCEÇÃO DE IMPEDIMENTO,** nos termos dos fundamentos de fato e de direito a seguir aduzidos:

I – DOS FATOS

Trazer um resumo dos fatos.

II – DO DIREITO

Expor as razões que fundamentam o pedido, com fundamento no art. 144 do CPC.

(Citar a lei, amarrada com os fatos, bem como legislação, doutrina e jurisprudência)

III – DO PEDIDO

Ante o exposto, é o presente para requerer que Vossa Excelência se digne em reconhecer o impedimento, determinando-se a remessa dos presentes autos ao substituto legal, ou, se assim não entender Vossa Excelência, que determine a sua remessa ao E. Tribunal de Justiça (ou Tribunal Regional Federal ou Superior Tribunal de Justiça), nos termos do art. 146, § 1º, do CPC.

Protesta pela produção de prova documental e pericial, e de todos os meios probatórios em direito admitidos, ainda que não especificados no Código de Processo Civil, desde que moralmente legítimos (CPC, art. 369).

Termos em que, pede deferimento.

Local ..., data...

Advogado ...

OAB ....

Exceção de Incompetência

A exceção de incompetência deve ser alegada como preliminar de contestação, conforme disposto no art. 64, CPC, que assim dispõe: "a incompetência, absoluta ou relativa, será alegada como questão preliminar de contestação."

Portanto, não temos mais uma peça própria (em separado) para esse instituto, estando revogados os arts. 308 a 311, do Código de Processo civil de 1973.

2. EXCEÇÃO DE SUSPEIÇÃO

2.1. Estrutura Básica

REQUISITOS	Art. 146, do CPC. A exceção é processada em apenso.
ENDEREÇAMENTO	Juízo ou Tribunal que efetivou a citação.
IDENTIFICAÇÃO DO PROCESSO	Indicação das partes, do número do processo e do nome da ação.
TRATAMENTO DAS PARTES	Excipiente (quem propõe a exceção) e excepto (no caso da exceção de suspeição é o próprio juiz).
FUNDAMENTOS FÁTICOS E JURÍDICOS	Narrar o ocorrido, mas sem debater o mérito da ação, apenas desenvolvendo os fundamentos jurídicos com base em uma das hipóteses do art. 145, do CPC.
PEDIDO	O excipiente deverá pedir o recebimento e processamento da exceção para que o juiz acolha a exceção de incompetência, determinando, primeiramente, a suspensão do processo (art. 313, III, do CPC), o apensamento aos autos principais e a intimação do excepto para se manifestar em 10 dias, e, ao final, a remessa dos autos à Vara, Câmara ou Tribunal competente.
PROVAS	O excipiente deverá protestar pela produção de provas capazes de comprovar os fatos alegados.

2.2. Modelo – Exceção de Suspeição

Excelentíssimo Senhor Doutor Juiz de Direito da ... Vara ... Da Comarca de ... .

Pular 10 linhas

_____*(qualificação do réu – nome, estado civil, profissão, endereço, CNPJ, endereço)*, vem mui respeitosamente a presença de Vossa Excelência, por meio de seu advogado e bastante procurador que esta subscreve (doc. 01 – mandato), com fundamento no art. 146, do CPC, oferecer **EXCEÇÃO DE SUSPEIÇÃO,** nos termos dos fundamentos de fato e de direito a seguir aduzidos:

I – DOS FATOS

Trazer um resumo dos fatos.

II – DO DIREITO

Expor as razões que fundamentam o pedido, com fundamento no art. 145, do CPC.

(citar a lei, amarrada com os fatos, bem como legislação, doutrina e jurisprudência)

III – DO PEDIDO

Ante o exposto, é o presente para requerer que Vossa Excelência se digne em reconhecer a suspeição, determinando-se a remessa dos presentes autos ao substituto legal, ou, se assim não entender Vossa Excelência, que determine a sua remessa ao E. Tribunal de Justiça (ou Tribunal Regional Federal ou Superior Tribunal de Justiça), nos termos do art. 146, § 1º do CPC.

Protesta pela produção de prova documental e pericial, e de todos os meios probatórios em direito admitidos, ainda que não especificados no Código de Processo Civil, desde que moralmente legítimos (CPC, art. 369).

Termos em que, pede deferimento.

Local ..., data...

Advogado ...

OAB ....

3. RECONVENÇÃO

3.1. Estrutura Básica

REQUISITOS	Os mesmos da petição inicial (art. 319, do CPC). Poderá ser oferecida em peça autônoma ou como preliminar em contestação e o prazo é o mesmo da contestação (15 dias – art. 335, do CPC).
ENDEREÇAMENTO	Juízo ou Tribunal que efetivou a citação.
IDENTIFICAÇÃO DO PROCESSO	Indicação das partes, do número do processo e do nome da ação.

TRATAMENTO DAS PARTES	Reconvinte (aquele que apresenta a reconvenção) e reconvindo (o autor da ação).
FUNDAMENTOS FÁTICOS E JURÍDICOS	Estes requisitos tratam do seguinte: "DOS FATOS" (fundamentos de fato) e "DO DIREITO" (fundamentos jurídicos). Quanto à parte "I – DOS FATOS", pode se fazer a seguinte subdivisão: "1) Dos fatos alegados pelo autor" (aqui faz-se um breve resumo da petição inicial); "2) Da verdade dos fatos" (aqui conta-se a versão do réu sobre os fatos). Essa divisão é pertinente, principalmente quando houver controvérsia sobre como os fatos ocorreram.
FUNDAMENTOS FÁTICOS E JURÍDICOS	Quanto à parte "II – DO DIREITO", pode-se fazer a seguinte divisão: 1) Do cabimento da reconvenção; 2) Do mérito. Deverá o reconvinte no item "Do cabimento da reconvenção" demonstrar a conexão e justificar o cabimento da reconvenção. Por último deve o réu tratar do item "Do mérito". Deverá o reconvinte citar legislação, doutrina e jurisprudência, nessa ordem.
PEDIDO	O reconvinte deverá requerer a intimação do autor reconvindo para contestar a reconvenção no prazo legal; a procedência da ação; bem como os ônus da sucumbência.
PROVAS	O réu reconvinte deverá requerer a produção das provas pertinentes para comprovar as suas alegações.
VALOR DA CAUSA	Seguirá a regra dos arts. 291 a 293, do CPC.

3.2. Modelo – Reconvenção

Observação em relação ao novo Código de Processo Civil: Conforme disposto no art. 343, CPC, é possível (lícito) ao réu propor reconvenção na contestação. Dessa forma, o autor deverá contestar o pedido, opondo-se a ele, somando à conduta de contra-ataque ao autor, por meio da reconvenção, sendo necessário que deixe muito especificado na contestação esse pedido de reconvenção. Abaixo temos um modelo de reconvenção como peça autônoma.

Excelentíssimo Senhor Doutor Juiz de Direito da ... Vara ... da Comarca de ... .

Pular 10 linhas

_____(qualificação do réu – nome, estado civil, profissão, endereço, CNPJ, endereço), vem mui respeitosamente a presença de Vossa Excelência, por meio de seu advogado e bastante procurador que esta subscreve (doc. 01 – mandato), oferecer **RECONVENÇÃO** à ação que lhe promove a **FAZENDA DO ESTADO DE** _____, Pessoa Jurídica de Direito Público, com sede na _____, nos termos dos fundamentos de fato e de direito a seguir aduzidos:

I – DOS FATOS

1. Dos fatos alegados pelo autor reconvindo

(...)

2. Da verdade dos fatos

(...)

II – DO DIREITO

1. Do cabimento da reconvenção

(vide art. 343 do CPC)

2. Do mérito

(Citar a lei, amarrada com os fatos, bem como legislação, doutrina e jurisprudência)

III – DO PEDIDO

Ante o exposto, é o presente para requerer que Vossa Excelência se digne em:

a) determinar a intimação do autor reconvindo para contestar a presente reconvenção no prazo legal;

b) julgar a presente reconvenção procedente, condenando-se o autor reconvindo ao pagamento de ..., além do pagamento das custas e despesas processuais, bem como dos honorários advocatícios.

(A depender da condição econômica do réu reconvinte, deve-se pedir os benefícios da justiça gratuita)

Protesta pela produção de prova documental e pericial, e de todos os meios probatórios em direito admitidos, ainda que não especificados no Código de Processo Civil, desde que moralmente legítimos (CPC, art. 369).

Dá-se à causa o valor de R$ ... (valor por extenso).

Termos em que, pede deferimento.

Local ..., data...

Advogado ...

OAB ....

4. IMPUGNAÇÃO AO CUMPRIMENTO DE SENTENÇA

4.1. Estrutura Básica

REQUISITOS	O Código de Processo Civil não trouxe requisitos, trata-se de mera petição. O prazo para apresentação da impugnação é de 15 dias (art. 523, do CPC).
ENDEREÇAMENTO	Juízo ou Tribunal da causa.
IDENTIFICAÇÃO DO PROCESSO	Indicação das partes, do número do processo e do nome da ação.
TRATAMENTO DAS PARTES	Autor e réu (credor e devedor).
FUNDAMENTOS FÁTICOS E JURÍDICOS	Estes requisitos tratam do seguinte: "DOS FATOS" (fundamentos de fato) e "DO DIREITO" (fundamentos jurídicos). Quanto à parte "I – DOS FATOS" far-se-á um resumo do ocorrido.
FUNDAMENTOS FÁTICOS E JURÍDICOS	Quanto à parte "II – DO DIREITO", o devedor deverá trazer os fundamentos jurídicos conforme dispõe o art. 525, do CPC. Deverá o réu citar legislação, doutrina e jurisprudência, nessa ordem.
PEDIDO	O réu deverá requerer o recebimento da impugnação nos próprios autos com a suspensão da ação, demonstrando os requisitos legais e o pedido principal de acordo com os fundamentos jurídicos.
VALOR DA CAUSA	Não há.

4.2. Modelo – Impugnação ao Cumprimento de Sentença

Excelentíssimo Senhor Doutor Juiz de Direito da ... Vara ... da Comarca de ... .

Pular 10 linhas

_____*(qualificação do réu – nome, estado civil, profissão, endereço, CNPJ, endereço)*, vem mui respeitosamente a presença de Vossa Excelência, por meio de seu advogado e bastante procurador que esta subscreve (doc. 01 – mandato), oferecer **IMPUGNAÇÃO AO CUMPRIMENTO DE SENTENÇA COM PEDIDO DE EFEITO SUSPENSIVO,** nos termos dos fundamentos de fato e de direito a seguir aduzidos:

I – DOS FATOS

Trazer um resumo do processo.

II – DO DIREITO

Trazer os fundamentos jurídicos de acordo com o disposto no art. 525, do CPC.

(citar a lei, amarrada com os fatos, bem como legislação, doutrina e jurisprudência)

III – DO EFEITO SUSPENSIVO

Trazer os fundamentos para justificar o pedido, nos termos do art. 525, § 6º, do CPC.

IV – DO PEDIDO

Ante o exposto, é o presente para requerer de Vossa Excelência a:

a) concessão de efeito suspensivo com o intuito de obstar o prosseguimento do cumprimento de sentença, nos termos do art. 525, § 6º, do CPC;

b) intimação do credor, na pessoa de seu advogado, para que se manifeste acerca da presente impugnação;

c) o acolhimento da presente impugnação, condenando-se o credor ao pagamento das custas e despesas processuais, bem como dos honorários advocatícios.

Termos em que, pede deferimento.

Local ..., data...

Advogado ...

OAB ....

5. PETIÇÃO INICIAL DE EXECUÇÃO CONTRA A FAZENDA PÚBLICA

5.1. Estrutura Básica

REQUISITOS	Os mesmos da petição inicial (art. 319, do CPC), que compatíveis com a execução (art. 598 do CPC). O procedimento será aquele previsto nos arts. 910, e seguintes, do CPC.
ENDEREÇAMENTO	Juiz da causa.
TRATAMENTO DAS PARTES	Exequente e executado.
FUNDAMENTOS FÁTICOS E JURÍDICOS	Demonstrar o débito da Fazenda Pública, em geral com uma sentença condenatória transitada em julgado.
PEDIDO	Citação, por oficial de justiça, da Fazenda Pública para opor embargos no prazo legal.
	Caso a Fazenda não apresente embargos, pedir que o juiz requisite o pagamento por intermédio do Presidente do Tribunal competente (art. 100 da CF).
	Vide também a Lei de Juizados Especiais Federais (art. 17, § 1º, da Lei 10.259/2001) e Lei do Juizado Especial da Fazenda Pública (Lei 12.153/2009).
VALOR DA CAUSA	Valor do título.

5.2. Modelo – Petição Inicial de Execução contra a Fazenda Pública

Excelentíssimo Senhor Doutor Juiz de Direito da ... Vara ... da Comarca de ... .

Pular 10 linhas

_____(*qualificação do réu – nome, estado civil, profissão, endereço, CNPJ, endereço*), vem mui respeitosamente a presença de Vossa Excelência, por meio de seu advogado e bastante procurador que esta subscreve (doc. 01 – mandato), oferecer **EXECUÇÃO, com fundamento no art.** 910, do CPC, em face da FAZENDA DO ESTADO DE _____, Pessoa Jurídica de Direito Público, com sede na _____, nos termos dos fundamentos de fato e de direito a seguir aduzidos:

I – DOS FATOS

Demonstrar a existência de título contra a Fazenda Pública.

II – DO DIREITO

Demonstrar que a hipótese se enquadra no art. 910, do CPC.

(*Citar a lei, amarrada com os fatos, bem como legislação, doutrina e jurisprudência*)

III – DO PEDIDO

Ante o exposto, é o presente para requerer que Vossa Excelência se digne em:

a) determinar a citação, por oficial de justiça, da Fazenda Pública... para, querendo, opor embargos no prazo legal;

b) caso não sejam opostos embargos ou estes sejam julgados improcedentes, seja expedido ofício ao Presidente do Tribunal... para expedição do respectivo precatório, de acordo com o art. 100 da CF..., para pagamento do valor aqui pleiteado, além do pagamento das custas e despesas processuais, bem como dos honorários advocatícios.

(*A depender da condição econômica do réu reconvinte, deve-se pedir os benefícios da justiça gratuita*)

Dá-se à causa o valor de R$ ... (valor por extenso).

Termos em que, pede deferimento.

Local ..., data...

Advogado ...

OAB ....

BREVES COMENTÁRIOS SOBRE A LEI 14.133/2021
(NOVA LEI DE LICITAÇÕES E CONTRATOS ADMINISTRATIVOS)

I. APLICABILIDADE DA NOVA LEI

Em 1º de abril de 2021 foi editada a Lei 14.133, a **nova lei de licitações e contratos administrativos**.

Importante esclarecer que a Lei 8.666/1993 não foi, de modo geral, imediatamente revogada pelo novo regime. A antiga norma vigorará por 2 anos, com revogação prevista para abril de 2023. Os únicos dispositivos da Lei 8.666/1993 que foram imediatamente revogados foram os arts. 89 a 108, que disciplinavam os crimes relacionados às licitações e aos contratos públicos. Agora o tema é tratado no próprio Código Penal (arts. 337-E a 337-P).

> **Importante!** Por conta disso, atualmente convivem os regimes tanto da Lei 14.133/2021 quanto da Lei 8.666/1993, bem como da Lei 10.520/2002 (Pregão) e Lei 12.462/2011 (Regime Diferenciado de Contratação – RDC). Até a revogação destas últimas, a Administração poderá optar por licitar (ou contratar diretamente) de acordo com o regime mais novo ou o antigo. A opção escolhida deverá ser indicada expressamente, vedada a aplicação combinada dos diplomas normativos.

II. ASPECTOS GERAIS

A Lei 8.666/1993 prevê os seguintes **objetivos** da licitação pública: (i) seleção da proposta mais vantajosa; (ii) tratamento igualitário entre os licitantes; (iii) desenvolvimento nacional sustentável. A Lei 14.133/2021, além de mantê-los, disciplina outros: (iv) evitar sobrepreço, preços inexequíveis e superfaturamento; (v) incentivo à inovação.

Em relação aos **princípios**, a nova lei igualmente preserva os princípios incorporados na Lei 8.666/1993, como a legalidade, impessoalidade, moralidade, vinculação ao instrumento convocatório, julgamento objetivo, entre outros. Além disso, insere postulados inéditos, merendo destaque os princípios do planejamento (fundamento da fase preparatória), da transparência (corolário da publicidade) e o da segregação de funções (é vedada a atuação simultânea do agente público nas funções sujeitas a risco).

A nova lei de licitações contempla uma série de regramentos relacionados a aspectos **ambientais**, como a possibilidade de estipulação de margem de preferência a bens reciclados, recicláveis ou biodegradáveis. No que se refere ao aspecto **social**, possível à Administração exigir a destinação de percentual mínimo de mão de obra a mulher vítima de violência doméstica.

Outra novidade relevante da nova lei é a valorização da implantação de **programas de integridade** (*compliance*) pelos contratados, podendo representar, entre outros: (a) condição à continuidade de contratações de grande vulto; (b) critério subsidiário de desempate; (c) critério para a dosimetria de sanções administrativas.

III. CONTRATAÇÃO DIRETA

Da mesma forma que a Lei 8.666/1993, o regime geral da contratação direta disciplinado pela Lei 14.133/2021 envolve, como categorias gerais mais relevantes, a *dispensa* e a *inexigibilidade*.

A **inexigibilidade** está prevista no art. 74 da nova lei de licitações, que elenca cinco hipóteses. Trata-se de rol exemplificativo (da mesma forma que o art. 25 da Lei 8.666/1993, que contempla três incisos). São elas:

- Fornecedor exclusivo (mesma hipótese da Lei 8.666/1993);
- Contratação de artista, desde que consagrado pela crítica ou pela opinião pública (mesma hipótese da Lei 8.666/1993);
- Serviço técnico especializado (ex.: projetos, perícias, estudos técnicos), desde que prestado por profissional de notória especialização (hipótese semelhante à da Lei 8.666/1993, pois a nova lei não prevê de modo expresso o requisito da singularidade do serviço);
- Credenciamento (hipótese não prevista expressamente na Lei 8.666/1993; trata-se de instrumento auxiliar);
- Aquisição ou locação de imóveis cujas características de instalações e de localização tornem necessária sua escolha. **Obs.:** relevante atentar que essa hipótese é tratada pela Lei 8.666/1993 como sendo licitação dispensável.

A **dispensa**, por sua vez, está prevista no art. 75 da nova lei de licitações. Trata-se de rol taxativo (da mesma forma que o art. 24 da Lei 8.666/1993). As peculiaridades trazidas pela Lei 14.133/2021 são:

- Pequeno valor: contratações inferiores a R$ 100 mil para obras e serviços de engenharia, bem como as inferiores a R$ 50 mil para outros serviços e compras (os valores, já corrigidos, da Lei 8.666/1993 são R$ 33 mil e R$ 17,6 mil, respectivamente);
- Licitação deserta (aquela em que não houve interessados): a nova lei passou a condicionar a contratação direta ao prazo de 1 ano da licitação deserta;
- Aquisição de produtos para pesquisa e desenvolvimento: no caso de obras e serviços de engenharia, há um limite de R$ 300 mil;
- Aquisição de medicamentos destinados exclusivamente ao tratamento de doenças raras definidas pelo Ministério da Saúde (hipótese não prevista na Lei 8.666/1993);
- Em virtude de emergência ou calamidade pública: o prazo máximo do contrato deve ser de 1 ano, contado da data da ocorrência da situação excepcional (a Lei 8.666/1993 prevê o prazo de 180 dias); além disso, vedada a recontratação da empresa que firmou o contrato sem licitação.

IV. MODALIDADES LICITATÓRIAS

As modalidades previstas na Lei 14.133/2021 são:

Atenção! A nova lei de licitações não mais prevê as modalidades tomada de preço e convite (ambas previstas na Lei 8.666/1993), bem como o regime diferenciado de contratações-RDC (disciplinado na Lei 12.462/2011).

- **Pregão**: modalidade obrigatória para a aquisição de bens e serviços comuns (incluindo serviços comuns de engenharia); o critério de julgamento é o menor preço ou o maior desconto;
- **Concorrência**: utilizada para a contratação de: (a) obras, (b) de bens e serviços especiais ou (c) de serviços comuns e especiais de engenharia; podem ser utilizados os seguintes critérios de julgamento: (i) menor preço; (ii) maior desconto; (iii) melhor técnica ou conteúdo artístico; (iv) técnica e preço; (v) maior retorno econômico (este último é utilizado no contrato de eficiência, em que o contratado é remunerado com base em percentual da economia gerada).
- **Concurso**: o critério de julgamento utilizado é o de melhor técnica ou conteúdo artístico;
- **Leilão**: modalidade destinada à alienação de: (a) bens imóveis; (b) bens móveis inservíveis ou legalmente apreendidos; o critério de julgamento é o do maior lance.
- **Diálogo competitivo**: modalidade inédita no ordenamento brasileiro; pretende-se realizar diálogos com licitantes, no intuito de desenvolver alternativas capazes de atender às suas necessidades de contratação; aproveita-se, assim, a expertise do setor privado para desenvolver soluções eficientes; a condução dessa modalidade é feita por comissão de contratação (composta de pelo menos 3 agentes públicos efetivos/permanentes).

> **Importante!** O diálogo competitivo pode ser utilizado, além da modalidade concorrência, para a celebração de contrato de *concessão de serviço público* (cf. Lei 8.987/1995), inclusive *parceria público-privada*-PPP (cf. Lei 11.079/2004).

V. FASES

Nos termos da nova lei, o procedimento licitatório é conduzido, como regra, por um **agente de contratação**, auxiliado por uma equipe de apoio. Portanto, alterada a lógica da Lei 8.666/1993, em que prevalece a atuação de uma *comissão* de licitação.

Ademais, as licitações devem ser realizadas preferencialmente sob a forma eletrônica.

No âmbito do rito procedimental comum, as **fases** de uma licitação são: 1ª) Fase preparatória; 2ª) Divulgação do edital; 3ª) Apresentação de propostas e lances; 4ª) Julgamento; 5ª) Habilitação; 6ª) Recursos; 7ª) Homologação.

> **Importante!** A Lei 14.133/2021 alterou a dinâmica procedimental da Lei 8.666/1993, em que a habilitação precedia a classificação e o julgamento. Assim, pelo novo regime, a habilitação é posterior à fase de julgamento, conferindo maior celeridade à licitação. Esta maneira de proceder já era aplicada, entre outras, na modalidade pregão (cf. Lei 10.520/2002) e agora foi generalizada.

A *disputa* entre os licitantes pode ser de dois modos: (i) modo aberto: possibilidade de lances públicos e sucessivos (como já utilizado no pregão, cf. Lei 10.520/2002); (ii) modo fechado: propostas sob sigilo até a data marcada para sua divulgação (mecanismo clássico da Lei 8.666/1993).

Em caso de *empate*, a nova lei de licitações estipulou os seguintes critérios de desempate: 1º) disputa final entre os licitantes empatados; 2º) avaliação de desempenho contratual prévio; 3º) desenvolvimento de ações de equidade entre homens e mulheres no ambiente de trabalho; 4º) implantação de programa de integridade. Caso persista o empate, estipula-se preferência, sucessivamente, às empresas: 1º) estabelecidas no Estado (ou no DF) do ente público estadual/distrital ou municipal licitante; 2º) brasileiras; 3º) que invistam em pesquisa e desenvolvimento tecnológico no País; 4º) que adotam mecanismos de mitigação na emissão de gases de efeito estufa.

A documentação de habilitação pode ser *dispensada* nas contratações: (a) para entrega imediata; (b) envolvendo valores inferiores a R$ 12,5 mil; (c) de produto para pesquisa e desenvolvimento até o valor de R$ 300 mil.

VI. INSTRUMENTOS AUXILIARES

A Lei 14.133/2021 disciplina os instrumentos auxiliares às licitações e aos contratos públicos. São eles:

1º) Credenciamento: processo de chamamento público em que a Administração convoca interessados em prestar serviços ou fornecer bens; observe-se que a contratação é realizada com todos aqueles que pretendem firmar determinado negócio com a Administração, o que torna inviável a competição e, consequentemente, inexigível a licitação;

2º) Pré-qualificação: constitui procedimento seletivo prévio à licitação, convocado por meio de edital, destinado à análise das condições de habilitação, total ou parcial; trata-se de instrumento já previsto na Lei 8.666/1993, embora disciplinado de modo sucinto; seu prazo de validade é de 1 ano;

3º) Procedimento de manifestação de interesse (PMI): procedimento pelo qual a Administração solicita à iniciativa privada o desenvolvimento de estudos e projetos que possam contribuir com aspectos da atuação do Poder Público; não encontra previsão na Lei 8.666/1993 e sim em outras normas, como a lei de concessões (Lei 8.987/1995) e das organizações da sociedade civil (Lei 13.019/2014); o PMI é, como regra, aberta a todos os eventuais interessados, embora pode ser restrito a *startups* (microempreendedores individuais, as microempresas e as empresas de pequeno porte, de natureza emergente e com grande potencial, que se dediquem à pesquisa, ao desenvolvimento e à implementação de novos produtos ou serviços baseados em soluções tecnológicas inovadoras que possam causar alto impacto);

4º) Sistema de registro de preços (SRP): conjunto de procedimentos para realização, mediante contratação direta ou licitação (modalidades: pregão ou concorrência), de registro formal de preços relativos a prestação de serviços, a obras e a aquisição e locação de bens para contratações futuras; já encontrava previsão na Lei 8.666/1993, embora a Lei 14.133/2021 torne seu regramento mais minucioso; as características mais relevantes incorporadas na nova lei de licitações são: (a) possibilidade de SRP para obras e serviços de engenharia; (b) o prazo da vigência da ata de registro de preços é de 1 ano, podendo ser prorrogado por igual período, desde que se demonstre vantajosidade; (c) previsão expressa da figura do "carona" (adesão à ata de registro de preço por ente não participante);

5º) Registro cadastral: assentamento pelo qual se permite a qualificação prévia de interessados que desejam participar de licitações futuras promovidas pela Administração; a nova lei exige a utilização de um sistema de registro cadastral unificado, disponibilizado no Portal Nacional de Contratações Públicas.

VII. CONTRATOS ADMINISTRATIVOS

Os contratos administrativos obedecem à **forma escrita**, sendo nulo e de nenhum efeito o contrato verbal. Exceção: admite-se *contrato verbal* para pequenas compras ou para a prestação de serviços de pronto pagamento, assim entendidos aqueles de valor não superior a R$ 10 mil.

O *instrumento de contrato* é obrigatório, admitindo-se a sua substituição por outros documentos hábeis (exemplo: nota de empenho) nas seguintes situações: (a) dispensa de licitação em razão de valor; (b) compras com entrega imediata e dos quais não resultem obrigações futuras, inclusive quanto a assistência técnica, independentemente de seu valor.

A **divulgação no Portal Nacional de Contratações Públicas** (PNCP) é condição indispensável para a *eficácia* do contrato. Deve ocorrer nos seguintes prazos, contados da data de sua assinatura: (i) 20 dias úteis, no caso de licitação; (ii) 10 dias úteis, no caso de contratação direta.

A Lei 14.133/2021 trouxe alterações em relação ao **prazo de duração** dos contratos administrativos. Assim, de modo exemplificativo: (a) contratos de serviços e fornecimento contínuos: prazo de até 5 anos, cabendo prorrogação até 10 anos; (b) contratos que geram receita e contratos de eficiência: até 10 anos, nos contratos sem investimento; e de até 35 anos, nos contratos com investimento; (c) contratos em que a Administração seja usuária de serviço público (oferecido em regime de monopólio): prazo indeterminado (desde que haja existência de crédito orçamentário a cada exercício financeiro).

Um aspecto relevante da Lei 14.133/2021 é a **alocação de riscos**, os quais são objeto de distribuição ente contratante e contratado por meio da elaboração de uma matriz de riscos. Ela não é obrigatória, salvo na (a) contratação de obras e serviços de grande vulto (contrato cujo valor estimado supera R$ 200 milhões) ou (b) adoção dos regimes de contratação integrada ou semi-integrada.

No que tange aos **encargos do contratado**, a nova lei incorporou a jurisprudência do STF sobre o tema. Assim, como regra, a inadimplência do contratado em relação aos encargos trabalhistas, fiscais e comerciais *não* transfere à Administração a responsabilidade pelo seu pagamento. No entanto, nas contratações de serviços contínuos com regime de dedicação exclusiva de mão de obra (exemplo: contrato de serviço de limpeza), a Administração responde subsidiariamente pelos encargos trabalhistas, se comprovada falha na fiscalização do cumprimento das obrigações do contratado (culpa *in vigilando*).

Já no que se refere à **extinção** dos contratos, a Lei 14.133/2021 dispõe sobre as hipóteses em que o *contratado* tem direito à extinção ou à suspensão do negócio. São elas, entre outras: (a) suspensão de execução do contrato, por ordem escrita da Administração, por prazo superior a 3 meses (hipótese não prevista na Lei 8.666/1993); (b) repetidas suspensões que totalizem 90 dias úteis (hipótese não prevista na Lei 8.666/1993); (c) atraso no pagamento superior a 2 meses (na Lei 8.666/1993 o prazo é de 90 dias).

A **nulidade** do contrato administrativo pode dar ensejo: (a) ao *saneamento* da irregularidade; (b) à *suspensão* ou à *anulação* da avença (com base em critérios de interesse público); (c) à *continuidade* do contrato, de modo que a solução da irregularidade se dá pela indenização por perdas e danos. Além disso, a declaração de nulidade detém, como regra, efeito retroativo (*ex tunc*), podendo ser conferido efeito não retroativo (*ex nunc*), de modo que só tenha eficácia em momento futuro, suficiente para efetuar nova contratação, por prazo de até 6 meses, prorrogável uma única vez.

VIII. REGIME SANCIONATÓRIO

As **penalidade**s previstas na Lei 14.133/2021 são:

Advertência;

- **Multa**: a nova lei, em caráter inédito, definiu o limite mínimo e máximo dessa sanção pecuniária (0,5% a 30% do valor do contrato);
- **Impedimento de licitar e contratar**: vedação de licitação e contratação pelo prazo máximo de 3 anos; sua abrangência restringe-se ao ente federativo que tenha aplicado a sanção;
- **Declaração de inidoneidade**: vedação de licitação e contratação pelo prazo mínimo de 3 anos e máximo de 6 anos; seus efeitos abrange todas as esferas federativas.

Obs.: no caso das últimas duas sanções (impedimento e declaração), o processo de responsabilização deve ser conduzido por comissão composta de 2 ou mais agentes públicos estáveis ou dos quadros permanentes (neste caso, com, no mínimo, 3 anos de tempo de serviço).

> **Atenção!** A Lei 14.133/2021 não prevê a sanção de suspensão temporária (contida na Lei 8.666/1993), cujo prazo máximo é de 2 anos.

A aplicação das penalidades não afasta a *obrigação de reparar* integralmente o dano causado.

Além disso, a nova lei disciplinou de modo pormenorizado a *reabilitação* daquele que foi sancionado. Os requisitos para tanto são: (a) reparação integral do dano; (b) pagamento da multa; (c) transcurso do prazo mínimo de 1 ano (contado da aplicação da penalidade), no caso de impedimento de licitar e contratar, ou de 3 anos, no caso de declaração de inidoneidade; (d) cumprimento das condições definidas no ato punitivo; (e) análise jurídica prévia sobre o cumprimento dos presentes requisitos.

O *prazo prescricional* é de 5 anos, contados da ciência da infração pela Administração. Esse interregno é interrompido pela instauração do processo de responsabilização, bem como suspenso pela celebração de acordo de leniência ou por decisão judicial que inviabiliza a conclusão da apuração administrativa.

IX. OUTROS ASPECTOS DA LEI 14.133/2021

- Criação do *Portal Nacional de Contratações* (sítio eletrônico oficial destinado, entre outras finalidades, à divulgação das licitações e contratos);
- Possibilidade de estabelecer *caráter sigiloso* ao orçamento que embasa a contratação pública; esse sigilo não abrange os órgãos de controle interno e externo;
- *Tramitação prioritária* das ações judiciais relacionadas à aplicação das normas gerais de licitações e contratos;
- Possibilidade de adoção de *meios alternativos* de prevenção e resolução de controvérsias (conciliação, mediação, comitê de resolução de disputas e arbitragem);
- Na contratação de obras, fornecimentos e serviços, inclusive de engenharia, pode ser estabelecida *remuneração variável* vinculada ao desempenho do contratado, com base em metas, padrões de qualidade, critérios de sustentabilidade ambiental e prazos de entrega;

- Regramento das figuras do *reajustamento* em sentido estrito (relacionado à correção monetária) e da *repactuação* (manutenção do equilíbrio econômico-financeiro resultante da variação dos custos contratuais);
- Possibilidade de *desconsideração da personalidade jurídica* em caso de abuso do direito para facilitar, encobrir ou dissimular a prática dos atos ilícitos previstos nesta Lei ou para provocar confusão patrimonial;
- *Representação* (judicial ou extrajudicial) pela *advocacia pública* dos agentes públicos que precisam se defender (nas esferas administrativa, controladora ou judicial) em razão de participação em licitações e contratos envolvendo atos praticados com estrita observância de orientação constante em parecer jurídico.

BREVES COMENTÁRIOS SOBRE O NOVO REGIME DA IMPROBIDADE ADMINISTRATIVA
(CF. MODIFICAÇÕES DECORRENTES DA LEI 14.230/2021)

I. O regime jurídico da improbidade administrativa

O regime jurídico da improbidade está previsto na CF (art. 37, § 4º) e na Lei 8.429/1992 (Lei de Improbidade Administrativa). Importante destacar que a Lei 8.429/1992 foi objeto de relevantes alterações pela Lei 14.230/2021.

Consideram-se atos de improbidade administrativa as condutas dolosas tipificadas nos arts. 9º, 10 e 11 da Lei 8.429/1992, ressalvando-se que leis especiais podem prever outros tipos, como, por exemplo, o Estatuto da Cidade (Lei 10.257/2001).

II. Modalidades de improbidade administrativa. Aspectos gerais

A Lei 8.429/1992 estabelece três modalidades de ato de improbidade administrativa. A primeira modalidade é a de **enriquecimento ilícito (art. 9º)**. Essa modalidade consiste em o agente auferir vantagem patrimonial indevida em razão do exercício da atividade pública. São exemplos de improbidade nessa modalidade os seguintes: receber comissão, propina; utilizar bem ou funcionário públicos em proveito próprio; adquirir bens desproporcionais à renda, dentre outros.

A segunda modalidade é a de atos que causam **prejuízo ao erário (art. 10)**. Essa modalidade consiste em o agente ensejar perda patrimonial, desvio, malbaratamento ou dilapidação dos bens das entidades. São exemplos de improbidade nessa modalidade os seguintes: permitir ou facilitar que bem público seja desviado para particular, ou que seja alienado por preço inferior ao de mercado; realizar operações financeiras sem observância das normas legais; conceder benefício fiscal sem observância da lei; frustrar licitação; ordenar ou permitir realização de despesas não autorizadas; dentre outros.

A terceira modalidade é que importa em **violação a princípios da Administração Pública (art. 11)**. Essa modalidade consiste em o agente violar deveres de honestidade, imparcialidade, legalidade e lealdade às instituições. De acordo com as alterações promovidas peal Lei 14.230/2021, e diferentemente das demais modalidades (que são exemplificativas), as hipóteses do art. 11 são taxativas, São exemplos de improbidade nessa modalidade os seguintes: revelar fato que deva permanecer em segredo, negar publicidade aos atos oficiais, deixar de prestar contas, nepotismo.

A jurisprudência do e do STJ afastou todas as teses de responsabilidade objetiva em qualquer das modalidades citadas.

Atenção! Antes das alterações promovidas no ano de 2021, prevalecia o entendimento, inclusive do STJ, de que a modalidade do art. 10 (prejuízo ao erário) pode se configurar tanto mediante conduta dolosa como mediante conduta culposa. Em relação às demais modalidades, somente mediante a caracterização do dolo. Ocorre que a Lei 14.230/2021 modificou o regime, dispondo que o elemento subjetivo da improbidade administrativa é **sempre o dolo**. Assim, não mais existe improbidade culposa.

Considera-se dolo a vontade livre e consciente de alcançar o resultado ilícito tipificado nos arts. 9º, 10 e 11 da Lei 8.429/1992, não bastando a voluntariedade do agente. Além disso, para que seja configurada a improbidade administrativa, há necessidade de comprovar a finalidade de obter proveito ou benefício indevido para si ou para outra pessoa ou entidade. Trata-se de dolo específico, portanto, e não de dolo genérico.

A lei expressamente prevê que não configura improbidade a divergência interpretativa da lei, baseada em jurisprudência, ainda que não pacificada, mesmo que não venha a ser posteriormente prevalecente nas decisões dos órgãos de controle ou do Poder Judiciário.

III. Modalidades de improbidade administrativa. Tipologia

Segue relação dos tipos de improbidade previstos na Lei 8.429/1992, com grifos e comentários nossos:

Dos Atos de Improbidade Administrativa que Importam **Enriquecimento Ilícito**

Art. 9º Constitui ato de improbidade administrativa importando enriquecimento ilícito **auferir, mediante a prática de ato doloso, qualquer tipo de vantagem patrimonial indevida em razão** do exercício de cargo, mandato, função, emprego ou atividade nas entidades mencionadas no art. 1º desta lei, **e notadamente**: (a expressão "e notadamente" revela que o rol abaixo é exemplificativo, de modo que o *caput* já traz um tipo genérico dessa modalidade; ademais, aqui se exige dolo e não é necessário que haja lesão ao erário).

I – **receber**, para si ou para outrem, **dinheiro, bem móvel ou imóvel**, ou **qualquer outra vantagem econômica**, direta ou indireta, a título de comissão, percentagem, gratificação ou presente de quem tenha interesse, direto ou indireto, **que possa ser atingido ou amparado por ação ou omissão decorrente das atribuições do agente público**;

II – **perceber vantagem econômica**, direta ou indireta, **para facilitar** a aquisição, permuta ou locação de bem móvel ou imóvel, ou a contratação de serviços pelas entidades referidas no art. 1º por preço superior ao valor de mercado;

III – **perceber vantagem econômica**, direta ou indireta, **para facilitar** a alienação, permuta ou locação de bem público ou o fornecimento de serviço por ente estatal por preço inferior ao valor de mercado;

IV – **utilizar**, em obra ou serviço **particular**, qualquer bem móvel, de propriedade ou à disposição de qualquer das entidades referidas no art. 1º desta Lei, bem como o trabalho de servidores, de empregados ou de terceiros contratados por essas entidades; o STJ reconheceu que incide o dispositivo num caso em que um Prefeito usou vinte funcionários públicos em horário de expediente na construção de casa para a sua moradia (STJ, REsp 867.146-SC);

V – **receber vantagem econômica de qualquer natureza**, direta ou indireta, **para tolerar** a exploração ou a prática de jogos de azar, de lenocínio, de narcotráfico, de contrabando, de usura ou de qualquer outra atividade ilícita, ou **aceitar promessa** de tal vantagem;

VI – **receber vantagem econômica de qualquer natureza**, direta ou indireta, **para fazer declaração falsa** sobre qualquer dado técnico que envolva obras públicas ou qualquer outro serviço ou sobre quantidade, peso, medida, qualidade ou característica de mercadorias ou bens fornecidos a qualquer das entidades referidas no art. 1º desta Lei;

VII – adquirir, para si ou para outrem, no exercício de mandato, de cargo, de emprego ou de função pública, e em razão deles, bens de qualquer natureza, decorrentes dos atos descritos no *caput* deste artigo, cujo valor seja **desproporcional à evolução do patrimônio ou à renda do agente público**, assegurada a demonstração pelo agente da licitude da origem dessa evolução; observe-se que a evolução patrimonial desproporcional somente configura improbidade administrativa se decorrer de um ato ilícito antecedente que resulte em vantagem patrimonial indevida (importante assinalar que, antes da alteração promovida pela Lei 14.230/2021, a mera demonstração da evolução patrimonial incompatível fazia presumir a improbidade, independentemente da demonstração efetiva da origem ilícita do patrimônio);

VIII – **aceitar emprego, comissão ou exercer atividade de consultoria ou assessoramento** para pessoa física ou jurídica **que tenha interesse suscetível** de ser atingido ou amparado por ação ou omissão decorrente das atribuições do agente público, durante a atividade;

IX – **perceber vantagem econômica** para **intermediar** a liberação ou aplicação de verba pública de qualquer natureza;

X – **receber vantagem econômica de qualquer natureza**, direta ou indiretamente, **para omitir** ato de ofício, providência ou declaração a que esteja obrigado;

XI – **incorporar**, por qualquer forma, **ao seu patrimônio** bens, rendas, verbas ou valores integrantes do acervo patrimonial das entidades mencionadas no art. 1º desta lei;

XII – **usar, em proveito próprio**, bens, rendas, verbas ou valores integrantes do acervo patrimonial das entidades mencionadas no art. 1º da lei.

Vale ressaltar que o STJ entende que não há necessidade de lesão ao patrimônio público para a configuração de ato de improbidade que importante enriquecimento ilícito (REsp 1.412.214-PR, DJe 28.03.2016).

Dos Atos de Improbidade Administrativa que Causam **Prejuízo ao Erário**

Art. 10. Constitui ato de improbidade administrativa que causa lesão ao erário **qualquer ação ou omissão dolosa, que enseje**, efetiva e comprovadamente, perda patrimonial, desvio, apropriação, malbaratamento ou dilapidação dos bens ou haveres das entidades referidas no art. 1º desta Lei, e notadamente: (repare que, de acordo com a Lei 14.230/2021, a modalidade se configura somente mediante conduta dolosa; além disso, a expressão "e notadamente" revela que o rol abaixo é exemplificativo)

I – **facilitar ou concorrer**, por qualquer forma, para a **indevida incorporação** ao patrimônio particular, de pessoa física ou jurídica, de bens, de rendas, de verbas ou de valores integrantes do acervo patrimonial das entidades referidas no art. 1º desta Lei;

II – **permitir ou concorrer** para que pessoa física ou jurídica privada **utilize** bens, rendas, verbas ou valores integrantes do acervo patrimonial das entidades mencionadas no art. 1º desta lei, **sem a observância das formalidades legais ou regulamentares aplicáveis à espécie**;

III – **doar** à pessoa física ou jurídica bem como ao ente despersonalizado, ainda que de fins educativos ou assistências, bens, rendas, verbas ou valores **do patrimônio de qualquer das entidades** mencionadas no art. 1º desta lei, **sem observância** das formalidades legais e regulamentares aplicáveis à espécie;

IV – **permitir ou facilitar** a alienação, permuta ou locação de bem integrante do patrimônio de qualquer das entidades referidas no art. 1º desta lei, ou ainda a prestação de serviço por parte delas, **por preço inferior ao de mercado**;

V – **permitir ou facilitar** a aquisição, permuta ou locação de bem ou serviço **por preço superior ao de mercado**;

VI – **realizar operação financeira** sem observância das normas legais e regulamentares ou aceitar garantia insuficiente ou inidônea;

VII – **conceder benefício administrativo ou fiscal** sem a observância das formalidades legais ou regulamentares aplicáveis à espécie;

VIII – **frustrar a licitude de processo licitatório ou de processo seletivo** para celebração de parcerias com entidades sem fins lucrativos, ou **dispensá-los indevidamente**, acarretando **perda patrimonial efetiva;**

IX – **ordenar ou permitir** a realização de despesas não autorizadas em lei ou regulamento;

X – **agir ilicitamente na arrecadação de tributo ou de renda**, bem como no que diz respeito à **conservação do patrimônio público**;

XI – **liberar verba pública** sem a estrita observância das normas pertinentes **ou influir** de qualquer forma para a sua aplicação irregular;

XII – **permitir, facilitar ou concorrer** para que **terceiro se enriqueça ilicitamente**; atenção! esse tipo de improbidade pode gerar confusão, pois, embora haja o enriquecimento ilícito (de terceiro), a modalidade é de prejuízo ao erário;

XIII – **permitir que se utilize**, em obra ou serviço particular, veículos, máquinas, equipamentos ou material de qualquer natureza, de propriedade ou à disposição de qualquer das entidades mencionadas no art. 1º desta lei, bem como o trabalho de servidor público, empregados ou terceiros contratados por essas entidades.

XIV – **celebrar contrato ou outro instrumento** que tenha por objeto a prestação de serviços públicos por meio da gestão associada sem observar as formalidades previstas na lei;

XV – **celebrar contrato** de rateio de consórcio público sem suficiente e prévia dotação orçamentária, ou sem observar as formalidades previstas na lei.

XVI – **facilitar ou concorrer, por qualquer forma, para a incorporação, ao patrimônio particular de pessoa física ou jurídica, de bens, rendas, verbas ou valores públicos transferidos pela administração pública a entidades privadas** mediante celebração de parcerias, sem a observância das formalidades legais ou regulamentares aplicáveis à espécie;

XVII – **permitir ou concorrer para que pessoa física ou jurídica privada utilize bens, rendas, verbas ou valores públicos transferidos pela administração pública a entidade privada mediante celebração de parcerias**, sem a observância das formalidades legais ou regulamentares aplicáveis à espécie;

XVIII – **celebrar parcerias da administração pública com entidades privadas sem a observância das formalidades legais ou regulamentares aplicáveis à espécie;**

XIX – agir para a configuração de **ilícito na celebração, na fiscalização e na análise das prestações de contas de parcerias firmadas pela administração pública** com entidades privadas;

XX – **liberar recursos de parcerias firmadas pela administração pública com entidades privadas sem a estrita observância das normas pertinentes ou influir de qualquer forma para a sua aplicação irregular**;

XXI – hipótese revogada pela Lei 14.230/2021;

XXII – **conceder, aplicar ou manter benefício financeiro ou tributário contrário** ao que dispõem o *caput* e o § 1º do art. 8º-A da Lei Complementar nº 116, de 31 de julho de 2003 (dispositivo relacionado ao **Imposto sobre Serviços de Qualquer Natureza-ISSQN**); essa hipótese era tratada como uma quarta modalidade de improbidade (art. 10-A, incluído pela Lei Complementar 157/2016); no entanto, esse art. 10-A foi revogado pela Lei 14.230/2021, de modo que tal contexto constitui uma espécie da modalidade do art. 10 (prejuízo ao erário).

Dos Atos de Improbidade Administrativa que Atentam Contra os **Princípios da Administração Pública**

Art. 11. Constitui ato de improbidade administrativa que atenta contra os princípios da administração pública a **ação ou omissão dolosa** que **viole os deveres de honestidade, de imparcialidade e de legalidade**, caracterizada por uma das seguintes condutas: *(aqui se exige dolo e não se exige lesão ao erário; além disso, diante da alteração promovida pela Lei 14.230/2021, os incisos que compõem esse artigo constituem um rol taxativo)*

I – praticar ato visando fim proibido em lei ou regulamento ou diverso daquele previsto, na regra de competência; **Atenção!** essa hipótese foi **revogada** pela Lei 14.230/2021;

II – retardar ou deixar de praticar, indevidamente, ato de ofício; **Atenção!** essa hipótese foi **revogada** pela Lei 14.230/2021;

III – **revelar fato ou circunstância** de que tem ciência em razão das atribuições e que deva permanecer em segredo, propiciando beneficiamento por informação privilegiada ou colocando em risco a segurança da sociedade e do Estado;

IV – **negar publicidade aos atos oficiais,** exceto em razão de sua imprescindibilidade para a segurança da sociedade e do Estado ou de outras hipóteses instituídas em lei;

V – **frustrar,** em ofensa à imparcialidade, **o caráter concorrencial de concurso público, de chamamento ou de procedimento licitatório,** com vistas à obtenção de benefício próprio, direto ou indireto, ou de terceiros;

VI – **deixar de prestar contas** quando esteja obrigado a fazê-lo, desde que disponha das condições para isso, com vistas a ocultar irregularidades;

VII – **revelar ou permitir que chegue ao conhecimento de terceiro,** antes da respectiva divulgação oficial, teor de medida política ou econômica capaz de afetar o preço de mercadoria, bem ou serviço;

VIII – **descumprir** as normas relativas à celebração, fiscalização e aprovação de contas de **parcerias firmadas pela administração pública com entidades privadas**;

IX – deixar de cumprir a exigência de requisitos de acessibilidade previstos na legislação; **Atenção!** essa hipótese foi **revogada** pela Lei 14.230/2021;

X – transferir recurso a entidade privada, em razão da prestação de serviços na área de saúde sem a prévia celebração de contrato, convênio ou instrumento congênere; **Atenção!** essa hipótese foi **revogada** pela Lei 14.230/2021;

XI – **nomear** cônjuge, companheiro ou parente em linha reta, colateral ou por afinidade, até o terceiro grau, inclusive, da autoridade nomeante ou de servidor da mesma pessoa jurídica investido em cargo de direção, chefia ou assessoramento, para o exercício de cargo em comissão ou de confiança ou, ainda, de função gratificada na administração pública direta e indireta em qualquer dos Poderes da União, dos Estados, do Distrito Federal e dos Municípios, compreendido o ajuste mediante designações recíprocas; trata-se da figura do **nepotismo,** hipótese inserida expressamente na Lei 8.429/1992 pela Lei 14.230/2021;

XII – praticar, no âmbito da administração pública e com recursos do erário, **ato de publicidade que contrarie o disposto no § 1º do art. 37 da Constituição Federal,** de forma a promover inequívoco enaltecimento do agente público e personalização de atos, de programas, de obras, de serviços ou de campanhas dos órgãos públicos; hipótese inserida expressamente na Lei 8.429/1992 pela Lei 14.230/2021.

Esquematicamente, temos:

IV. Sanções ou penas pela prática de improbidade administrativa

Aplicam-se ao sistema da improbidade os princípios constitucionais do direito administrativo sancionador.

A Lei 8.429/1992 estabelece as seguintes sanções para aquele que pratica o ato de improbidade (art. 12). Atente-se que a Lei 14.230/2021 modificou diversos aspectos relacionados às penalidades:

a) **suspensão dos direitos políticos:** até 14 anos (no caso de enriquecimento ilícito – art. 9º) ou até 12 anos (no caso de prejuízo ao erário – art. 10); **Atenção!** de acordo com o atual regime, não mais se aplica a suspensão de direitos políticos no caso de improbidade por violação aos princípios (art. 11);

b) **perda da função pública:** no caso de enriquecimento ilícito (art. 9º) e prejuízo ao erário (art. 10); **Atenção!** não mais se aplica a perda da função pública no caso de improbidade por violação aos princípios (art. 11); além disso, a sanção atinge apenas o vínculo de mesma qualidade e natureza que o agente público ou político detinha com o poder público na época do cometimento da infração (excepcionalmente, pode o magistrado, na hipótese de enriquecimento ilícito, estendê-la aos demais vínculos, consideradas as circunstâncias do caso e a gravidade da infração);

c) **indisponibilidade dos bens** (§ 4º do art. 37 da CF): finalidade de garantir a integral recomposição do erário ou do acréscimo patrimonial resultante de enriquecimento ilícito;

d) **ressarcimento ao erário:** a reparação do dano decorrente da improbidade deve deduzir o ressarcimento ocorrido nas instâncias criminal, civil e administrativa que tiver por objeto os mesmos fatos; para fins de apuração do valor do ressarcimento, devem ser descontados os serviços efetivamente prestados;

e) **perda de bens e valores acrescidos ilicitamente;**

f) **multa civil:** correspondente ao valor do acréscimo patrimonial (art. 9º); ao valor do dano (art. 10); a até 24 vezes o valor da remuneração percebida pelo agente (art. 11); a multa pode ser aumentada até o dobro, se o juiz considerar que, em virtude da situação econômica do réu, o valor acima é ineficaz para reprovação e prevenção do ato de improbidade;

g) **proibição de contratar com a Administração Pública ou dela receber benefícios ou incentivos fiscais ou creditícios, direta ou indiretamente, ainda que por intermédio de pessoa jurídica da qual seja sócio majoritário:** prazo não superior a 14, 12 e 4 anos, para os arts. 9º, 10 e 11, respectivamente.

> **Cuidado!** De acordo com as alterações promovidas pela Lei 14.230/2021, as sanções acima somente podem ser executadas após o trânsito em julgado da sentença condenatória.

As quatro primeiras sanções foram criadas expressamente pela CF, enquanto as demais foram criadas pela Lei 8.429/1992.

A aplicação das sanções independe de dano ao erário (salvo quanto à pena de ressarcimento e às condutas previstas no art. 10 da Lei 8.429/1992) e da aprovação ou rejeição de contas pelo órgão de controle interno ou Tribunal de Contas (art. 21, I e II).

Porém, **em casos em que não se demonstrar lesão ao erário**, como na contratação de servidores sem concurso ou de empresas sem licitação, mas que acabarem trabalhando ou prestando serviço, não cabe a aplicação da sanção de ressarcimento ao erário, não havendo dano, para que não haja enriquecimento sem causa da Administração, sem prejuízo da aplicação de outras sanções previstas no art. 12 da Lei 8.429/1992 (STJ, REsp 1.238.466-SP).

Quanto **à aprovação de contas pelo Tribunal de Contas**, a jurisprudência do STJ vem aplicando o dispositivo citado (REsp 593.522-SP), asseverando que a sua aprovação não inibe a atuação do Poder Judiciário para exame de sua legalidade e constitucionalidade, pois as cortes de contas não exercem jurisdição e não têm atribuição para anular atos lesivos ao patrimônio público, visto que exercem função auxiliar ao Legislativo (art. 5º, XXXV, c/c o art.

71, X, §§ 1º e 2º da CF/1988). Além disso, as provas produzidas perante os órgãos de controle e as correspondentes decisões devem ser consideradas na formação da convicção do juiz.

No tocante à **cumulação das sanções previstas no art. 12 da Lei 8.429/1992**, o STJ entendeu que estas não podem ser cumuladas de modo indistinto, em obediência ao princípio da proporcionalidade (REsp 626.204/RS, DJ 06.09.2007).

Na prática, somente em casos gravíssimos, como de enriquecimento ilícito do agente (art. 9º), justifica-se a cumulação de todas as sanções previstas no art. 12.

A aplicação das sanções por improbidade administrativa independe da aplicação de sanções nas esferas administrativa e penal, dada a independência das instâncias, claramente determinada no art. 12, *caput*, da Lei 8.429/1992. Assim, o fato de um agente público estar sofrendo um processo disciplinar que pode levá-lo à demissão não interfere na continuidade da ação de improbidade, que pode também levá-lo à perda do cargo.

V. Sujeitos do ato de improbidade administrativa

São **sujeitos passivos**, ou seja, podem ser vítimas do ato de improbidade as seguintes pessoas (art. 1º, §§5º a 7º, da Lei 8.429/1992):

a) Administração direta e indireta, no âmbito da União, dos Estados, dos Municípios e do Distrito Federal;

Obs.: abrange Poderes Executivo, Legislativo e Judiciário;

b) Entidade privada para cuja criação ou custeio o erário haja concorrido ou concorra no seu patrimônio ou receita atual;

Obs.: o ressarcimento ao erário limita-se à repercussão do ilícito sobre a contribuição dos cofres públicos;

c) Entidade privada que receba subvenção, benefício ou incentivo, fiscal ou creditício, de entes públicos ou governamentais.

São **sujeitos ativos**, ou seja, praticam atos de improbidade as seguintes pessoas (arts. 2º e 3º da Lei 8.429/1992):

a) *agentes públicos*, ou seja, o agente político, o servidor público e todo aquele que exerce, ainda que transitoriamente ou sem remuneração, por eleição, nomeação, designação, contratação ou qualquer outra forma de investidura ou vínculo, mandato, cargo, emprego ou função nas entidades mencionadas acima como sujeitos passivos; aqui temos os chamados agentes próprios de improbidade;

b) O particular, pessoa física ou jurídica, que celebra com a administração pública convênio, contrato de repasse, contrato de gestão, termo de parceria, termo de cooperação ou ajuste administrativo equivalente;

c) Aquele que, mesmo não sendo agente público, induza ou concorra dolosamente para a prática do ato de improbidade.

> **Atenção!** Vale informar que o STJ tem entendimento de que "não é possível o ajuizamento de ação de improbidade administrativa exclusivamente em face de particular, sem a concomitante presença de agente público no polo passivo da demanda" (REsp 1.171.017-PA, j. 25.02.2014). Ou seja, para a configuração da improbidade, sempre é necessária a participação de agente público.

No tocante aos *sujeitos ativos* do ato de improbidade, observou-se acirrada polêmica em relação aos **agentes políticos**. Em um primeiro momento, o STF fixou entendimento de que os **agentes políticos** que respondam por crime de responsabilidade (exs.: Presidente, Ministros de Estado, desembargadores, entre outros) não estão sujeitos à incidência da Lei 8.429/1992 (RE 579.799, DJ 19.12.2008), dada a similitude das sanções nas duas esferas. A exceção aplicava-se aos Prefeitos, em relação a quem se admitia a responsabilização por improbidade (Rcl 6034, DJ 29/03/2008). No entanto, sobreveio alteração de entendimento, de modo que o STF passou a decidir que os agentes políticos, de modo geral – com exceção do Presidente da República –, encontram-se sujeitos a um duplo regime sancionatório, submetendo-se tanto à responsabilização civil pelos atos de improbidade administrativa quanto à responsabilização político-administrativa por crimes de responsabilidade (Pet 3240 AgR, Rel. Min. Roberto Barroso, DJe 22/08/2018). Relevante apontar que, com a Lei 14.230/2021, o agente político passou a constar expressamente no art. 2º, *caput*, da Lei 8.429/1992 como sujeito ativo.

Conforme as modificações introduzidas pela Lei 14.230/2021, os sócios, os cotistas, os diretores e os colaboradores de pessoa jurídica de direito privado não respondem pelo ato de improbidade que venha a ser imputado à pessoa jurídica, salvo se, comprovadamente, houver participação e benefícios diretos. Ademais, as sanções de improbidade não se aplicam à pessoa jurídica, caso o ato de improbidade administrativa seja também sancionado como ato lesivo à administração pública de que trata a Lei 12.846/2013 (lei anticorrupção). Há, portanto, a necessidade de observância do princípio constitucional do *non bis in idem*.

Quanto ao sucessor daquele que causar lesão ao patrimônio público ou se enriquecer ilicitamente, o art. 8º da Lei 8.429/1992, respeitando o princípio constitucional da intranscendência das sanções e restrições de direito (art. 5º, XLV, da CF), dispõe que aquele está sujeito apenas à obrigação de reparar o dano, até o limite do valor da herança ou do patrimônio transferido. **Atenção!** Com as alterações promovidas pela Lei 14.230/2021, restou ultrapassada a jurisprudência que vinha dominando, no sentido de que o sucessor teria de suportar não somente o ressarcimento ao erário, mas também a multa civil imposta ao falecido que tenha praticado improbidade.

Obs.: A responsabilidade sucessória do art. 8º da Lei 8.429/1992 aplica-se também na hipótese de alteração contratual, de transformação, de incorporação, de fusão ou de cisão societária.

VI. Processo

Antes da alteração promovida em 2021, eram legitimados ativos para a ação de improbidade o Ministério Público e a pessoa jurídica interessada (= pessoa jurídica lesada).

Com a Lei 14.230/2021, apenas o MP foi previsto como autor da ação (art. 17, "caput", cf. redação dada pelo novo diploma legal). No entanto, foram propostas perante o STF as ADINs 7.042 e 7.043, no âmbito das quais o Pleno da Corte restabeleceu a legitimidade da pessoa jurídica interessada para o ajuizamento da ação de improbidade.

Conclusão! Atualmente, por força da Lei 14.230/2021 e de decisão do STF, são legitimados ativos o Ministério Público e a pessoa jurídica interessada.

Qualquer pessoa poderá representar à autoridade administrativa competente (ou ao MP) para instaurar investigação a fim de apurar a prática do ato (art. 14). Comissão processante dará ciência ao MP e ao Tribunal de Contas da existência de procedimento (art. 15).

As **tutelas de urgência** previstas pela Lei 8.429/1992 são as seguintes:

a) **Indisponibilidade de bens (art. 16):** o escopo é garantir a integral recomposição do erário ou do acréscimo patrimonial resultante de enriquecimento ilícito;

b) **Afastamento do agente público (art. 20, §§ 1º e 2º):** a autoridade judicial pode determinar o afastamento do agente público do exercício da função pública, sem prejuízo da remuneração, quando a medida for necessária à instrução processual ou para evitar a iminente prática de novos ilícitos; o prazo de afastamento é de até 90 dias, prorrogável uma única vez por igual período; o STJ é claro no sentido de que o afastamento cautelar do agente de seu cargo é excepcional e configura-se tão somente com a demonstração de um comportamento do agente público que, no exercício de suas funções ou em razão delas, importe efetiva ameaça à instrução processual (REsp 895.415-BA).

Apesar de não prevista na Lei de Improbidade, é cabível também a cautelar de exibição de documentos para fins de quebra do sigilo bancário ou fiscal do agente.

Quanto à medida cautelar de **indisponibilidade de bens**, as alterações promovidas pela Lei 14.230/2021 tornaram minucioso o respectivo regime. A sua decretação pelo Judiciário exige a demonstração do *fumus boni iuris* (probabilidade da ocorrência dos atos reputados como ímprobos) e do *periculum in mora*, de modo que a urgência não pode ser presumida. **Atenção!** O STJ entendia que a indisponibilidade requeria apenas o *fumus boni iuris*, estando o *periculum in mora* implícito na lei. No entanto, a recente alteração legislativa passou a exigir expressamente o perigo de dano irreparável ou de risco ao resultado útil do processo.

Essa tutela de urgência somente pode recair sobre bens que assegurem exclusivamente o integral ressarcimento do dano ao erário, sem incidir sobre os valores aplicados a título de multa civil ou sobre acréscimo patrimonial decorrente de atividade lícita. Nesse particular, a modificação trazida pela Lei 14.230/2021 tornou superada a jurisprudência do STJ, no sentido de que a medida incide sobre as bases patrimoniais da futura sentença condenatória, incluído o valor de eventual multa civil.

A indisponibilidade dos bens pode ser decretada sem a oitiva prévia do réu, sempre que o contraditório prévio puder comprovadamente frustrar a efetividade da medida. Ademais, é permitida a substituição da indisponibilidade por caução idônea, por fiança bancária ou por seguro-garantia judicial, a requerimento do réu. Se houver mais de um réu na ação, a somatória dos valores declarados indisponíveis não poderá superar o montante indicado na petição inicial como dano ao erário ou como enriquecimento ilícito.

Além disso, é vedada a decretação de indisponibilidade da quantia de até 40 salários mínimos depositados em caderneta de poupança, em outras aplicações financeiras ou em conta-corrente, bem como de bem de família do réu (salvo se comprovado que o imóvel seja fruto de vantagem patrimonial indevida relacionada a enriquecimento ilícito).

A Lei 14.230/2021 introduziu uma ordem de prioridade para a incidência da medida. Assim, a decretação de indisponibilidade de bens deve priorizar veículos de via terrestre, bens imóveis, bens móveis em geral, semoventes, navios e aeronaves, ações e quotas de sociedades simples e empresárias, pedras e metais preciosos. Apenas na inexistência desses é que pode ser imposto o bloqueio de contas bancárias, de forma a garantir a subsistência do acusado e a manutenção da atividade empresária ao longo do processo.

O **procedimento** previsto pela lei é o comum (art. 17, "caput"). **Atenção!** Antes da alteração promovida pela Lei 14.230/2021, havia uma fase de defesa preliminar (o requerido era notificado para oferecer resposta em 15 dias). Atualmente, se a petição inicial estiver em devida forma, o juiz deve ordenar a citação dos requeridos para apresentação de contestação (prazo comum de 30 dias).

Conclusão! Não cabe mais a elaboração de defesa preliminar no âmbito da prova prático-profissional do Exame da Ordem.

Caso a hipótese da peça profissional indique o ajuizamento de ação de improbidade administrativa, e seja indicada a necessidade de apresentação de defesa pelo réu, necessária a elaboração de contestação.

É importante ressaltar que a lei vedava expressamente qualquer tipo de transação, acordo ou conciliação na ação por improbidade. No entanto, a partir de 2019 houve modificação e agora a lei autoriza a celebração de "acordo de não persecução civil" (art. 17-B da Lei 8.429/92). Esse acordo deve contemplar, ao menos, o integral ressarcimento do dano e a reversão à pessoa jurídica lesada da vantagem indevida obtida pelos envolvidos. Para a apuração do valor do dano, deve ser realizada oitiva do Tribunal de Contas. Havendo a possibilidade de solução consensual, podem as partes requerer ao juiz a interrupção do prazo para a contestação, por prazo não superior a 90 dias. Sob o prisma formal, a sua celebração depende, entre outros, de homologação judicial, independentemente de o acordo ocorrer antes ou depois do ajuizamento da ação de improbidade administrativa. Além disso, o seu firmamento deve considerar a personalidade do agente, a natureza, as circunstâncias, a gravidade e a repercussão social do ato de improbidade, bem como as vantagens, para o interesse público, da rápida solução do caso. Relevante apontar, seguindo uma tendência geral de valorização do *compliance*, que o acordo pode contemplar a adoção de mecanismos internos de integridade. Aponte-se também que, em caso de descumprimento, o ímprobo fica impedido de celebrar novo acordo pelo prazo de 5 anos, contado do conhecimento pelo Ministério Público do efetivo descumprimento.

Quanto à **competência**, com o regramento trazido pela Lei 14.230/2021, a Lei 8.429/1992 passou expressamente a prever que a ação de improbidade administrativa deve ser proposta perante o foro do local onde ocorrer o dano ou da pessoa jurídica prejudicada (art. 17, § 4º-A).

Ainda no que tange à competência, o STF fixou o entendimento de que "o foro especial por prerrogativa de função previsto na Constituição Federal em relação às infrações penais comuns não é extensível às ações de improbidade administrativa, de natureza civil", motivo pelo qual a competência é de primeira instância (Pet 3240 AgR, Rel. Min. Roberto Barroso, DJe 22/08/2018).

Uma novidade disposta pela nova lei de 2021 é a possibilidade de conversão da ação de improbidade em ação civil pública, caso se identifique a existência de ilegalidades administrativas a serem sanadas e sem que estejam presentes os requisitos para a imposição das sanções da Lei 8.429/1992.

A **sentença** aplicará as sanções e determinará o pagamento ou a reversão dos bens, conforme o caso, em favor da pessoa jurídica (art. 18). Não incide na ação de improbidade o reexame obrigatório da sentença de improcedência ou de extinção sem resolução de mérito (art. 17, § 19, IV).

No que se refere à comunicabilidade de instâncias, as sentenças civis e penais produzem efeitos em relação à ação de improbidade quando concluírem pela inexistência da conduta ou pela negativa da autoria. Ademais, a absolvição criminal em ação que discuta os mesmos fatos, confirmada por decisão colegiada, impede o trâmite da ação de improbidade, havendo comunicação com todos os fundamentos de absolvição previstos no art. 386 do Código de Processo Penal.

VII. Prescrição (art. 23)

No que diz respeito ao **prazo prescricional** para o exercício da pretensão de aplicar as sanções de improbidade administrativa, o STF, ao interpretar o art. 37, § 5º, da CF, consagrou a seguinte tese: são **imprescritíveis** as ações de **ressarcimento ao erário** fundada na prática de ato doloso tipificado na Lei de Improbidade Administrativa (RE 852475/SP, DJe 08.08.2018). Repare que a imprescritibilidade tem os seguintes requisitos: a) é só em relação ao ressarcimento ao erário (não atingindo a aplicação das demais sanções da Lei de Improbidade, que tem o prazo prescricional mantido, nos termos das regras expostas abaixo); b) depende do reconhecimento de que o ato praticado foi doloso; c) depende do reconhecimento de que o ato praticado é qualificado pela lei como ato de improbidade administrativa.

Quanto à aplicação das **demais sanções**, e de acordo com as alterações promovidas pela Lei 14.230/2021, o prazo prescricional é de **8 anos**, contados a partir da ocorrência do fato ou, no caso de infrações permanentes, do dia em que cessou a permanência. **Atenção!** Verifica-se que o novo regramento modificou de modo significativo o regime original da prescrição em improbidade, baseado na diferenciação da condição do agente público envolvido (se titular de mandato, se servidor efetivo etc.).

A nova lei passou a dispor sobre a suspensão e a interrupção do prazo prescricional, nos seguintes moldes:

a) a instauração de inquérito civil ou de processo administrativo para apuração dos ilícitos suspende o curso do prazo prescricional por, no máximo, 180 dias corridos, recomeçando a correr após a sua conclusão ou, caso não concluído o processo, esgotado o prazo de suspensão;

b) interrompe-se o prazo prescricional: i) pelo ajuizamento da ação de improbidade administrativa; ii) pela publicação da sentença condenatória; iii) pela publicação de decisão ou acórdão de Tribunal de Justiça (ou Tribunal Regional Federal), do STJ ou do STF que confirma sentença condenatória ou que reforma sentença de improcedência;

c) interrompida a prescrição, o prazo recomeça a correr do dia da interrupção, pela metade do prazo de 8 anos;

d) o inquérito civil para apuração do ato de improbidade deve ser concluído no prazo de 365 dias corridos, prorrogável uma única vez por igual período.

VIII. Lei 14.230/2021 e direito intertemporal. Posição do STF

Com a edição da Lei 14.230/2021, e diante das múltiplas alterações do regime da improbidade administrativa, surgiram dúvidas sobre a aplicação do novo regramento no tempo, especialmente nos casos anteriores à vigência do diploma legal de 2021. Nesse cenário, questionou-se acerca da ocorrência da retroatividade benéfica em sede de improbidade administrativa, nos mesmos moldes do regime penal, que detém consagração constitucional (art. 5º, inciso XL).

Ocorre que Supremo Tribunal Federal, no âmbito do ARE 843.989/PR, fixou as seguintes teses de repercussão geral (Pleno, Rel. Min. Alexandre de Morais, julgamento finalizado em 18/08/2022 – tema 1.199):

1) É necessária a comprovação de responsabilidade subjetiva para a tipificação dos atos de improbidade administrativa, exigindo-se – nos artigos 9º, 10 e 11 da LIA – a presença do elemento subjetivo – dolo;

2) A norma benéfica da Lei 14.230/2021 – revogação da modalidade culposa do ato de improbidade administrativa –, é irretroativa, em virtude do artigo 5º, inciso XXXVI, da Constituição Federal, não tendo incidência em relação à eficácia da coisa julgada; nem tampouco durante o processo de execução das penas e seus incidentes;

3) A nova Lei 14.230/2021 aplica-se aos atos de improbidade administrativa culposos praticados na vigência do texto anterior da lei, porém sem condenação transitada em julgado, em virtude da revogação expressa do texto anterior; devendo o juízo competente analisar eventual dolo por parte do agente.

4) O novo regime prescricional previsto na Lei 14.230/2021 é irretroativo, aplicando-se os novos marcos temporais a partir da publicação da lei.

Verifica-se, portanto, que o STF estabeleceu a irretroatividade benéfica nos casos já transitados em julgado. Por outro lado, nas hipóteses das ações em andamento, ainda não acobertados pela coisa julgada, incidente a retroação benéfica.

Ademais, no que concerne ao regime prescricional, a tese fixada pela Corte foi a da irretroatividade.

ANOTAÇÕES